Claudia Joseph

# Prinzessin Kate

## Die neue Königin der Herzen

Claudia Joseph

Übersetzung aus dem Englischen von
Karlheinz Dürr, Antoinette Gittinger, Norbert Juraschitz
und Karin Schuler

Bibliografische Information der Deutschen Nationalbibliothek
Die Deutsche Nationalbibliothek verzeichnet diese Publikation in der Deutschen Nationalbibliografie.
Detaillierte bibliografische Daten sind im Internet über **http://d-nb.de** abrufbar.

**Für Fragen und Anregungen:**
claudiajoseph@mvg-verlag.de

1. Auflage 2011

© 2011 by mvg Verlag, ein Imprint der FinanzBuch Verlag GmbH, München,
Nymphenburger Straße 86
D-80636 München
Tel.: 089 651285-0
Fax: 089 652096

© der Originalausgabe Claudia Joseph, 2009
Die englische Originalausgabe erschien 2010 bei Mainstream Publishing unter dem Titel
*Kate: The Making of a Princess*.

Alle Rechte, insbesondere das Recht der Vervielfältigung und Verbreitung sowie der
Übersetzung, vorbehalten. Kein Teil des Werkes darf in irgendeiner Form (durch Fotokopie,
Mikrofilm oder ein anderes Verfahren) ohne schriftliche Genehmigung des Verlages
reproduziert oder unter Verwendung elektronischer Systeme gespeichert, verarbeitet,
vervielfältigt oder verbreitet werden.

Redaktion: Dr. Ulrich Mihr
Korrektorat: Susanne Schneider, München
Umschlaggestaltung: Marco Slovik, München
Umschlagabbildung: Getty Images
Satz: Daniel Förster, Grafikstudio Foerster, Belgern
Druck: CPI – Ebner & Spiegel, Ulm
Printed in Germany

ISBN 978-3-86882-230-4

*Weitere Infos zum Thema*
**www.mvg-verlag.de**
Gerne übersenden wir Ihnen unser aktuelles Verlagsprogramm.

# Inhalt

| | | |
|---|---|---|
| Vorwort | | 7 |
| Kapitel 1 | Die Harrisons, 1837–1898 | 11 |
| Kapitel 2 | Die Harrisons, 1901–1953 | 21 |
| Kapitel 3 | Die Goldsmiths, 1837–1918 | 31 |
| Kapitel 4 | Die Goldsmiths, 1918–1953 | 39 |
| Kapitel 5 | Dorothy Harrison und Ronald Goldsmith | 49 |
| Kapitel 6 | Die Middletons 1838–1914 | 57 |
| Kapitel 7 | Die Luptons, 1847–1930 | 67 |
| Kapitel 8 | Noel Middleton und Olive Lupton | 81 |
| Kapitel 9 | Die Glassborows, 1881–1945 | 89 |
| Kapitel 10 | Peter Middleton und Valerie Glassborow | 101 |
| Kapitel 11 | Michael Middleton und Carole Goldsmith | 111 |
| Kapitel 12 | Eine kleine Prinzessin | 121 |
| Kapitel 13 | In Marlborough | 129 |

| | | |
|---|---|---|
| Kapitel 14 | Intermezzo in Florenz | 139 |
| Kapitel 15 | Die Königin des Laufstegs | 147 |
| Kapitel 16 | Königlicher Mitbewohner | 159 |
| Kapitel 17 | Kalte Hände, warm ums Herz | 169 |
| Kapitel 18 | Das Ende des Studentenlebens | 181 |
| Kapitel 19 | Die wirkliche Welt | 195 |
| Kapitel 20 | »The Look of Love…« | 209 |
| Kapitel 21 | Die Trennung | 225 |
| Kapitel 22 | Die Versöhnung | 237 |
| Kapitel 23 | Zurück im Schoß der königlichen Familie | 251 |
| Kapitel 24 | Aus dem Schatten | 265 |
| Kapitel 25 | Eine neue Prinzessin | 283 |
| | | |
| Dank | | 291 |
| Anhang | | 293 |

# Vorwort

Am 3. September 1660 fand in einem Herrenhaus, das in der Prachtstraße The Strand am Londoner Themseufer lag, die offizielle Hochzeit zwischen dem Herzog von York, dem 27-jährigen Anwärter auf den englischen Thron, und Anne Hyde, der Zofe seiner Schwester, statt. Die beiden hatten bereits zuvor heimlich geheiratet. Die Zeremonie wurde in der Nacht vom Kaplan des Herzogs im Worcester House vorgenommen. Das Haus gehörte dem Vater der Braut, und der Hochzeit wohnten nur zwei weitere Personen bei. Für den königlichen Hof waren die heimliche und die offizielle Heirat des zukünftigen Königs Jakob II. und seiner hochschwangeren, 23-jährigen Geliebten ein Skandal: Der Hof wollte es nicht hinnehmen, dass ein Mann von edelstem blauen Blut eine Bürgerliche geheiratet hatte. Nach Annes Tod am 31. März 1671 schrieb man, sie habe »in der Tat Verstand und Tugend bewiesen, indem sie ihre Affäre so geschickt gestaltet hat, dass der Herzog, überwältigt von seiner Leidenschaft, ihr schließlich die Heirat versprochen hat, geraume Zeit vor der Restauration«. Anne jedoch sicherte sich ihren Platz in der Geschichte, denn sie war nicht nur für eine sehr lange Zeit die letzte Bürgerliche, die einen König ehelichte, sondern sie gebar ihm auch zwei Töchter, Mary und Anne, die beide über das Land herrschen sollten.

*Vorwort*

Seit jener Zeit sind die britischen Monarchen nur selten von der geltenden Konvention abgewichen, sich nur mit Angehörigen des europäischen Adels zu verehelichen. Zwar gibt es zwei wichtige Ausnahmen: die verstorbene Königinmutter, Lady Elizabeth Bowes-Lyon, und Prinz Williams Mutter, Lady Diana Spencer, die beide aus Familien der britischen Aristokratie stammten. Im Falle der Königinmutter Elizabeth hatte allerdings niemand damit rechnen können, dass sie einmal an der Seite eines Königs sitzen würde, denn ihr Gatte gelangte erst durch die Abdankung Edwards VIII. als George VI. auf den Thron.

Doch nun, zum ersten Mal seit 350 Jahren, hat wieder eine Bürgerliche das Herz eines Thronfolgers erobert. Wenn Kate Middleton Prinz William Arthur Philip Louis Windsor heiratet, der derzeit bei der Royal Air Force als Rettungspilot dient, wird sie die erste Nichtadlige seit dem 17. Jahrhundert sein, die einen künftigen britischen König ehelicht.

Diese Hochzeit wird der Monarchie neues Leben einhauchen, in einer Zeit, in der sich die Regierungszeit der Königin Elizabeth ihrem Ende zuneigt. Sie bedeutet frisches Blut und neue Perspektiven für eine Institution, die heftig für ihren elitären Charakter und ihre Weltfremdheit kritisiert wird. William und Kate pflegen eine durch und durch moderne Beziehung – sie lernten sich als Studierende in St. Andrews kennen, wo sie zusammenlebten, und während des ganzen folgenden Jahrzehnts Lebensgefährten blieben.

Kate zierte erstmals am 7. April 2002 die Seiten einer britischen Zeitung, nachdem sie bei einer Wohltätigkeits-Modeshow in St. Andrews als Model in einem durchsichtigen Kleid über den Laufsteg gewandelt war. Seither ist sie auf den Society-Seiten ständig präsent. Sie gilt als Stilikone und wird regelmäßig auf der Liste der bestgekleideten Frauen in Großbritannien wie auch im Ausland geführt – und sie ist eine der meistfotografierten

## Vorwort

Frauen des Landes. Die Herausgeber von Magazinen, darunter auch *Vogue, Tatler* und *GQ*, überschlagen sich förmlich bei ihren Huldigungen für Kates Jugendlichkeit, für ihren Geschmack in Sachen Mode und für ihre Attraktivität, und *Hello!* schätzt, dass ihr Bild auf dem Cover die Verkaufszahlen des Magazins um 100 000 Exemplare steigert.

Unzählige Sätze sind schon über sie geschrieben worden, Horden von Paparazzi folgen ihr auf Schritt und Tritt, Fans füllen mit ihr die Blogs im Internet und sowohl im Radio als auch im Fernsehen ist sie ein häufiger Gesprächsgegenstand. Den Autor Peter York inspirierte sie sogar dazu, das *Official Sloane Ranger Handbook* zu aktualisieren, und sie hat ihren eigenen inoffiziellen Fanclub.

Doch trotz dieser überwältigenden Aufmerksamkeit der Medien bleibt die künftige britische Königin in vielerlei Hinsicht ein Mysterium. Wer also ist diese Frau, die einmal den unvergesslichen Satz prägte: »Er hat großes Glück, dass er mit mir zusammen sein darf!« Und verfügt sie über dieselben Gaben – Verstand und Tugend – wie ihre Vorgängerin?

# Kapitel 1

# Die Harrisons, 1837–1898

Am 20. Juni 1837 um 6 Uhr wurde Prinzessin Victoria von ihrer Mutter geweckt. Seit Victorias 18. Geburtstag waren vier Wochen vergangen. Jetzt lag sie in dem kleinen, vergoldeten französischen Bett in ihrem opulent ausgestatteten Schlafgemach und erfuhr von ihrer Mutter, der Herzogin von Kent, dass sie die neue Königin von England sei. Kurz zuvor war ihr Onkel, König William IV., im Alter von 71 Jahren an Herzversagen und Lungenentzündung gestorben. William IV. hatte keine legitimen Kinder gehabt, sodass Victoria, Prinz Williams Urururugroßmutter, den Thron erbte.

Königin Victoria sollte die am längsten herrschende Monarchin der britischen Geschichte und Oberhaupt eines riesigen Weltreichs werden. Sie heiratete ihren Cousin Prinz Albert von Sachsen-Coburg und Gotha und gebar ihm neun Kinder, von denen sowohl Königin Elizabeth als auch Prinz Philip abstammen. Die Familie verbrachte die Zeit abwechselnd im Buckingham Palace (Victoria war die erste Monarchin, die dort wohnte), auf Schloss Windsor, wo die Staatsbesuche stattfanden, und auf ihren Landsitzen Osborne House auf der Insel Wight und Schloss Balmoral im schottischen Aberdeenshire. Beide Landsitze hatten Victoria und Albert nach ihrer Heirat erworben.

*Prinzessin Kate*

Kate Middletons Urururgroßmutter Jane Harrison hatte ein gänzlich anderes Leben. Als Frau eines Bergarbeiters wohnte sie am anderen Ende Englands in einem engen kleinen Cottage in Byker Hill, einem Vorort von Newcastle, 467 Kilometer vom königlichen Hof entfernt.

Herrschte Königin Victoria gleichsam soweit ihr Auge reichte (und obendrein über viele andere Weltteile, die sie niemals zu sehen bekam), so war die Welt von Janes Mann James, der bei Victorias Thronbesteigung 41 Jahre alt war, sehr klein und eng begrenzt. Aus dem Kohlenbergwerk brachte er nur einen Hungerlohn nach Hause. Mit dem mageren Einkommen musste Jane ihre große Familie durchbringen – das Paar hatte fünf Kinder, von denen eines noch ein Säugling war. Zwar war die älteste Tochter (die ebenfalls Jane hieß) schon 16 und konnte ihr bei der Erziehung ihrer jüngeren Brüder – Thomas, neun, James, sieben, dem zweijährigen John und dem Baby Septimus – helfen. Trotzdem dürfte die Mutter nie Zeit gefunden haben, sich zu entspannen oder gar zu erholen. Da Jane wie viele andere Frauen ihres Standes weder lesen noch schreiben konnte, erfuhr sie die Nachricht vom Tod des Königs wahrscheinlich nur durch Hörensagen – und vermutlich hatte das Ereignis für sie auch keinerlei Bedeutung.

Fügt man historische Dokumente und Aufzeichnungen zusammen, lässt sich ein Bild von Janes Leben in der frühviktorianischen Zeit rekonstruieren. Ihre Welt drehte sich voll und ganz um die Schichtarbeitszeiten ihres Mannes, der mit der Wartung und Reparatur der Fuhrwerksgleise und der anderen Transportmittel im Bergwerk Byker beschäftigt war. Das Bergwerk war damals im Besitz von Sir Henry Lawson.

James hatte mit Sir Henrys Bergwerk einen Dienstvertrag geschlossen; das bedeutete, dass er sich gegen den Betrag von 2 Schillingen und 6 Pence (in heutigem Geld ungefähr 100 britische

*Die Harrisons, 1837–1898*

Pfund[1]) verpflichtet hatte, in keinem anderen Bergwerk zu arbeiten. Das war jedoch keine Beschäftigungsgarantie. Mit seinen 41 Jahren hatte er nach damaliger Auffassung seine beste Zeit schon hinter sich, sodass er es sich wohl kaum leisten konnte, deswegen zu murren. Er musste froh sein, überhaupt noch Arbeit zu haben, zumal er so viele Münder zu stopfen hatte.
Thomas folgte seinem Vater in den Bergbau. Er arbeitete bis zu 18 Stunden am Tag, allein und in völliger Dunkelheit. Seine Aufgabe bestand darin, die Stollentüren zu öffnen oder zu schließen, wenn die Kohlekarren durch die Stollen fuhren. Später wurde Thomas Karrenlenker; er lenkte die Pferde, die die Schlitten und Karren zum Hauptförderschacht zogen. Sein jüngerer Bruder wurde ebenfalls Bergarbeiter. Die Männer und Jungen mussten fast rund um die Uhr arbeiten, außer an Sonntagen, Weihnachten und Ostern, und jeder Versuch, den Dienstvertrag nicht zu erfüllen, wurde mit Gefängnis bestraft. Doch trotz dieser harten Lebensbedingungen durfte sich die Familie glücklich schätzen.
Die Arbeit unten im Schacht war extrem hart und gefährlich. Damals gab es weder Krankengeld noch Entschädigungen bei Tod oder Unfällen. Die Bergwerksbesitzer stellten nur die Grubenpferde; die Arbeiter mussten ihre eigene Ausrüstung mitbringen, auch Werkzeuge wie Pickel, Schaufeln, Kerzen, Seile und Sprengstoffe. Die Bergarbeiter bildeten Banden, um sich gegen Diebstahl besser zu schützen, und zwischen den rivalisierenden Banden kam es häufig zu Schlägereien.
Von diesen Konflikten abgesehen, brachte die tägliche Gefahr der Grubenarbeit recht enge Gemeinschaften hervor. Kaum

---

[1] Der Korrektheit halber werden alle Währungsangaben in diesem Buch im Originalbetrag, d. h. in britischen Pfund, wiedergegeben.
Der aktuelle Wert eines britischen Pfunds beträgt rund 1,20 Euro. Im Anhang findet sich ein historischer Überblick zur Kaufkraft des Pfunds sowie zum Wechselkurs von Pfund in Euro seit Einführung des Euros.

lief die Nachricht von einem Grubenunglück durchs Dorf, versammelten sich auch schon alle Frauen der Gegend am Schachtausgang und warteten voller Bangen auf weitere Nachrichten über ihre Männer.

Zu James Harrisons Zeiten war die Gefahr bei der Arbeit unter Tage allgegenwärtig. Aus Aufzeichnungen lässt sich schließen, dass es im 19. Jahrhundert mehr als 30 Bergwerkskatastrophen in Durham und Northumberland gegeben haben muss, bei denen 1500 Steiger und Knappen ums Leben kamen. Und das waren natürlich nur die wirklich großen Unfälle. Tödliche Unfälle waren an der Tagesordnung, lassen sich aber nur schwer beziffern, weil der Tod eines einzelnen Bergarbeiters selten genauer untersucht wurde. In den Schächten und Stollen gab es nicht nur Brände in den Kohleflözen, schlagende Wetter, Einstürze oder Explosionen, sondern viele Bergleute wurden durch die vierrädrigen Kohlekarren zu Tode gequetscht, von Pferdehufen tödlich getroffen, stürzten in die Schächte oder ertranken im Grubenwasser.

Auch für die Frauen war das Leben sehr hart. Im viktorianischen Zeitalter galten sie als Sklavinnen oder Eigentum ihrer Männer. Da es kaum Möglichkeiten zur Verhütung gab, war Jane Harrison fast immer schwanger. Ihr sechstes Kind, ein Mädchen namens Margaret, wurde 1839 geboren, also im Jahr nach Victorias prunkvoller Krönung in der Westminster Abbey. Jane und ihre älteste Tochter verbrachten ihre Tage gewöhnlich damit, ihr kärgliches Heim zu säubern – ein winziges Häuschen mit einem einzigen Zimmer und einem offenen Kamin. Eine Leiter in einer Ecke führte unters Dach, wo die Kinder schliefen. Wasser pumpten sie aus dem Brunnen an der Straße; sie wuschen, flickten und reparierten zerrissene Kleider, kochten das Essen auf dem offenen Feuer und wärmten das Wasser in der Zinkwanne, damit sich James und seine Söhne nach der Schicht

*Die Harrisons, 1837–1898*

waschen konnten. Die spärlichen Nahrungsmittel kauften sie im örtlichen »Tommy Shop«. Die Bezeichnung geht auf das grobe Brot zurück, das die Soldaten im 18. Jahrhundert mit ihren Nahrungsrationen erhielten. Die »Tommy Shops« gehörten ebenfalls den Grubenbesitzern, die den Arbeitern häufig einen Teil des Lohns statt Geld in Form von Marken auszahlten, mit denen sie nur im bergwerkseigenen Laden einkaufen konnten, oftmals zu stark überhöhten Preisen. So schlugen die Minenbesitzer noch mehr Profit aus ihren Arbeitern, die häufig hoch verschuldet waren. Manchmal konnte die Familie ihr mageres Einkommen durch zusätzliche Erntearbeit ein wenig aufbessern.

Für die Harrisons war es ein armseliges, entbehrungsreiches Leben. Niemals hätten sie sich vorstellen können, dass eine ihrer Nachkommen in die königliche Familie einheiraten würde. Tatsächlich grenzt es an ein Wunder, dass dieser Zweig der Familie überhaupt überlebte. In den dicht bevölkerten Bergarbeitersiedlungen wüteten immer wieder Epidemien. Tuberkulose, Cholera, Kinderlähmung, Scharlach und Diphtherie breiteten sich durch die unhygienischen Latrinen im Freien, die sich viele Menschen teilten, rapide aus.

Während Königin Victoria das gesegnete Alter von 81 Jahren erreichte – sie starb schließlich in Osborne House an einem Blutgerinnsel im Gehirn und wurde neben ihrem geliebten Albert in Windsor beigesetzt –, starb Kates Urururgroßmutter Jane den Armentod: Sie starb in ihrem Haus in Byker Hill am 23. April 1845 kurz nach ihrem 50. Geburtstag an Tuberkulose und ließ ihren Mann als Witwer mit vier kleinen Kindern zurück.

Nach dem Tod seiner Frau und dem Auslaufen seines Dienstvertrags zog James mit den Seinen wie Tausende anderer Familien zu den 32 Kilometer nördlich von Newcastle gelegenen Bergmannsdörfern in der Grafschaft Durham. Hier wohnte die Familie um 1850 in einem Bergarbeiterhäuschen in Low Row, einer der vier Straßen des winzigen Dorfes Low Moorsley, elf Kilometer nordöstlich von Durham.

Kates Ururgroßvater John und sein jüngerer Bruder Septimus gingen mit ihrem Vater in die Grube der North Hetton Colliery. Das Bergwerk befand sich im Besitz von George Lambton, des 2. Grafen von Durham. Sein Vater war ein herausragender Politiker der Whig-Partei gewesen, und seine Urgroßmutter war die Mätresse des Prinzen von Wales, dem späteren George IV. Der Graf, Urgroßvater des früheren Premierministers Sir Alec Douglas-Home, machte sein Geld mit dem Bergbau auf den Ländereien rund um sein Schloss Lambton und war als Arbeitgeber nicht weniger hart als Sir Henry Lawson.

Da das Bergbaugesetz von 1842 den Einsatz von Kindern unter zehn Jahren in den Minen verbot, dürften die beiden Jungen wohl erst mit zehn Bergleute geworden sein. In den Schächten herrschte eine strenge Hierarchie; sie werden also zunächst nur einfache, schlecht bezahlte Arbeiten verrichtet haben. Mit 21 Jahren waren die Harrison-Jungen körperlich so weit entwickelt, dass sie als Hauer direkt am Flöz arbeiteten – in so engen Tunneln und Stollen, dass sie auf Händen und Knien arbeiten mussten. Auch diese Arbeit war hochgefährlich, aber sehr begehrt, denn Hauer waren die bestbezahlten Bergleute. Vielleicht war es das Extraeinkommen (die Familie hatte auch zwei Untermieter aufgenommen), das es den Harrisons schließlich erlaubte, die Unterkunft zu wechseln, denn bald darauf bewohnten sie ein neues Bergarbeitercottage in der Ortschaft Sherburn Hill.

John ging um diese Zeit bereits seinen eigenen Weg: Er war in ein Cottage gezogen, das nur um die Ecke vom Haus seines Vaters lag. Am 7. April 1860 heiratete er seine Freundin Jane Liddle, die 20-jährige Tochter eines Bergarbeiters aus dem Dorf, die an ihrem Hochzeitstag bereits im vierten Monat schwanger war.

## *Die Harrisons, 1837–1898*

Im August desselben Jahres ehelichte Septimus, inzwischen 23, in derselben Kirche ein Mädchen aus dem Nachbardorf Houghton-le-Spring. Elizabeth Jenkyns war 19 und bereits hochschwanger; ihr Sohn James kam im folgenden Monat auf die Welt. Auch sie zogen in ein Bergarbeitercottage in Sherburn Hill, sodass alle drei Familien nahe beieinander wohnten.

Das erste Kind von John und Jane wurde im September geboren und erhielt den Namen Jane Ann; 1862 folgte Anthony, 1863 eine weitere Tochter, Margaret. Die Familie war vermutlich viel zu sehr beschäftigt, um sich 1861 der Trauer anlässlich des Todes von Königin Victorias Prinzgemahl Albert hinzugeben, 1863 die Hochzeit von Williams Urururgroßvater, dem späteren König Edward VII., mit Prinzessin Alexandra zu feiern oder seine Affären mit Society-Schönheiten wie der Schauspielerin Lillie Langtry oder Camilla Parker Bowles' Urgroßmutter Alice Keppel zu verfolgen.

In den 1860er-Jahren arbeitete Kates Urururgroßvater James bereits nicht mehr in der Kohlegrube. Man darf vermuten, dass er im Ruhestand einen Großteil seiner Zeit im örtlichen Pub verbrachte, denn er starb 1866 im Alter von 70 Jahren an Leberversagen. Seine des Schreibens nicht kundige Tochter Jane, die ihren Vater während seiner beiden letzten Wochen gepflegt hatte, unterzeichnete seine Sterbeurkunde mit einem Kreuz.

Nach James' Tod verließ die Familie Sherburn Hill. Während Septimus zehn Kilometer weiter in das Dorf Brandon zog, fand John mit Jane und den Kindern im sechs Kilometer entfernten Hetton-le-Hole eine neue Wohnstätte. Der Ort wuchs rapide; die Einwohnerzahl stieg von 212 Einwohnern (1801) auf 6419 (1861). John arbeitete im Bergwerk von Hetton, das früher einmal dem Bankrotteur und Spekulanten Arthur Mowbray gehört hatte. Im Jahr 1822 war die Mine die erste im Land gewesen, die ihre eigene »Eisenbahn« erhielt. Die 13 Kilometer langen Gleise bis zum Fluss Wear waren von George Stephenson, dem »Vater der Eisenbahn«, entworfen worden. Sie war die erste Gleisstrecke Großbritanniens ohne Zugtiere.

Die Arbeit am Kohleflöz war noch immer sehr hart, aber John und seine Familie führten bereits ein besseres Leben als ihre Eltern. Im Ort gab es Kirchen, Wirtshäuser und Läden, und es hatten sich auch zahlreiche Handwerker niedergelassen, darunter Schmiede, Klempner, Steinmetze und Zimmerleute, ferner Drucker und Verleger und sogar ein Arzt. Vor allem aber hatte die Ortschaft etwas, das frühere Generationen entbehrt hatten: eine Schule. Mindestens eines der Kinder wurde bei der Volkszählung von 1871 als Schüler aufgeführt, ein kleiner Hinweis darauf, dass die sozialen Reformen zu wirken begannen, die Großbritannien bald nachhaltig verändern sollten.

Am 25. Juli 1874 wurde Kates Ururgroßvater geboren und wie sein Vater auf den Namen John getauft. Fünf Jahre nach seiner Geburt hatten die Harrisons bereits zehn Kinder, sodass sie in ein anderes Haus an der Lyons Street umziehen mussten. Ihr Glück war jedoch nur von kurzer Dauer: Am 23. Dezember 1881 starb Jane an Tuberkulose; sie wurde nur 42 Jahre alt. Ihr Mann blieb als Witwer mit zehn Kindern zwischen zwei und 21 Jahren zurück.

Im folgenden Jahr verließ Jane Ann, Johns ältestes Kind, das Elternhaus und heiratete in der Dorfkirche John Anderson, einen 21-jährigen Bergmann aus dem Ort. Nun übernahm Margaret, 19, den Haushalt und sorgte für den Vater und ihre jüngeren Geschwister.

Dieses harte Leben auf der untersten Sprosse der sozialen Leiter war die Antithese zum luxuriösen Lebensstil, den Königin Victoria und ihre Kinder pflegen durften. Im Jahr 1887 feierte Victoria ihr 50-jähriges Thronjubiläum mit einem üppigen Bankett, das auf goldenen Platten serviert wurde, und ließ sich

*Die Harrisons, 1837–1898*

beim Jubiläumszug in einer vergoldeten Kutsche durch London fahren. Ein glänzender Ball und ein prächtiges Feuerwerk folgten.

Die Harrisons verloren im folgenden Jahr die 18-jährige Isabella ebenfalls durch Tuberkulose. Noch immer gab es kein Mittel gegen die Krankheit, die in den Arbeitersiedlungen wütete. Der Vater verzehrte sich vor Kummer über den Verlust seiner Frau und einer Tochter innerhalb von sieben Jahren, und nach weiteren fünf Monaten starb auch er an der Krankheit, mit der er sich wohl am Sterbebett seiner Tochter angesteckt hatte. Sein Todestag ist der 29. Januar 1889; er wurde nur 54 Jahre alt. Im gleichen Jahr starb auch noch sein 17-jähriger Sohn James an Tuberkulose.

Kates Ururgroßvater John wurde im zarten Alter von 14 Jahren Vollwaise; er und seine beiden unverheirateten Schwestern mussten in ein Heim umziehen. Aber die Pechsträhne der Familie war noch nicht zu Ende. Am 13. Dezember 1895 kam Johns ältester Bruder Anthony bei einem Grubenunglück ums Leben. Der Vater zweier Kinder war Hauer in der Eppleton-Mine gewesen, die der Hetton Coal Company gehörte. Nach dem Unglück wurde er als Held gefeiert, weil er versucht hatte, zwei seiner Kollegen zu retten. Im Bergwerks-Inspektionsbericht von 1895 heißt es anerkennend:

> »Ich möchte hier ein Wort der Anerkennung für den Mut und die Tapferkeit aussprechen, die jene Männer bewiesen, die zu den Rettern zählten. Die drei Hauer, wie auch der Betriebsleiter, der Unterbetriebsleiter, der Steiger und der zweite Steiger, bewiesen allesamt jene Eigenschaften, die schon zu früheren Zeiten die Bergleute für ihr Heldentum in Zeiten der Gefahr berühmt gemacht hat. Ein solches Verhalten darf nicht unerwähnt bleiben, und ich bin erfreut, dass ich durch diesen Bericht Gelegenheit finde, ihnen hierfür meine

Anerkennung auszusprechen, und ich bedaure zutiefst, dass einer von ihnen bei dem kühnen Versuch, Brown und Lawns zu retten, sein Leben hat lassen müssen.«

Eine solche Serie von Tragödien hätte vielleicht einen weniger starken Mann niedergeworfen. Aber John Harrison hatte bereits die Härten eines Lebens erfahren, in dem Krankheit und Tod alltäglich waren. Im Alter von 22 Jahren, am 23. Februar 1897, heiratete er im Standesamt von Houghton-le-Spring die Hausmagd Jane Hill, 21, die Tochter eines im Bergwerk beschäftigten Zimmermanns. Sie zogen in ein Reihenhaus an der Chapel Street im Vorort Hetton Downs. Elf Monate später feierten sie die Geburt ihrer ersten Tochter Jane, so benannt nach ihrer Mutter und Großmutter. Das junge Paar stand am Ende des 19. Jahrhunderts – ein neues Zeitalter dämmerte herauf. Das folgende Jahrhundert würde furchtbare Kriege, aber auch außerordentliche Fortschritte bringen. Die Harrisons konnten freilich nicht ahnen, wie sehr sich ihr persönliches Schicksal wenden und wie sehr sich ihre Nachkommen der vergoldeten Welt des Königtums nähern würden.

# Kapitel 2

# Die Harrisons, 1901–1953

Am 2. Februar 1901 war es bitterkalt und es schneite. Königin Victoria war elf Tage zuvor verstorben. Prinz Williams Urururgroßvater Edward VII. ritt hinter dem Sarg seiner Mutter her, als sich der Trauerzug durch die Straßen Londons bewegte. Das Ziel des Zuges war die St.-Georgs-Kapelle auf Schloss Windsor. Nach einer Staatstrauerfeier mit allen Größen des Commonwealths wurde der Leichnam noch zwei Tage aufgebahrt, bis man ihn neben Prinz Albert im Königlichen Mausoleum von Frogmore House zur letzten Ruhe bettete.
Der Tod der Königin läutete ein neues Zeitalter ein. 18 Monate später wurden Edward VII. und Alexandra vom Erzbischof von Canterbury in der Westminster Abbey gekrönt – etwas später, als man erwartet hatte, da der 59-jährige Monarch kurz vor dem ursprünglich festgelegten Krönungsdatum an einer Blinddarmentzündung erkrankt war. Der König übereignete dem Staat Osborne House, wo seine Mutter gestorben war, und residierte weiterhin in Sandringham House in Norfolk, wie schon vor seiner Krönung. Sein Sohn George – Prinz Williams Ururgroßvater – und dessen Gattin Mary, die damals schon vier Kinder hatten, darunter auch die zukünftigen Könige Edward VIII. und George VI., wohnten in dem auf dem Schlossgut stehenden York Cottage.

*Prinzessin Kate*

Die Nachrichten über die Krönung las John Harrison vermutlich in der Lokalzeitung. Aber wahrscheinlich spielte das Leben der königlichen Familie in seinen Gedanken keine große Rolle, und ganz bestimmt hätte er sich nicht vorstellen können, dass seine Ururenkelin den Herrschern einmal so nahe kommen würde. Er hatte das Problem, wie er mit dem kärglichen Lohn seine Familie durchbringen sollte. John war noch nicht lange mit Jane verheiratet; das Paar wohnte in einem kleinen Cottage in der Chapel Street in Hetton Downs und hatte eine dreijährige Tochter, Jane, sowie einen Säugling namens Ernest. Janes Schwester Sarah Hill wohnte zwar ebenfalls bei der Familie und half im Haushalt mit, aber insgesamt führten sie ein hartes Leben. Das Paar erhoffte für seine Kinder eine bessere Zukunft.

Im Jahr 1902 wurde ein weiterer Sohn namens John geboren, aber erst das vierte Kind – Kates Urgroßvater – machte sich in der Familiengeschichte einen Namen. Der Junge wurde am 23. Juni 1904 geboren und nach Janes und Sarahs Vater, einem Zimmermann und Tischler, auf den Namen Thomas getauft. Der alte Thomas war ein fürsorglicher Großvater und verbrachte viele Stunden mit dem Jungen. Kaum war dieser den Kinderschuhen entwachsen, brachte ihm sein Großvater auch schon sein Handwerk bei.

Thomas war erst fünf Jahre alt, als König Edward VII. an Bronchitis erkrankte und während eines Urlaubsaufenthalts in Biarritz zusammenbrach. Edward war ein starker Raucher – er soll täglich 20 Zigaretten und 12 Zigarren geraucht haben – und erlitt nach seiner Rückkehr nach England mehrere Herzanfälle. Er starb am 6. Mai 1910; seine Gattin Alexandra und seine Geliebte Alice Keppel standen an seinem Sterbebett. Als ihm sein Sohn

*Die Harrisons, 1901–1953*

George, Prinz von Wales, mitteilte, dass sein Rennpferd Witch of the Air an diesem Nachmittag in Kempton Park gesiegt habe, sagte der König: »Das freut mich.« Es waren seine letzten Worte. George V. und Königin Mary wurden am 22. Juni 1911 in der Westminster Abbey gekrönt. Nach der Krönung reiste das königliche Paar nach Indien, um ihre indischen Untertanen zu besuchen. Während der Indienreise frönte der König vor allem seiner Jagdleidenschaft: Er erlegte 21 Tiger.
Drei Jahre später, am 28. Juni 1914, wurde Erzherzog Franz Ferdinand, Erbe des Throns von Österreich-Ungarn, von einem bosnischen Serben namens Gavrilo Princip erschossen. Der Erste Weltkrieg brach aus, und er veränderte Europa von Grund auf. Thomas Harrison war zu jung, um schon als Soldat zu dienen, aber der Krieg prägte sein weiteres Leben. Das Städtchen Hetton-le-Hole, das um die Jahrhundertwende 13 673 Einwohner gehabt hatte, war bald nur noch ein Schatten seiner selbst. Hunderte Bergarbeiter aus der Umgebung meldeten sich freiwillig zu den Northumberland Fusiliers und zur Durham Light Infantry und ließen ihre Frauen und Kinder ohne Ernährer zurück.
Thomas' Vater John hatte bei Kriegsausbruch seinen 40. Geburtstag gefeiert; er blieb zunächst in der Heimat und sorgte für seine junge Familie – sie hatten inzwischen zwei weitere Söhne bekommen, Wilfred und Norman –, wurde aber dann doch zum Kriegsdienst eingezogen. Da sich immer weniger Freiwillige meldeten, gleichzeitig aber die Verluste an der Westfront dramatisch anstiegen – allein in den Schlachten von Ypres und Loos hatte das Land 135 000 Mann verloren –, führte die britische Regierung im März 1916 die Wehrpflicht für ledige Männer zwischen 18 und 41 Jahren ein. Im Mai wurde die Wehrpflicht auf verheiratete Männer ausgeweitet – nur zwei Monate vor John Harrisons 42. Geburtstag, ein Zufall, der das Leben seiner Angehörigen verändern sollte.

John rückte zum Duke of Cambridge's Own Middlesex Regiment ein, das im benachbarten Städtchen Houghton-le-Spring stationiert war. Er fiel am 24. August 1918 als 43-jähriger Korporal in den Schützengräben. Sein Name ist mit 200 weiteren Gefallenen auf dem Kriegerdenkmal in Hetton-le-Hole vor dem Arbeiterclub eingraviert.

Der Weltkrieg endete am 11. November 1918 um 11 Uhr. Thomas war damals 14 Jahre alt; seine Welt hatte sich unwiderruflich verändert. Der Soldatentod seines Vaters hatte ihn geprägt; er begann eine Lehre bei seinem Großvater mütterlicherseits – der jetzt für ihn die einzige männliche Bezugsperson war – und wurde damit der erste Harrison, der ein Handwerk erlernte.

Nicht lange nach Kriegsende erlitt auch die königliche Familie einen schweren Schicksalsschlag. George V. verlor seinen Sohn. Prinz John, das sechste und jüngste Kind, starb am 18. Januar 1919 nach einem epileptischen Anfall. Er war ein Jahr jünger als Thomas. Die Königin schrieb an ihren Gatten: »Wenn der Familienkreis zum ersten Mal durchbrochen wird, ist dies nur schwer zu ertragen, aber die Menschen waren sehr gütig und mitfühlend, und das hat uns sehr geholfen.«

Für den Nordosten waren die Zwischenkriegsjahre eine schlimme Zeit. Der Krieg hatte Großbritanniens Stellung als Handelsmacht für Textilexporte, Stahl und Kohle massiv beeinträchtigt. Die Schwerindustrie befand sich im Niedergang und der Kohlebergbau war von der Depression besonders stark betroffen. 1923 waren allein in Durham 170 000 Bergarbeiter beschäftigt gewesen. In den 16 Jahren bis zum Ausbruch des Zweiten Weltkriegs verloren viele ihre Arbeit, weil die Nachfrage nach Kohle sank. Eine Streikserie fügte dem Land weiteren Schaden zu;

*Die Harrisons, 1901–1953*

Großbritannien schlitterte immer tiefer in die Depression. Die Bergleute begehrten auf gegen die gefährlichen Arbeitsbedingungen, die Lohnkürzungen und die Überstunden; sie beteiligten sich nicht nur am Generalstreik von 1926, sondern organisierten auch zwei eigene nationale Bergarbeiterstreiks. Schließlich kam es 1929 zum Börsencrash, der die Weltwirtschaftskrise auslöste. Die Nachfrage nach britischen Produkten brach zusammen, die Zahl der Arbeitslosen schnellte von einer Million auf 2,5 Millionen empor. Am schwersten betroffen waren die Industriegebiete im Norden des Landes, vor allem die Bergwerke. Der Bergbau hatte keine Zukunft mehr.

Im Baugewerbe hingegen kam es nach dem Krieg zu einem Boom, und nach Bauhandwerkern herrschte große Nachfrage. Kates Urgroßvater musste seinem eigenen Großvater sehr dankbar für die Ausbildung zum Zimmermann gewesen sein. In den Zwischenkriegsjahren zog der damals 29-jährige durch den Norden Englands. 1934 wohnte er im Dorf Easington Lane, ein paar Kilometer von Hetton-le-Hole entfernt. Hier lernte er die ein Jahr ältere Elizabeth Temple aus Tudhoe kennen, einem südlich von Durham gelegenen Dorf. Sie war die Tochter eines Landarbeiters und ein »gefallenes Mädchen«, denn sie hatte eine uneheliche Tochter namens Ruth.

Doch die Zeiten hatten sich geändert. Das junge Paar konnte seine Romanze ganz anders genießen als seine Eltern und Großeltern. Die beiden trafen sich in Durham oder Sunderland, besuchten Tanzlokale und Jazzclubs, verbrachten die Abende im Kino oder hörten Radio oder Grammophon. Zur Freude ihrer Familien verlobten sie sich, und sie heirateten am 12. Mai 1934 in der Pfarrkirche von Tudhoe. Ruth war damals knapp ein Jahr alt.

Nach der Hochzeit zog das Paar in Thomas' Heimatdorf Hetton-le-Hole zurück, wo ein Jahr später, am 26. Juni 1935, Kates

Großmutter Dorothy zur Welt kam. Letztlich hat Kate es dem Streben Dorothys nach Besitz, Wohlstand und Ansehen zu verdanken, dass sie nun den Weg zum Thron vor sich sieht. Allerdings halfen dabei verschiedene politische Ereignisse, die ihre Familie veranlassten, nach Süden zu ziehen – und damit näher zur königlichen Familie.

Dorothy war kaum ein halbes Jahr alt, als König George V. am 20. Januar 1936 um 11.55 Uhr auf Schloss Sandringham starb. Als schwerer Raucher hatte er seit vielen Jahren an Bronchitis gelitten. Gegen Jahresende klebte die Familie Harrison wahrscheinlich erneut am Rundfunkempfänger, als Georges Sohn Edward VIII. auf den Thron verzichtete, nachdem er sich mit Wallis Simpson, einer geschiedenen Amerikanerin, verlobt und damit eine Staatskrise ausgelöst hatte. Edward sah sich zur Abdankung gezwungen. Am 11. Dezember 1936 wurde seine Abdankungsrede über Rundfunk in Großbritannien und im Empire ausgestrahlt: »Mir ist klar geworden, dass ich unmöglich die schwere Last der Verantwortung tragen und meine Pflichten als König so erfüllen kann, wie ich das gerne tun würde, ohne die Hilfe und die Unterstützung der Frau, die ich liebe.«

Die Last der Verantwortung wurde nun seinem Bruder, König George VI., aufgebürdet, der niemals erwartet hatte, den Thron zu erben. Seine Gattin Elizabeth, die verstorbene Mutter der Königin, konnte es ihrem Schwager nie verzeihen, dass er ihre Familie aus ihrem friedlichen Leben gerissen und ihre Töchter, die zehnjährige Elizabeth und die sechsjährige Margaret, ins Rampenlicht der Öffentlichkeit gezerrt hatte.

Kates Großmutter war noch ein Kleinkind, als Williams Urgroßvater den Thron bestieg, und sie war erst vier Jahre alt,

## Die Harrisons, 1901–1953

als Hitler in Polen einmarschierte. Aber ihre Eltern lauschten wahrscheinlich mit dem bangen Gefühl drohenden Unheils der Rundfunkrede Neville Chamberlains, die am 3. September 1939 um 11.15 Uhr ausgestrahlt wurde. Der Premierminister erklärte, dass sich »das Land im Krieg mit Deutschland« befinde. Auch Thomas zog in den Krieg, aber er überlebte. Männer, die in »geschützten« Berufen arbeiteten, und dazu zählten auch Bergleute, waren vom Militärdienst ausgenommen, weil ihre Arbeit kriegswichtig war. Thomas dürfte damals seinen sozialen Aufstieg bereut haben.

Während die Männer von Hetton-le-Hole in den Krieg zogen, wurden viele Frauen zu »Engeln von Aycliffe«: In Bussen wurden sie 40 Kilometer zu den Munitionsfabriken in Newton Aycliffe transportiert, wo sie in 12-Stunden-Schichten arbeiteten.

Im Krieg war Sunderland als Zentrum des Schiffsbaus eine der am schwersten bombardierten Regionen Englands. Das Leben in der Region wurde zum Chaos: Schutzbunker wurden ausgehoben, die Fenster verdunkelt und die Strände abgesperrt. Geländer wurden abmontiert und eingeschmolzen, um daraus Schiffe und Panzer herzustellen. Die Bevölkerung erhielt Gasmasken und Lebensmittelmarken. Am frühen Abend hockten sie eng gedrängt vor dem Radiogerät und hörten im BBC Home Service begeistert Berichte, wonach König George VI. und Königin Elizabeth nach den schweren Bombenangriffen von 1943 eine Werft in Sunderland besucht hätten, um die Moral der Einwohner und Arbeiter zu stärken.

Endlich spiegelte das Leben der Harrisons das der königlichen Familie wider. Das königliche Paar weigerte sich, während des Krieges das Land zu verlassen. Es verbrachte die Zeit abwechselnd im Buckingham Palace und auf Schloss Windsor. Einmal entging das Paar nur knapp dem Tod, als zwei deutsche Bomben in einem Innenhof des Buckingham Palace explodierten.

Danach prägte die Königin den unvergesslichen Satz: »Ich bin so froh, dass wir bombardiert wurden. Jetzt kann ich dem East End ins Gesicht blicken.« Insgesamt schlugen im Verlauf des Krieges neun direkte Treffer im Palast ein und einer der treuen Polizisten verlor dabei sein Leben. Die Royals bestanden darauf, sich allen Einschränkungen zu unterwerfen, die man ihren Untertanen auferlegt hatte, sodass sich Amerikas First Lady Eleanor Roosevelt als Gast im Buckingham Palace darüber wunderte, dass es kein warmes Wasser gab.

Nach dem Krieg zogen Thomas und Elizabeth Harrison mit ihren Kindern Ruth und Dorothy vom Nordosten in einen Vorort Londons. Kates Großmutter wohnte somit nicht mehr sehr weit von Schloss Windsor und vom Buckingham Palace entfernt, aber die Familie war zu arm für den Lebensstil, den die Hauptstadt ermöglichte. Das sollte sich erst in der nächsten Generation ändern.

Damit haben wir eine Zeit erreicht, in der wir aus erster Hand mehr über die Harrisons erfahren können. Wir können uns so ein genaueres Bild vom Ausmaß der Armut verschaffen, in der die Familie lebte – buchstäblich ohne einen Penny, in einem heruntergekommenen Haus an der Bankside, einer Straße am Ufer des Grand Union Canal in Southall, West-London.

Ann Terry, eine Großnichte des Paares – sie ist eine Nichte von Dorothys Mann Ronald –, übernachtete als Kind in den 1950er-Jahren oft bei den Harrisons. Sie und ihr Cousin Harry Jones sowie die Cousine Pat Charman erinnern sich noch sehr genau an die Armut im Haushalt der Harrisons.

»Thomas war ein schneidiger kleiner Mann mit Schnurrbart«, erinnert sich Ann. »Er und seine Frau Elizabeth waren eigentlich

*Die Harrisons, 1901–1953*

ganz normale Leute. Sie hatten ja auch nichts, um snobistisch zu sein. Zum Haus gehörte ein kleiner Garten, in dem sie Hühner hielten. Aber Dorothy hielt sich immer für etwas Besseres. Ich habe keine Ahnung, woher sie ihre Einbildung hatte.«
»Sie hatten gar nichts«, fügt Harry hinzu. »Sie waren ganz gewöhnliche Leute und so arm, wie man nur sein konnte.«
Pat erinnert sich, dass sie sich von Dorothy immer einschüchtern ließ, obwohl sie selbst in eine Oberschule ging. »Sie wohnte in einer der schäbigsten Straßen, die man sich nur vorstellen kann, am Kanalufer«, sagt sie, »und ging in eine ganz normale Hauptschule. Aber sie hatte so eine Art, dass man sich mit ihr nie ganz wohlfühlte.«
Kates Großmutter Dorothy war schon eine zwölfjährige Schülerin, als Williams Großmutter, Prinzessin Elizabeth, am 20. November 1947 in einer prächtigen Zeremonie in der Westminster Abbey Leutnant Philip Mountbatten heiratete. Dorothy hatte ihren eigenen Prinzen noch nicht kennengelernt, obwohl der Mann, der dazu bestimmt war, ihr Ehemann zu werden, nur ein paar Kilometer weiter südlich wohnte.

George VI. starb in der Nacht zum 6. Februar 1952 im Schlaf, nach 16 Jahren auf dem Thron. Er wurde nur 56 Jahre alt und hatte Lungenkrebs, doch er erlag einer Koronarthrombose. Seine Tochter Elizabeth befand sich gerade auf der Reise zu einem Besuch in Australien; sie flog von Kenia aus zurück, um zehn Tage später der Beerdigung beizuwohnen. Ihre Krönung wiederum fand im Juni des folgenden Jahres in der Westminster Abbey statt. Dicht gedrängt standen die Menschen an den Straßen Londons, um einen Blick auf die neue Monarchin zu erhaschen, die in der goldenen Staatskutsche zum Buckingham

*Prinzessin Kate*

Palace fuhr. Andere verfolgten die Live-Übertragung im Radio oder im Fernsehen.

Thomas Harrison hatte unter fünf Monarchen gelebt – bemerkenswert, wenn man bedenkt, dass sein Großvater von der Wiege bis zum Grab nur eine einzige Monarchin, Königin Victoria, gekannt hatte. Aber Thomas stand der Sinn nicht nach Prinzen und Prinzessinnen. Er musste tapfer Geld verdienen, um zwei Hochzeiten zu bezahlen. Seine älteste Tochter Ruth, 19, eine Verkäuferin, heiratete am 4. April 1953 in der Holy Trinity Church in Southall den 25-jährigen Maschinisten Ivor Pritchard. Vier Monate später heiratete Thomas' zweite Tochter Dorothy Ronald Goldsmith. Ihr Ehrgeiz und ihr Streben führte die Familie schließlich zu den vergoldeten Toren von Buckingham Palace.

Kapitel 3

# Die Goldsmiths, 1837–1918

John Goldsmith arbeitete als Zimmermann vom frühen Morgen bis zum späten Abend, um seine Frau und die fünf Kinder zu ernähren, und hatte wahrscheinlich die Morgendämmerung des 28. Juli 1837 begrüßt wie jeden anderen Tag. Er war in seinem winzigen Reihenhaus in Maidstone aufgewacht, hatte sich eilig angezogen, eine Tasse Tee hinuntergestürzt und war nach einem flüchtigen Blick auf die Schlagzeile der Lokalzeitung aus dem Haus gegangen. An diesem Tag verkündete die Zeitung die Wahl des neuen Parlamentsabgeordneten der Stadt, eines gewissen Benjamin Disraeli, eines notorischen und hoch verschuldeten Schürzenjägers, der eines Tages Premierminister und ein großer Freund und Gefolgsmann von Königin Victoria werden sollte.

Doch Kate Middletons Urururgroßvater John Goldsmith dürfte dieses politische Tagesereignis kaum beachtet haben. Wie Kates anderer mütterlicher Urururgroßvater stammte zwar auch Goldsmith aus der Arbeiterklasse, doch ihre Lebenserfahrungen waren grundverschieden. Während John Harrison in einer Bergarbeitersiedlung in Durham lebte, war John Goldsmith in Maidstone aufgewachsen, der Hauptstadt der Grafschaft Kent. Die Stadt lag am Ufer des Flusses Medway und war im Jahr 1837 ein schmutziger und ungesunder Ort. Es gab zwar

Gaslaternen an den Straßen, aber keine moderne Kanalisation. Dennoch war der Ort wohlhabend, denn er belieferte die Hauptstadt London mit Hopfen, Leinen, Papier, Sandstein und Gin. Das Braugewerbe und die Papiermanufakturen boomten und andere Branchen wuchsen gleichfalls, sodass auch die Einwohnerzahl kräftig anstieg. Maidstone verfügte sogar über eine eigene Stadtpolizei und eine Getreidebörse. Immer mehr Arbeiterhäuser wurden an den Straßen entlang gebaut und die Stadt wuchs unablässig. Die gehobenen Klassen zogen in die Vororte, die auf dem Grundbesitz des 2. Grafen von Romney lagen, einem Landbesitzer und Parlamentarier, der im Mote House, einem Herrensitz, wohnte. Nach einer Ausgabe von Gardener's Chronicle, die Ende des 19. Jahrhunderts erschien, waren allein im eindrucksvollen Park von Mote House 25 Männer beschäftigt; hier wuchsen exotische Pflanzen und der Küchengarten im Gewächshaus versorgte den Haushalt mit Orangen, Pfirsichen und Trauben.

John und seine Frau Rebecca hingegen wohnten in einer engen Behausung in Wheeler Street, unweit der Mauern des Gefängnisses der Grafschaft. Im Jahr 1837 war John 56 Jahre alt; Rebecca war 14 Jahre jünger, und sie hatten fünf Kinder. In der Straße befand sich auch der Pub The Greyhound, wo John und seine beiden älteren Söhne Charles und Richard so manches Bier genossen, während sich Rebecca um die jüngeren Kinder kümmerte – um die Töchter Mary Ann und Sophia und den damals zehnjährigen Sohn John, der Kates Urururgroßvater werden sollte. Auch eine Volksschule für 200 Jungen lag an der Straße, wo man sie lehrte, die »Schrift zu verehren«, »Eltern und Lehrer zu achten« und sich gegenüber der Gesellschaft »ehrlich, nüchtern und nützlich« zu zeigen. Diese »British Schools« waren eine Idee des Quäkers Joseph Lancaster und wurden von einer eigenen Gesellschaft, der British and Foreign School Society,

*Die Goldsmiths, 1837–1918*

betrieben, um den Kindern der Armen eine Elementarbildung zu vermitteln. Allerdings ist es recht unwahrscheinlich, dass sich die Goldsmiths auch nur den einen Penny Schulgebühr pro Woche leisten konnten, um ihre Söhne lesen, schreiben und rechnen lernen zu lassen.

Ihr Leben war hart, und die Familie war ständig mit Leuten in Kontakt, die Gesetze skrupellos missachteten. Insbesondere mit einer Familie namens Hickmotts waren die Goldsmiths eng befreundet, deren Angehörige das Gefängnis recht gut von innen kannten. Samuel Hickmott, ein Bauarbeiter und Dieb, und sein älterer Bruder Thomas wurden 1837 berühmt-berüchtigt, als sie einem Bauern namens Samuel Pix in Sussex drei Lämmer stahlen und flohen. Zwei Jahre später wurden sie am Bahnhof von Brighton verhaftet, im Januar 1840 in Maidstone vor Gericht gestellt und im April dann nach Australien deportiert.

Samuels Sohn Edward hatte, wie schon sein Vater, im neuen Gefängnis von Maidstone gesessen, das nördlich der Stadt lag und 1819 gebaut worden war. Nach seiner Entlassung lernte er die Brüder Goldsmith auf einer Baustelle kennen, wo er als Maurer arbeitete. Schon bald eroberte er das Herz ihrer Schwester Mary Ann, die inzwischen zu einem hübschen Teenager herangewachsen war. Sie gaben sich am 30. Mai 1842 in der Trinity Church, Maidstone, das Jawort. Mary Ann war erst 16, Edward war fünf Jahre älter. Im folgenden Jahr gebar sie das erste ihrer sechs Kinder, das sie ebenfalls Mary Ann nannten. Wenige Jahre später arbeitete ihr Mann allerdings bereits in Indien, sodass sie ihre Kinder allein aufziehen musste.

Leider lebte John Goldsmith nicht lange genug, um seine Enkel aufwachsen zu sehen. Nach langem Kampf gegen den Magenkrebs verstarb er am 7. Juni 1847 im Alter von 66 Jahren. Im folgenden Jahr tat es Sophia, die jüngste Tochter des Paares, ihrer Schwester nach und heiratete ebenfalls in die Hickmott-Familie ein. Nach der Moral der Zeit galt Sophia wohl als Prostituierte, weil sie schon vor der Hochzeit mit ihrem Verlobten, dem Maurer Henry Hickmott, zusammenlebte. Die beiden wohnten in Hackney im Osten Londons, und Sophia war bereits hochschwanger mit ihrem zweiten Kind, als sie Henry am 18. Juni 1848 in der Pfarrkirche das Jawort gab. Innerhalb eines Jahres trat das Paar in die Fußstapfen von Henrys zur Deportation verurteiltem Vater und emigrierte mit den beiden Töchtern – dem Kleinkind Emma und dem Baby Eliza – nach Australien. Sie gingen am 4. Mai 1849 im Hafen von London an Bord der *Emily* und erreichten Port Adelaide drei Monate später, am 8. August. Vielleicht reiste John Goldsmith nach London, um seiner Schwester zum Abschied zuzuwinken. Fest steht jedoch, dass er in den Bann der Hauptstadt geriet. Mit 21 Jahren wohnte John als einziger der Geschwister noch zu Hause. Seine Brüder Charles und Richard waren nach London gezogen, um Arbeit als Maurer zu suchen. Seine Schwestern Mary Ann und Sophia hatten geheiratet und lebten weit vom Elternhaus entfernt. Als seine verwitwete Mutter Rebecca in das nahe gelegene Tovil zog und einen Untermieter aufnahm, ging John nach London und mietete ein Zimmer in einem Haus in der Green Man's Lane, Hounslow, wo er seinen älteren Brüdern wieder recht nahe war.

In der Hauptstadt begegnete John der Wäscherin Esther Jones, Tochter eines Arbeitskollegen und fünf Jahre jünger als er. Sie verliebten sich und heirateten am 23. September 1850 in der Pfarrkirche St. John the Baptist in Hoxton im Londoner East End. Beide waren Analphabeten und unterzeichneten das Register nur mit einem Kreuz. Sie wohnten bei Esthers Eltern, und wenige Wochen nach der Hochzeit wurde Esther schwanger. Kates Ururgroßvater kam am 6. Juli 1851 zur Welt und wurde nach seinem Vater John getauft. Es sollten neun Jahre vergehen,

*Die Goldsmiths, 1837–1918*

bis ein weiteres Kind kam, aber danach gebar Esther noch fünf weitere Kinder. Mit der Kinderschar zogen John und Esther in ein neues Heim in Triangle Place, Islington, und dort schien ihr Glück vollkommen. Das einzige traurige Ereignis war der Tod von Johns Mutter Rebecca am 29. Dezember 1869, die an Bronchitis verstarb.

Obwohl die Lebenserwartung damals recht niedrig war, lebten John und Esther lange genug, um all ihre Kinder großzuziehen, bis sie auf eigenen Füßen stehen konnten. Ihr ältester Sohn John, der wie sein Vater und Großvater Arbeiter geworden war, heiratete am 18. September 1882 in der Kirche St. Mary in Paddington die vier Jahre jüngere Jane Dorset. Zwei Jahre später erlebten Johns Eltern auch noch die Geburt von John Juniors erstem Kind, Eliza, doch dann erlag Esther im Alter von 53 Jahren der Bronchitis. John Senior starb 1888, dem Jahr von Königin Victorias goldenem Thronjubiläum, im Alter von 61 Jahren an einem Eingeweidebruch.

Im Unterschied zu Kates anderem Großvater, John Harrison, der im Alter von 14 Jahren Vollwaise wurde, war John Goldsmith bereits 37 Jahre alt, als sein Vater starb. Sein drittes Kind – Kates Urgroßvater – kam am 6. November 1886 zu Hause in der Priory Road, Acton, zur Welt. Er wurde auf den Namen Stephen Charles getauft, wurde aber in der Familie nur Charlie gerufen. Das Paar hatte noch sechs weitere Kinder, aber mehrere starben frühzeitig. Kurz vor der Jahrhundertwende siedelte sich die Familie in Featherston Terrace, Southall, an. Und dort erfuhren sie auch vom Tod Königin Victorias am 22. Januar 1901 und von der bald darauf folgenden Krönung des neuen Königspaars, Edward VII. und Alexandra. Die Goldsmiths konnten nicht ahnen, wie sich das neue Jahrhundert für sie und ihre Nachkommen im Gegensatz zu ihrer viktorianischen Welt entwickeln würde.

*Prinzessin Kate*

Nach einigen Jahren verließ Charlie, der inzwischen als Mechaniker arbeitete, sein Elternhaus und zog in die Villier Street in Uxbridge. Hier lernte er auch seine zukünftige Frau Edith kennen, die zwei Straßen weiter in der Chiltern View Road wohnte. Edith war zwar als Tochter des gelernten Stuckateurs Benjamin in einem großen Haus im Dorf Denham, Buckinghamshire, aufgewachsen, doch war die Familie später in finanzielle Schwierigkeiten geraten und gezwungen gewesen, in das fünf Kilometer entfernte, weniger wohlhabende Uxbridge umzuziehen, das vor allem für seine Getreidemühlen und Brauereien bekannt war.
Charlies und Ediths Tochter Alice Tomlinson ist heute 97 Jahre alt und als Einziges ihrer Kinder noch am Leben. Sie erinnert sich, was ihre Mutter über ihre Herkunft erzählte. »Meine Mutter war das Nesthäkchen«, sagt Alice. »Sie wuchs in einem großen Haus in Denham auf. Ihre Eltern waren recht gut situiert, denn die Großeltern hatten eine Bäckerei und eine Metzgerei; die beiden Geschäfte lagen einander gegenüber, und so lernten sich die Eltern meiner Mutter kennen. Irgendwie mussten sie dann aber all ihr Geld verloren haben. Womöglich wurde es von einem Treuhänder verwaltet und irgendjemand unterschrieb die falschen Dokumente oder so.«
Edith war eine sehr kleine Frau, unter 1,50 Meter groß, und wog nur 44 Kilogramm. Ihr Körper wurde durch eine große Narbe entstellt, die von einem fast tödlichen Unfall stammte, den sie als Kleinkind erlitten hatte. »Grandad hatte die Gewohnheit«, erzählt Alice, »seine Zigarre mit einem eng zusammengerollten Blatt Papier am großen Ölofen im Flur des großen Hauses anzuzünden, in dem sie damals wohnten. Und natürlich probierte das meine kleine Mutter eines Tages auch und hätte sich dabei beinahe selbst verbrannt.«
Charlie und Edith heirateten am 27. März 1909 im Standesamt von Uxbridge. Er war 22, sie war ein Jahr jünger und bereits

*Die Goldsmiths, 1837–1918*

im vierten Monat schwanger. Sie bezogen ihr erstes Heim in Spencer Street 16, Southall, nur ein paar Straßen von seinen Eltern entfernt. Ihr erster Sohn Stephen Charles, ebenfalls nur Charlie gerufen, kam am 20. August 1909 zur Welt, 1911 folgte Alice, genannt Minnie, und schließlich 1913 Edith, die Ede genannt wurde.

Doch schon ein Jahr nach Edes Geburt brach der Erste Weltkrieg aus. Charlie meldete sich am 19. Mai 1915 zum Kriegsdienst und kämpfte mit den Royal Fusiliers in Frankreich, zuerst in den Schützengräben, später arbeitete er in der Küche. Nachdem Charlies älterer Bruder, ein Soldat im Middlesex Regiment, im Alter von nur 30 Jahren einer Seuche zum Opfer gefallen war, verlor der Vater der Jungen allen Lebenswillen und starb kurz nach dem Ende des Krieges mit 68 Jahren. So bedeutete das Kriegsende auch das Ende einer weiteren Generation der Goldsmiths, doch es läutete für Kates Urgroßeltern Charlie und Edith und ihre Kinder ein neues Zeitalter ein.

# Kapitel 4

# Die Goldsmiths, 1918–1953

Kurz vor Weihnachten 1918, sechs Wochen nach dem Waffenstillstand, lagen Tausende Soldaten immer noch in Frankreich, während sich die Generäle und Politiker um die Friedensbedingungen stritten. Andere hatten mehr Glück und waren bereits auf dem Weg nach Hause. Kates Urgroßvater, der Gefreite Charlie Goldsmith, kehrte kurz nach seinem 32. Geburtstag aus Frankreich in die Heimat zurück. Im Haus in der Clarence Street 57, Southall, herrschte freudige Erwartung. Seine Frau Edith und ihre drei kleinen Kinder begrüßten ihn: Charlie, neun, Alice, sieben, und Ede, fünf Jahre alt. Ihr viertes Kind Annie, auch Hetty genannt, war nun sechs Monate alt. Edith und er hatten sie während eines Fronturlaubs gezeugt.

Nachdem die junge Familie Charlie begrüßt hatte, gingen alle zu einer Weihnachtsfeier mit anderen Kriegsveteranen des Ortes und deren Familien; danach waren sie zum Tee im Rathaus von Southall eingeladen. Alice, heute 97 Jahre alt, erinnert sich noch gut an den Abend: »Ich war noch ein kleines Mädchen, aber ich kann mich daran erinnern, wie er in seiner Uniform nach Hause kam. Und ich erinnere mich an die Kinderparty und an die Feier. Sie fand in einem Saal unten am Bahnhof statt, einem früheren Billardsaal. Von dort gingen wir zum Tee ins Rathaus, wo wir ein Geschenk vom Weihnachtsmann erhielten. Ich bekam ein Hüpfseil.«

Für die Familie waren die frohen Feiern eine höchst willkommene Unterbrechung des Alltags, denn das Leben zwischen den beiden Kriegen war ein ständiger Kampf. Heute ist Southall ein vorwiegend von Asiaten bevölkerter Bezirk, aber damals war es ein Vorort weißer Arbeiter, die in den neuen Backsteinfabriken, Getreidemühlen und Chemiefabriken, in den Güterbahnhöfen und Maschinenfabriken beschäftigt waren. Rund um den Grand-Junction-Kanal, an der Brunels-Great-Western-Eisenbahn und an der Uxbridge Road wurde ein Industriegebiet aus dem Boden gestampft. Der Kanal war einst der wichtigste Transportweg für den Güterverkehr zwischen London und Birmingham gewesen. Leider wurde das Leben für die Familie auch nach Charlies Rückkehr nicht viel leichter, denn »Putty«, wie er von seinen Kumpeln genannt wurde, litt an einem Lungenemphysem. Er musste seinen Job im Kohlebergbau aufgeben. In der Milchzentrale Maypole Dairy, die einem holländischen Margarinehersteller gehörte, fand er einen Arbeitsplatz. Die Milchzentrale war 1894 gegründet worden und zu einer der größten ihrer Art weltweit aufgestiegen. Sie hatte einen eigenen Gleisanschluss und auch einen eigenen Seitenarm des Kanals.

»Als mein Vater nach Hause kam, ging es ihm nicht sehr gut«, sagt Alice. »Ich weiß nicht, was sein Emphysem ausgelöst hatte – die Schützengräben oder das Rauchen? Über den Krieg redete er nie und erzählte uns auch nicht davon. Aber nachdem er aus Frankreich zurück war, sagte er immer: ›Meldet euch bloß nie freiwillig für irgendetwas, denn ihr wisst nie, worauf ihr euch einlasst.‹ Wir durften tun und lassen, was wir wollten, es gab keine Einschränkungen oder so. Aber wahrscheinlich waren damals alle Kinder so. Alle waren schlimm dran und niemand hatte irgendetwas.«

Trotz ihrer angespannten Lage bekamen Charlie und Edith noch zwei weitere Kinder: Joyce wurde 1924 geboren und Ka-

*Die Goldsmiths, 1918–1953*

tes Großvater Ronald am 25. April 1931. Beide kamen in der Clarence Street auf die Welt, einem der damals ärmsten Viertel, in dem die vielköpfigen Familien der Arbeiter lebten, die ihren Lebensunterhalt in den Fabriken und Gaswerken verdienten und die jede nur mögliche Stunde zur Arbeit gingen. Das bedeutete große Härte, aber es brachte auch ein Gemeinschaftsgefühl hervor: Die Nachbarn beaufsichtigten abwechselnd die Kinder. Zu den Nachbarn der Goldsmiths gehörte auch die Familie der später berühmt gewordenen Jazzsängerin Cleo Laine (seit 1979 Lady Dankworth), die dreieinhalb Jahre älter war als Ronald.

Als Ronald geboren wurde, war sein Vater wieder als Bauarbeiter tätig. Alice war damals 20 Jahre alt und hatte das Elternhaus schon verlassen, da sie zwei Jahre zuvor Bill Tomlinson geheiratet hatte. Bill war ein Bergmann aus Wales, der nach London gezogen war und nun in der Rockwell-Glashütte arbeitete. »Ich ging mit 14 von der Schule ab und hatte verschiedene Jobs in Fabriken, bis ich dann mit 18 Bill heiratete«, erzählt Alice. »Wir lernten uns im Southall Park kennen. Und eigentlich waren wir sehr froh, als wir endlich heiraten und von zu Hause wegziehen konnten.«

Ronald war acht Monate alt, als sein älterer Bruder Charlie, inzwischen 22 und Gipsermeister, am Zweiten Weihnachtstag 1931 die Arbeitertochter Emma Neal heiratete. Das Paar gab sich in der Pfarrkirche St. John in Southall das Jawort. »Charlie war ein cleverer Junge, aber recht zurückhaltend«, erinnert sich Alice, die mit ihrem Mann an der Hochzeit teilnahm. »In den Augen meiner Mutter konnte er nichts falsch machen. Für ihre beiden Jungen tat sie alles und verwöhnte sie maßlos. Sie himmelte Ron an, und Charlie war für sie die Unschuld in Person. Schon als Kind hatte Charlie das Gipsen erlernt. Mein Onkel Ben war Stuckateur und arbeitete in Herrenhäusern wie Oster-

ley Park. Er schuf all die Cherubim und Trauben und Gesimse. In seiner Werkstatt stellte er eigene Gussformen her. Ich weiß noch, dass ich als Kind dort oft spielte. Als Charlie in die Schule kam, fing Onkel Ben an, ihm das Gipsen beizubringen. Er konnte tatsächlich schon als kleiner Junge mit richtigen Werkzeugen eine Wand vergipsen. Und als er älter wurde, arbeitete er manchmal sogar für die besten Bauunternehmer im Ort, noch bevor er selbst richtig ausgebildet war. Er war wirklich erfolgreich. Der einzige Mann in der Clarence Street, der ein Auto besaß. Ich glaube, es war neu, und er hatte dafür 300 Pfund bezahlt.
Er feierte seine Hochzeit sehr nobel in einer Kirche und mit Brautjungfern, und mietete dafür den Co-op-Saal. Emma stand immer im Mittelpunkt. Aber sie bekamen keine Kinder. Ich weiß nicht, ob sie keine Kinder wollten oder keine haben konnten. Aber sie liebten sich sehr, waren immer zusammen. Und sie hatten ein schönes Leben, ließen es sich immer gut gehen und hatten auch ein bisschen Geld.«
Alices Tochter Pat Charman ist heute 75 Jahre alt und mochte sie beide sehr. »Tantchen Em war ein bisschen exzentrisch«, erinnert sie sich. »Es konnte sein, dass man ihr auf der High Street in einem Taftkleid und Pelzmantel begegnete. Aber ich mochte sie wirklich sehr, sie war immer sehr freundlich und lächelte ständig. Sie gab einem das Gefühl, willkommen zu sein. Wenn sie mich erblickte, begann sie immer sofort zu strahlen.«
Ein Jahr später tat es auch Ronalds Schwester Ede, eine Verkäuferin, ihren Geschwistern nach und trat vor den Altar. Sie heiratete ebenfalls in der Pfarrkirche St. John den Arbeiter Henry »Tich« Jones, allerdings war die Hochzeitsfeier sehr viel bescheidener als die von Charlie und Emma. Aber sowohl Alice als auch Ede bekamen sofort Kinder – Alices Tochter Pat wurde 1933 geboren, Edes Sohn Harry 1935 –, und Ronald verbrachte viel Zeit mit seiner Nichte und seinem Neffen.

*Die Goldsmiths, 1918–1953*

»Als älteste Tochter musste ich auch für die anderen sorgen«, erinnert sich Alice. »Ich war selbst schon verheiratet, als Ron auf die Welt kam, war bei der Geburt dabei und hatte ihn fast ständig bei mir. Ich setzte meine Tochter Pat an ein Ende des Kinderwagens und Ron ans andere Ende, und wenn ich dann mit den beiden im Wagen durch die Stadt ging, sagten die Leute: ›Ach, Sie haben zwei Kinder?‹, aber natürlich war Ron mein Bruder und Pat meine Tochter. Es gab niemanden, der meinen Ron nicht mochte. Er war so ein hübscher blonder Junge! Wir waren alle blond; wir sahen aus wie Elfen, wir alle. Und Ron wuchs zu einem wunderbaren Mann heran. Ich hatte ihn unglaublich gern.«
Das Leben der Familie nahm eine tragische Wende, als Charlie Goldsmith Senior am 5. Januar 1938 an Asthma und akuter Bronchitis starb, Krankheiten, die er vermutlich aus dem Krieg mitgebracht hatte. Er hinterließ seine Frau Edith, die ihre zwei jüngeren Kinder allein großziehen musste. Kates Großvater Ronald war damals erst sechs Jahre alt.
Edith war nicht einmal 1,50 Meter groß, ein Spatz von einer Frau, die 20 Woodbine-Zigaretten am Tag rauchte und ihre Töchter oft am Abend zum Pub schickte, um für sie einen Krug Starkbier und Zigaretten zu holen. Sie schaffte es nie, aus ihren ärmlichen Umständen auszubrechen, aber sie herrschte in ihrer Familie mit eiserner Hand und gab ihnen nicht nur ihre Findigkeit mit, sondern auch die Entschlossenheit, sich nicht unterkriegen zu lassen.
Nach dem Tod ihres Mannes geriet sie in solche Not, dass sie gezwungen war, mit ihrer Tochter Joyce, damals 13, und Ronald in eine Wohnung in einem abbruchreifen Haus in der Dudley Road umzuziehen. Die Straße verlief parallel zur Clarence Street, war aber noch schäbiger. Edith arbeitete während des Kriegs in der Hackfleischproduktion bei Keeley & Toms, später in Tickler's Factory, wo Marmeladen, Gelees und Essiggurken

hergestellt wurden. Wenn sie arbeiten ging, lieferte sie ihre Kinder bei ihren Eltern ab, die in der nahe gelegenen Spencer Street wohnten, oder bei ihren älteren Töchtern.

»Meine Mutter musste hart arbeiten, um uns alle durchzubringen«, sagt Alice. »Sie lieferte ihre Kinder nur ungern bei anderen ab, doch sie hatte keine Wahl. Sie war keine böse Frau, aber sie hatte ihre Launen. Man musste nur ein falsches Wort sagen, und schon warf sie einem einen Schuh an den Kopf. Es kam zwar gelegentlich auch vor, dass sie ihre Kinder schlug, aber wehe dem, der es wagte, ihre Kinder auszuschimpfen oder ihnen gar wehzutun. Sie war bereit, ihre Kinder bis zum Tod zu verteidigen. Ja, sie trank und rauchte eine Menge, aber wer konnte ihr das schon verübeln, bei allem, womit sie fertigwerden musste? Damals waren alle übel dran.«

Alices Tochter Pat erinnert sich noch an die Besuche in Ediths Wohnung in der Dudley Road. »In einer Ecke der Küchennische stand einer dieser uralten Boiler, unter denen man ein Feuer anzünden musste, um das Wasser zu erwärmen. Sah aus wie eine dreieckige Badewanne. Oma Edith heizte mit Kohle. Die ganze Wäsche wurde im Boiler gewaschen. Das Klo war direkt neben dem Boiler, alles im selben Zimmer. Sie trank gern und schickte meine Mutter oft mit einem Krug zum Pub, um Bier zu holen.«

Am 26. Februar 1938, weniger als zwei Monate nachdem Ediths Mann Charlie gestorben war, heiratete ihre dritte Tochter Hetty den Maurer George Clark. Sie war bereits im siebten Monat schwanger mit dem ersten der elf Kinder, die sie gebären sollte und die sie alle nur mit Sozialhilfe aufzog. »Hetty war eine wunderbare Person«, sagt Alice. »Sie gab einem alles. Ich weiß wirklich nicht, wie sie es schaffte, die vielen Kinder aufzuziehen.«

Ein Jahr nach Hettys Auszug änderte sich das Leben der Goldsmiths erneut. Der Zweite Weltkrieg begann, und die Männer

*Die Goldsmiths, 1918–1953*

wurden zu den Waffen gerufen. Ronald war erst acht Jahre alt, als England am 3. September 1939 um 11.15 Uhr Deutschland den Krieg erklärte. Seit dem Tod seines Vaters waren Ronalds Schwäger Bill Tomlinson und Henry Jones seine wichtigsten männlichen Bezugspersonen gewesen; nun waren beide weit von zu Hause stationiert. Bill arbeitete bei Operation Pluto mit, die zum Ziel hatte, eine riesige Ölpipeline unter dem Kanal hindurch zum Kontinent zu legen; Henry bewachte Kriegsgefangene in einem Lager in Rochester, Kent.

Ihre beiden Frauen, Alice und Ede, arbeiteten in Hoovers Munitionsfabrik, mussten sich aber auch um ihren Bruder Ronald und ihre eigenen Kinder kümmern. Pat war bei Kriegsausbruch fünf Jahre alt, Harry war drei. »Im Krieg mussten Frauen mit nur einem Kind arbeiten«, erinnert sich Pat. »Deshalb arbeiteten meine Mutter und Tante Ede in der Fabrik und kümmerten sich abwechselnd um uns Kinder. Mum opferte die letzte Brotscheibe für uns. Aber sie war auch sehr streng. Mein Vater war ungefähr 1,80 und meine Mutter ist nur 1,60 Meter groß, aber sie beherrschte ihn mit eiserner Hand.

Ron wohnte in einer entsetzlichen Bruchbude, aber er war ein unglaublich netter Junge. Natürlich war das Leben nicht leicht für ihn – zum Beispiel brachte man ihn nie zum Zahnarzt. Aber er war sehr beliebt, weil er ein so angenehmes Wesen hatte und so viel Sinn für Humor. Alle mochten ihn.«

Während des Kriegs wurden viele Kinder aus Sicherheitsgründen aus den Gemeinden und Städten aufs Land gebracht. Auch Pat gehörte zu den fast drei Millionen Menschen, in der Mehrheit Kinder, die im Rahmen der Operation Rattenfänger ihr Elternhaus verlassen mussten. Die Operation begann zwei Tage vor der Kriegserklärung. Anfang 1940 verließ Pat London, bekam aber dann solches Heimweh, dass ihre Mutter sie kurz vor dem »Blitz« wieder nach Southall zurückholte. »Wir wohnten in einem Bergarbeiterhaus in Wales«, erinnert sich Pat, »und ich sah die vielen Bergarbeiter das Tal herabkommen. An die vielen schwarzen Gesichter kann ich mich gut erinnern, damals gab es in den Bergwerken keine Duschen. Und mein Dad sagte: ›Ja, so war's auch bei mir.‹ Nach ungefähr neun Monaten kam mich meine Mutter besuchen. Als sie wieder abreisen wollte, musste ich so sehr weinen, dass sie mich mit sich nach Hause nahm. Weder Ronnie noch Harry wurden aufs Land geschickt.«

Edes Sohn Harry wohnte während des Kriegs bei Edith und Ronald. »Meine Mutter arbeitete Nachtschicht, während mein Vater in der Armee war«, erinnert er sich, »deshalb schlief ich nachts bei meiner Oma. Ron und ich mussten oft mitten in der Nacht aufstehen und in den Luftschutzkeller gehen.« Pat ergänzt: »Eines Nachts, während meine Mutter in der Hoover-Fabrik arbeitete, waren Dad und ich im Unterstand, als in der Nähe eine Bombe einschlug und unsere Haustür aus den Angeln riss.« Während der Luftangriffe wurde Southall mehrfach von deutschen Bomben getroffen.

Ediths jüngste Tochter Joyce hatte inzwischen die Schule abgeschlossen und arbeitete wie ihre Mutter in der Fabrik. Neben der Arbeit musste sie sich auch um ihren jüngeren Bruder kümmern und bei den anderen Kindern mithelfen. »Ronald und meine Mutter mochten sich sehr«, sagt Joyce' Tochter Ann. »Sie kümmerte sich sehr oft um ihn. Die Kinder waren oft hungrig, deshalb gingen sie zu Mitchell, dem Lebensmittelladen gegenüber, wo man ihnen etwas zu essen gab. Edith hatte manchmal große Probleme, mit ihrem Lohn auszukommen. Sie musste sogar Sachen verpfänden und sie später wieder auslösen. Ich weiß noch, wie meine Mutter erzählte, dass sie Ronald die erste lange Hose gekauft hatte. Er musste ungefähr zehn gewesen sein und war darüber ganz aufgeregt.«

*Die Goldsmiths, 1918–1953*

Die Familie verbrachte alle Weihnachtstage gemeinsam. »In unserer Familie standen wir uns immer sehr nahe«, sagt Pat. »Während die Männer in der Armee waren, hatten wir an Weihnachten buchstäblich nichts. Wir versammelten uns im Haus von Tante Ede oder meiner Mutter und alle brachten zum Essen mit, was sie gerade hatten. Dann spielten wir Scharade. Ede war absolut großartig, wenn sie eine Klavierspielerin imitierte. Ich kann sie heute noch vor mir sehen, wie sie ›Roll Out the Barrel‹ spielte.«
Joyce zog 1943 aus, sodass Ronald nun allein mit seiner Mutter in der abbruchreifen Wohnung wohnte. Mit 18 Jahren heiratete sie den ein Jahr älteren George Plummer, der damals als »Wüstensoldat« diente und an den meisten Schlachten in Nordafrika teilnahm, 1942 auch bei El Alamein. »Sie lernten sich während des Kriegs kennen«, erzählt Ann. »Es war Liebe auf den ersten Blick. Er hatte vier Tage Fronturlaub und musste dann zurück nach Afrika.« Nach dem Krieg wurde er Viehhirt in Osterley Park, einem Herrensitz im nahe gelegenen Hounslow, wo er ein Cottage auf dem Schlossgut bewohnte.
Ronald war 14, als der Krieg endete und seine Schwäger nach Hause zurückkehrten. Der Familie waren die furchtbaren Telegramme erspart geblieben, mit denen mitgeteilt wurde, dass ein geliebter Verwandter gefallen war. Wie seine Brüder und Schwestern ging auch Ronald mit 14 von der Schule ab und versuchte sich mit verschiedenen Jobs, um irgendwie über die Runden zu kommen.
Am 1. Januar 1949 trat ein neues Wehrpflichtgesetz in Kraft, wonach alle Männer zwischen 17 und 21 Jahren einen 18-monatigen Wehrdienst leisten und in den folgenden vier Jahren als Reservisten zur Verfügung stehen mussten. Mit 17 wurde Ronald nach Aqaba in Jordanien geschickt. Während seiner Militärzeit arbeitete er auch als Bäcker, ein Handwerk, das später auch sein Enkel James, Kates Bruder, ergreifen sollte.

*Prinzessin Kate*

Als Ronald aus der Armee entlassen wurde, war er gerade 18 geworden und begann nun als Speditionsfahrer für seinen Schwager Bill Tomlinson zu arbeiten. »Ich sehe ihn noch vor mir«, erzählt Pat, »wie ich eines Tages von der Schule zum Mittagessen nach Hause kam – er saß am Tisch und lachte mich an. Er war der netteste Mann, den man sich vorstellen kann, niemand sagte jemals auch nur ein schlechtes Wort über ihn.«
»Er war ein toller Kumpel, wirklich großartig«, bestätigt Harry. »In den 1950er-Jahren arbeiteten wir beide für Alices Mann Bill, der eine eigene Speditionsfirma gegründet hatte. Ich weiß noch, dass Ronald immer den Hut abnahm, wenn der Leichenwagen vorbeifuhr, wie ein echter Gentleman.«
Ronalds gute Manieren beeindruckten auch Kates Großmutter Dorothy Harrison und führten zu einer Liebesheirat. Diese Ehe sollte die Schicksale beider Familien grundlegend verändern.

# Kapitel 5

# Dorothy Harrison und Ronald Goldsmith

In einem weißen Satinkleid von Norman Hartnell, bestickt mit Gold- und Silberfäden und übersät mit Perlen und Kristallen, bestieg Prinzessin Elizabeth im Hof des Buckingham Palace die goldene Staatskutsche. In Begleitung des Herzogs von Edinburgh in Marine-Galauniform, der ein Bukett aus Orchideen, Maiglöckchen, Kranzschlinge und Nelken aus England, Schottland, Nordirland und Wales trug, machte sich Williams Großmutter auf den Weg zu ihrer Krönung in der Westminster Abbey.

Prinz Charles, damals vier Jahre alt, war zusammen mit 8251 Gästen aus dem ganzen Commonwealth Zeuge der glanzvollen Zeremonie, die am 2. Juni 1953 um 11.15 Uhr begann. Prinzessin Anne dagegen hielt man noch für zu jung, um sie am Gottesdienst teilnehmen zu lassen.

Für die Angehörigen der königlichen Familie war dies der offizielle Beginn eines neuen Zeitalters, doch auch die Harrisons und die Goldsmiths standen, allerdings ohne so viel Aufsehen zu erregen, am Beginn einer neuen Zeit, in der sich die Lebensumstände einer Familie innerhalb von zwei Generationen völlig verändern sollten.

*Prinzessin Kate*

Es war das Jahr, in dem Josef Stalin nach 31 Jahren Herrschaft über die Sowjetunion starb, Hussein zum König von Jordanien ausgerufen wurde und der Koreakrieg endete. Sir Edmund Hillary und Tenzing Norgay bestiegen den Mount Everest, die erste Ausgabe des *Playboy* erschien, und Ian Fleming veröffentlichte den ersten James-Bond-Roman, *Casino Royale*. Und es war das Jahr, in dem Dorothy Harrison und Ronald Goldsmith heirateten.

Kate Middletons Großeltern hatten sich auf der Hochzeit eines engen Freundes kennengelernt. Damals arbeitete Dorothy als Verkäuferin bei Dorothy Perkins, und Ronald war im Fuhrunternehmen seines Schwagers Bill angestellt. Am 8. August 1953 heirateten sie in der Holy Trinity Church, Southall, in einer schlichten und traditionellen Zeremonie. Dorothy, 18, zog in einem sittsam hochgeschlossenen, elfenbeinfarbenen Kleid in die Kirche ein, begleitet von ihren beiden Trauzeuginnen und zwei Brautjungfern, Ronalds Nichten Ann, der Tochter seiner Schwester Joyce, und Linda, dem jüngsten Kind von Bill und Alice Tomlinson. Danach ließ sich das Paar auf den Eingangsstufen der Kirche fotografieren. Die Familie feierte in der Hamborough Tavern in Southall, einer Gaststätte, die später als Stammlokal rassistischer Skinheads berühmt-berüchtigt wurde. Die beiden Familien waren zwar glücklich über die Ehe, doch eine Märchenhochzeit war es keineswegs. Weder Dorothy noch Ronald hatten eigenes Geld. Die Braut war so arm, dass sie sich das Kleid, in dem sie den Hochzeitsempfang verließ, von Ronalds Schwester Joyce borgen musste, und statt in ein eigenes Heim zu ziehen, lebten sie zusammen mit Ronalds Mutter Edith in deren kleiner Wohnung in der Dudley Road.

Doch es zeigte sich bald, dass sie wunderbar zueinander passten. Zwar stammten beide aus Arbeiterfamilien mit wenig Geld oder Bildung, doch Dorothy zeigte Energie und Ehrgeiz, während Ronald eine künstlerische Ader besaß. Er erwies sich als ein begabter

## *Dorothy Harrison und Ronald Goldsmith*

Maler, Zimmermann und Bäcker. Zusammen schafften sie den sozialen Aufstieg, während andere Familienangehörige in Armut verharrten. In gewisser Weise spiegelt Kates Familiengeschichte die von vielen Millionen Briten wider, die einige ihrer Tanten, Onkel und Cousins und Cousinen nie kennengelernt haben. Sobald ein Zweig einer Familie Erfolg hat, ist es nichts Ungewöhnliches, wenn er den Kontakt zu anderen Teilen der Familie verliert.

»Dorothy war der dominierende Part«, sagt ihre Nichte Ann, Tochter von Ronalds Schwester Joyce. »Sie wollte vorwärtskommen. Meine Oma nannte sie immer Dot, und das brachte sie sie richtig auf die Palme. Sie regte sich unglaublich darüber auf. Ronald war ein sehr stiller Mann, aber er betete sie an. Er las ihr jeden Wunsch von den Lippen ab. Ich habe selbst erlebt, wie sie in ein frisch tapeziertes Zimmer kam und sagte, dass es ihr nicht gefiel, und er löste die Tapeten ab und fing noch einmal von vorne an. Sie war nie zufrieden. Sie wollte immer mehr. Glücklicherweise konnte Ronald alles selbst machen. Deshalb kam sie mit so vielem durch. Er war ein vorzüglicher Handwerker. Er schnitzte Dorothy an der Abendschule eine Geige aus Holz. Er höhlte sie vollständig aus, und man konnte darauf spielen. Er war unglaublich begabt.«

Kates Mutter Carole wurde am 31. Januar im Perivale Maternity Hospital geboren. Inzwischen wussten alle, was Dorothy vom Leben wollte. »Nachdem sie und Ronald geheiratet hatten, wohnten sie bei meiner Oma Edith, bis mein Vater ihnen half, die Anzahlung für ihr erstes Heim zusammenzubekommen«, erinnert sich Pat, Alice Tomlinsons Tochter. »Dorothy hatte den größten Kinderwagen, den man sich vorstellen konnte, und der musste die Treppe rauf- und runtergeschleppt werden. Meine Großmutter nörgelte bei meiner Mutter immer über Dorothy, weil sie meinte, dass sie ihren Ronald unter dem Pantoffel hätte. Ihre Schwiegertochter fordere immer mehr Geld. Sie wollte immer etwas Besonderes sein. Man bekam den Eindruck, dass sie glaubte, sie sei zu gut für uns.«

In den nächsten zehn Jahren machten Dorothy und Ron ihre ersten Schritte hinaus in die Welt. Sie zogen zunächst aus Ediths Bruchbude in eine Sozialwohnung im nahen Newlands Close und kauften sich dann ein eigenes Haus. Mit einer kleinen Unterstützung von Rons erfolgreichem Schwager Bill, der ihnen die Anzahlung lieh, waren sie bald stolze Besitzer eines kleinen Hauses in der Arlington Road, ein kleines Stück weiter im Norden. Pat berichtet, dass es in dieser Zeit »ein bisschen Theater in der Familie« gab. »Dad hatte zwei Lastwagen«, sagt sie, »und ließ Ron immer einen mit nach Hause nehmen. Doch der machte private Geschäfte damit, um Geld für Dorothy zu verdienen, damit sie kaufen konnte, was ihr in den Sinn kam. Das hat für ein bisschen Ärger gesorgt. Mum flippte total aus. Aber Dad war da pragmatischer. Er sagte zu Mum: ›Das ist nichts, was ich nicht auch tun würde, wenn ich Geld bräuchte. Er hat ja niemanden bestohlen. Ich würde es auch so machen.‹ Er war ein richtig netter Kerl, mein Dad.« Auch Ronalds Schwester Joyce gab dem jungen Paar eine Starthilfe. »Meine Mum lieh ihnen Geld für ihr erstes Auto«, sagt Ann. »Sie fragten so, dass man es ihnen einfach nicht abschlagen konnte.«

1966 – Carole war gerade elf und ihr Bruder Gary ein Jahr alt – zogen Ronald und Dorothy in ein größeres Haus an der Kingsbridge Road, Norwood Green, das sie von der General Housing Corporation für 4950 Pfund, heute etwa 135 000 Pfund, erworben hatten. Die neu gebaute Doppelhaushälfte hatte drei Schlafzimmer und lag in der Mitte einer Sozialsiedlung auf einem Stück Land, das im Krieg ausgebombt worden war.

»Ron war nicht so ehrgeizig«, sagt Pat. » Er ging zur Arbeit, bekam seinen Lohn, kam nach Hause und machte es sich gemütlich. Er war genügsam. Dorothy war die treibende Kraft in

## Dorothy Harrison und Ronald Goldsmith

der Familie. Ich glaube, Ron wäre auch vollauf damit zufrieden gewesen, an der Arlington Road zu wohnen, aber es war die falsche Seite von Southall, und Norwood Green war vornehmer. Dorothy war immer wie aus dem Ei gepellt. Das war ein weiterer Grund dafür, dass sie so einschüchternd wirkte. Man konnte sich gar nicht vorstellen, dass man bei ihr klopfte und sie mit Lockenwicklern im Haar antraf. Doch wenn sie nicht so auf ihren sozialen Aufstieg bedacht gewesen wäre, stünde Kate vielleicht nicht dort, wo sie heute steht. Dorothy hat für ihre eigene kleine Familie sicher das Beste herausgeholt.«

Ronald und Dorothy lebten die nächsten 25 Jahre in der Kingsbridge Road, bis Carole heiratete und Gary auszog. Sie nahmen intensiv am Gemeindeleben teil. »Wir gingen immer zu Tanzabenden ins Gemeinschaftshaus«, erinnert sich Ann, »und sie machten eine große Show daraus, dass sie für die Band zahlten. Einmal bezahlte mein Mann Brian, um sie zu ärgern. Dorothy war ganz außer sich, weil jemand ihr die Schau gestohlen hatte. Sie wollte immer die Nase vorn haben. Wir zogen sie damit auf, aber niemand nahm es allzu ernst. Wir kannten sie ja. Sie stellte alle in der Familie in den Schatten, aber wir hatten auch viel Spaß mit ihr. Wir tanzten gern und blödelten herum.«

Als sie in die Kingsbridge Road zogen, hatte Ron schon den Mut gehabt, Bills Spedition zu verlassen und selbst ein Baugeschäft zu gründen. Er war damit zwar erfolgreich, verdiente aber nicht genug Geld, um seine Kinder auf eine Privatschule schicken zu können – das war der nächsten Generation vorbehalten. Die materiellen Defizite machte das Ehepaar jedoch durch eine liebevolle Kindheit für Carole und Gary wett. Dorothy arbeitete nicht, solange die Kinder klein waren, und jobbte in der Zeit vor Garys Geburt bei einem Immobilienmakler.

»Sie war eine gute Mutter«, sagt Ann. »Sie war sehr stolz auf die beiden, spielte viel mit ihnen und kümmerte sich darum, dass sie etwas lernten. Sie selbst war ja nicht besonders gebildet, aber sie wollte, dass sie es richtig machten, besser als sie selbst. Es waren zwei nette Kinder. Carole tanzte gern. Wenn *Top of The Pops* lief, stand sie vor dem Fernseher und tanzte sich die Seele aus dem Leib. Sie war ein richtig mädchenhaftes Mädchen. Sie liebte Rosa und war sehr blond. Gary war als kleines Kind ein richtiger Satansbraten. Er malte die Anrichte an, verteilte überall Talkumpuder und buddelte Dorothys Topfpflanze auf der Treppe aus. Er war ein Schlingel, wie er im Buche steht.

Wenn man nichts von ihm hörte, konnte man sicher sein, dass er gerade irgendeine Dummheit aussheckte. Als er älter wurde, sah er sehr gut aus. Ich weiß noch, dass er Michael Jackson ganz toll nachmachen konnte; er war besser als Jackson selbst. Er und Carole kamen super miteinander aus.«

In den 1970er- und 1980er-Jahren verdiente sich Dorothy, die immer schlank und gut gekleidet war, bei Collingwood Jewellers in der Hounslow High Street etwas dazu. Ann war dort Geschäftsführerin. »Sie lernte ihren Beruf bei mir«, sagt Ann. »Ich brauchte eine Teilzeitkraft, und sie suchte Arbeit. Sie war eine gute Verkäuferin, aber sie war ein bisschen hochnäsig. Die ganze Familie nannte sie nur ›Lady Dorothy‹.« In späteren Jahren half auch Gary samstags in diesem Schmuckgeschäft aus. Carole dagegen, die acht Jahre jünger war als Ann, arbeitete als Samstags-Aushilfe bei C&A, während sie noch zur Schule ging.

Am Neujahrstag des Jahres 1971, wenige Wochen vor Caroles 16. Geburtstag, starb ihre Großmutter Edith, die Matriarchin der Familie Goldsmith. Die Witwe, die sich nicht hatte unterkriegen lassen und allein sechs Kinder aufgezogen hatte, starb mit 81 Jahren an einem Schlaganfall in einer Sozialwohnung in der Havelock Road. Sie war es, die ihren Kindern einen Sinn für den Wert harter Arbeit mitgegeben hatte.

## *Dorothy Harrison und Ronald Goldsmith*

Kates Mutter Carole feierte ihren 21. Geburtstag am 31. Januar 1976. Damals hatte sie schon angefangen, vielleicht angelockt vom verführerischen Glanz des Jobs, als Stewardess bei British Airways zu arbeiten. Es war ein Beruf, bei dem sie ihre Reiselust ausleben konnte, und er sollte sie schließlich zu ihrem Ehemann führen.

Leider starb im selben Jahr, am 24. August 1976, ihr Großvater Thomas – Dorothys Vater, der Zimmermann – zu Hause in der North Road in Southall an Bauchspeicheldrüsenkrebs. Es war ein furchtbarer Verlust für die Familie, die ihm so viel verdankte. Er hatte mit der Familientradition gebrochen und ein Handwerk gelernt, statt im Bergbau zu arbeiten, und er war mit der Familie in den Süden Englands gezogen. In seinem langen Leben unter fünf Monarchen hatte er zwei Weltkriege überlebt, und sein reicher Erfahrungsschatz fehlte der Familie jetzt sehr.

Dorothy war 41 Jahre alt, als ihr Vater seinem Krebsleiden erlag. Vier Jahre später sollte die Hochzeit ihrer Tochter – mit einem Flugdienstkoordinator der British Airways namens Michael Middleton, der aus der Mittelschicht kam – endlich Dorothys Träume von Wohlstand und Ansehen erfüllen, den prekären gesellschaftlichen Status der Familie stabilisieren und zur Geburt einer königlichen Braut führen. In den Jahrzehnten zuvor hatte es harte Zeiten, aber auch Triumphe gegeben. Doch wenn man sich Kate heute anschaut, mag man kaum glauben, dass ihre Großmutter vor gerade einmal 50 Jahren in einer abbruchreifen Wohnung am Stadtrand von London lebte und Mühe hatte, ihre Kinder satt zu bekommen.

*Kapitel 6*

# Die Middletons, 1838–1914

Vom Balkon des Buckingham Palace beobachtete Königin Victoria in den späten Stunden eines lauen Abends am 28. Juni 1838 das Feuerwerk im Green Park und dachte über den vergangenen Tag nach. Sie war um 4 Uhr durch Kanonenschüsse im Park geweckt worden. Die Menschen versammelten sich, Soldaten marschierten und Kapellen zogen auf. Alle wollten dabei sein bei ihrer lang ersehnten Krönung in der Westminster Abbey, die vom tosenden Jubel der Massen begrüßt wurde.
Mit ihrer zwei Meter langen Schleppe aus Samt und Hermelin, mit Reichsapfel in der Linken und Zepter in der Rechten trat sie in königlicher Haltung um 16.30 Uhr als gekrönte Königin des Vereinigten Königreichs von Großbritannien und Irland aus der Abbey, um in einer feierlichen Prozession wieder zum Palast zu ziehen. »Ich kann gar nicht sagen, wie stolz ich bin, die Königin einer solchen Nation zu sein«, schrieb die 19-jährige Monarchin später in ihr Tagebuch. »Die Begeisterung, Zuneigung und Treue waren wirklich bewegend. Ich werde immer an diesen Tag als an den stolzesten Tag meines Lebens zurückdenken.«

# *Prinzessin Kate*

322 Kilometer nördlich des Palastes, in der Industriestadt Leeds, las Kates Urururgroßvater, der Anwalt William Middleton, wahrscheinlich beim Frühstück mit seiner jungen Ehefrau Mary in der Lokalzeitung einen Bericht über die Krönung. Das Paar war seit vier Monaten verheiratet und wohnte in einem Reihenhaus am Stadtrand. Am Krönungstag war Mary schon schwanger mit ihrem ältesten Sohn, wusste aber wahrscheinlich noch nichts davon. Ihr Sohn sollte in ganz anderen Verhältnissen aufwachsen als die Harrisons und die Goldsmiths.

Anders als Kates Vorfahren mütterlicherseits hatte William, der 30-jährige Sohn eines Schreiners aus Wakefield, einer Kleinstadt 24 Kilometer südlich von Leeds, etwas gelernt und eine Berufsausbildung genossen. Als Anwalt war er in die Stadt gezogen und hatte jetzt genug Geld, um für eine Familie zu sorgen.

In Leeds lernte er die 27-jährige Mary Ward kennen und verliebte sich in sie. Von seinem sozialen Status her hätte William eigentlich eine bessere Partie machen können – Mary war die Tochter eines Hutmachers am Briggate, der wichtigsten Durchgangsstraße der Stadt –, aber sie war eine junge Frau, die offenbar entschlossen war, im Leben voranzukommen.

Damals war Leeds eine blühende Stadt. Seit dem Beginn der industriellen Revolution war sie enorm gewachsen, die Arbeiter strömten in Fabriken, Mühlen und Werkstätten. Kohle wurde mit Dampfzügen aus den Zechen vom Vorort Middleton ins Stadtzentrum gebracht, und die Straßen waren von Gaslampen beleuchtet. Es gab ein Gericht, ein Gefängnis und eine Bank. Doch hinter den eleganten Fachwerkfassaden von Briggate, einer der ältesten Straßen in Leeds, in der reiche Kaufleute wohnten und große Gasthöfe auf Kundschaft warteten, versteckten sich schmale Gassen und Hinterhöfe mit dicht gedrängten Häuschen und Werkstätten. Es gab keine richtige Kanalisation, und alles war furchtbar schmutzig. Die Cholera grassierte, die Todesrate

*Die Middletons, 1838–1914*

war hoch. Leichenfledderer plünderten die Friedhöfe und Unruhen waren an der Tagesordnung. Dickens beschrieb es als »einen unglaublich brutalen Ort, einen der hässlichsten, die ich kenne«. Mary hatte die weniger schönen Ecken von Leeds kennengelernt, doch ihr Ehemann konnte ihr jetzt ein besseres Leben bieten als ihr Vater. Nach ihrer Heirat zogen sie weiter in den Norden, in ein Haus in St. George's Terrace in den Außenbezirken der Stadt.

Dort erblickte John – Kates Ururgroßvater – am Valentinstag 1839 das Licht der Welt, fast auf den Tag genau ein Jahr, nachdem seine Eltern geheiratet hatten. In den nächsten zehn Jahren bekam das Paar weitere sieben Kinder – Edwin, Anne, Leonard, Arthur, Robert, Charles und Margaret. Alle Kinder besuchten höhere Schulen, eine Seltenheit im viktorianischen England, wo die meisten Menschen kaum lesen und schreiben konnten, doch bei den Kindern eines Anwalts auch keine große Überraschung. Mit dem Erfolg wuchs auch Williams Wunsch nach einem Haus, das zu seinem neuen gesellschaftlichen Status passte, und so zog er in den reichen Vorort Gledhow im Osten des Dorfes Chapel Allerton, das schnell zu einem beliebten Rückzugsort der Mittelschicht wurde. Gledhow Valley, ein unberührter Waldstreifen mit einem Bach, der in einen See fließt, ist heute Naturschutzgebiet. 1851 war die Familie in Gledhow Grange eingezogen, ein stattliches Haus in der Lidgett Lane, die vom Dorfkern aus nach Norden führte.

Am Ende der Straße stand die prächtige, heute denkmalgeschützte Gledhow Hall aus dem 17. Jahrhundert. Als die Middletons in die Gegend zogen, gehörte das Anwesen einem gewissen Thomas Benyon, 50, dem Besitzer einer Flachsmühle, der 652 Flachsspinner und Leinen-, Drillich- und Segeltuchmacher beschäftigte. Er und seine Frau Anne, 36, führten ein großes Haus und beschäftigten 13 Hausangestellte. Das Paar hatte die Hall nach der

*Prinzessin Kate*

Eheschließung im Jahr 1835 gekauft. Im Laufe der Jahre waren fünf Kinder dazugekommen – Jane, im Jahr 1851 dreizehn Jahre alt, Anne, zwölf, Mary, neun, William, acht und Joseph, sieben –, die etwa im selben Alter waren wie die Kinder der Middletons, und die beiden Familien verband bald eine enge Freundschaft. Sie alle waren am Boden zerstört, als die kleine Mary 1854 an einem aufgebrochenen Magengeschwür starb.

Vier Jahre später war das Dorf in heller Aufregung, als Königin Victoria nach Leeds kam, um das neue, von Cuthbert Broderick entworfene Rathaus einzuweihen. William Middleton ahnte damals wohl kaum, dass sich die Wege seiner Nachkommen und der der Königin eines Tages kreuzen würden.

Die idyllische Kindheit der Middleton-Geschwister endete am 15. Juni 1859, als ihre Mutter Mary mit 48 Jahren an einer Bauchfellentzündung starb. John war noch nicht 21; seine jüngste Schwester Margaret war gerade erst neun. Mary wurde drei Tage nach ihrem Tod auf dem Friedhof der St. Matthew's Church, Chapel Allerton, beigesetzt. Sie ließ die Familie verzweifelt und führungslos zurück.

Da William nicht allein für seine acht Kinder sorgen konnte, sah er sich nach einer anderen Frau um. Nicht einmal zwei Jahre später heiratete er seine zwölf Jahre jüngere Schwägerin Sarah Ward. Sie zog ins Haus der Familie ein und sorgte als Stiefmutter für ihre Neffen und Nichten. Das Paar war wohlhabend genug, um sich eine Köchin und ein Hausmädchen leisten zu können.

Wiederum zwei Jahre später fand sein ältester Sohn John, der wie sein Vater vor ihm den Anwaltsberuf ergriffen hatte, selbst eine Frau und zog aus. Auch er heiratete eine gesellschaftlich unter ihm stehende Frau, Mary Asquith, 23, die Tochter eines Appreturarbeiters, die wie seine Mutter in den engen Werkstätten der Hinterhöfe von Briggate aufgewachsen war. Das Paar

*Die Middletons, 1838–1914*

heiratete am 27. August 1863 in der Pfarrkirche von Leeds und bezog ein eigenes Haus in Potternewton, drei Kilometer südlich von Gledhow. 1865 machte die Geburt ihres ersten Kindes, Gilbert, ihr Glück vollkommen. Nach dem Stammhalter folgten zwei Töchter, 1870 Olive und 1872 Ellen.

Die Verbindung zwischen den Familien Middleton und Asquith wurde noch einmal gefestigt, als Johns jüngere Schwester Anne, inzwischen 31 Jahre alt und nach den Maßstäben der damaligen Zeit schon eine alte Jungfer, die sich kaum noch Hoffnungen auf einen Ehemann machen konnte, sich in Marys jüngeren Bruder John verliebte, der wie sein Vater Appreturarbeiter war. Sie heirateten am 22. Oktober 1873 in derselben Kirche wie ihre Geschwister. Doch auch Reichtum und Ansehen konnten die Familie nicht vor Tragödien schützen, und knapp fünf Monate nach der Hochzeit, am 16. März 1874, starb John, Annes Ehemann und Marys Bruder, in seinem Haus in der Cumberland Road, Headingley, an Scharlach. Anne musste wieder bei ihrem Vater und ihrer Stiefmutter einziehen.

Damals hatten William und Sarah schon Hawkhills, ein großes Herrenhaus an der Gledhow Lane in Chapel Allerton, bezogen. Leider ist es inzwischen abgerissen worden – man sieht nur noch das Tor und das Pförtnerhäuschen. Sie pflegten Kontakte zur besseren Gesellschaft von Leeds, Leuten wie Sir John Barran, einem erfinderischen Unternehmer in der Textilindustrie, der, angeregt durch ihre Verwendung bei der Herstellung von Holzfurnieren, den Einsatz der Bandsäge auch beim Zuschneiden von Stoffen einführte. Er war Friedensrichter, Oberbürgermeister von Leeds und später Parlamentsabgeordneter der Liberal Party und wohnte nur 500 Yards entfernt an derselben Straße in Chapel Allerton Hall inmitten von 17 Hektar Parklandschaft, auf die er eine Hypothek aufnahm, um Roundhay Park für die Bevölkerung von Leeds zu kaufen.

*Prinzessin Kate*

Die Middletons kannten auch James Kitson, der gemeinsam mit seinem Bruder Frederick die Monk Bridge Iron & Steel Company führte. Er zog 1878 in Gledhow Hall ein. Als Präsident der Leeds Liberal Association organisierte er 1880 die Kampagne für Gladstones Wiedereinzug ins Parlament, und Sarah und William könnten den Premierminister in der Hall kennengelernt haben. Beide waren schon tot, als James seine größten Triumphe feierte: 1886 wurde er zum Baronet erhoben, 1892 zum liberalen Parlamentsabgeordneten und 1896 zum Oberbürgermeister von Leeds gewählt.

Während Sarah und William den Ruhestand genossen, erklomm ihr Sohn John die Karriereleiter. Er und seine Frau Mary bezogen ein Haus in der Leeds Road in Far Headingley, einem Dorf fünf Kilometer westlich von Potternewton. Dort zogen sie ihre wachsende Kinderschar groß. Der nach seinem Großvater benannte William wurde 1874 geboren, die Zwillinge Caroline und Gertrude folgten 1876, und Kates Urgroßvater Richard Noel, der nur Noel gerufen wurde, erblickte am Weihnachtstag des Jahres 1878 das Licht der Welt. Ihr achtes Kind, Margaret, folgte 1880.

Als begabter Anwalt erledigte John alle Rechtsgeschäfte für die gut gehende Leeds Permanent Benefit Building Society, und sein unermüdlicher Einsatz wurde bald belohnt. 1881 wurde er zum Vizepräsidenten und schon ein Jahr später zum Präsidenten der Leeds Law Society ernannt, ein Amt, das er zwei Jahre lang ausfüllte. 1883 wählte man ihn zudem als außerordentliches Mitglied in den Rat der Incorporated Law Society.

William erlebte die Erfolge seines Sohnes noch, war aber in seinen letzten Lebensmonaten infolge eines Hirnschlages gelähmt. Er starb am 21. Dezember 1884 mit 77 Jahren – damals ein stolzes Alter. Nach einem Winter, der schrecklich gewesen sein muss, folgte ihm seine Witwe nur drei Monate später ins Grab. Sie erlitt einen Schädelbruch, als sie bei einem Unfall aus ihrer Kutsche

*Die Middletons, 1838–1914*

geschleudert wurde, und starb zu Hause in Hawkhills am 3. April 1885 an einer Gehirnblutung.

Auch nach dem Tod seines Vaters und seiner Stiefmutter ließ die Arbeitsbelastung für John nicht nach. Er wurde nicht nur Chef der Kanzlei, sondern stieg auch allmählich zu einem führenden Mitglied der Oberschicht von Leeds auf. Er gründete den Leeds and County Conservative Club und fungierte 1885 und 1886 als Wahlagent für Richard Dawson, den Parlamentskandidaten der Torys. Mary und er teilten sich ihre Zeit zwischen ihrem vierstöckigen Stadthaus in Hyde Terrace, Leeds, in der Nähe der Kanzlei der Familie, und ihrem neuen Haus auf dem Lande, Fairfield, in Far Headingley. Beide Häuser waren vollgestopft mit Antiquitäten, Ölgemälden, Silber und Kristall.

Nicht einmal drei Jahre nach dem Tod seines Vaters wurde auch John vor den höchsten Richter gerufen. Er hatte unter einer Angina gelitten, verstärkt wahrscheinlich durch Überarbeitung und die Trauer um seine Eltern. Er starb am 16. Juli 1887, einen Monat nach Königin Victorias goldenem Thronjubiläum, mit nur 48 Jahren zu Hause in Far Headingley und wurde in der Familiengruft auf dem Friedhof von Chapel Allerton beigesetzt.

Nach Johns Tod zogen seine Witwe und ihre Kinder ganz nach Hyde Terrace, doch Mary überlebte ihren Mann nicht lange. Sie starb zwei Jahre später, am 22. September 1889, an Typhus und einer Lungenembolie in einem Cottage im Fischerdorf Filey nahe Scarborough, 113 Kilometer entfernt. So wurden innerhalb von sieben Jahren zwei Generationen einer Familie dahingerafft.

Kates Urgroßvater Noel war erst zehn Jahre alt, als er Waise wurde, aber er blieb nicht mittellos zurück. Seine Mutter Mary, die von ihrem Ehemann fast 5000 Pfund geerbt hatte, hinterließ laut Testament 13 627 Pfund – das wären heute 6,7 Millionen Pfund –, was bedeutete, dass ihre Kinder Privatschulen besuchen und den gewohnten Lebensstil aufrechterhalten konnten. Noel bekam zudem ein altes Familienerbstück, einen Saphirring, den er in Ehren hielt.

In der Volkszählung von 1891 war sein ältester Bruder Gilbert, damals ein 24-jähriger Anwalt, als Gast einer Pension in Filey aufgeführt, zusammen mit William, Student der Ingenieurswissenschaften, und seinen Schwestern. Noel, damals zwölf, lebte in Bilton-cum-Harrogate, 24 Kilometer nördlich von Leeds. Wir wissen nicht, ob der Rest der Familie in Filey wohnte, während Noel in Harrogate zur Schule ging, oder ob sie dort gerade Urlaub machten.

Damals zählte das Kurbad Harrogate zu jenen eleganten Orten, an denen man sich gern sehen ließ. Es war sehr beliebt bei der englischen Aristokratie, und der Adel reiste aus ganz Europa an, um dort zu baden. Samson Fox, der Urgroßvater des Schauspielers Edward Fox, war drei Jahre hintereinander, 1889 bis 1892, Bürgermeister der Stadt (was seitdem niemand mehr geschafft hat) und einer ihrer großen Wohltäter. Zur selben Zeit trat die spätere Geliebte Edwards VII., Lillie Langtry, in *The School for Scandal* im Promenade Inn Theatre auf, die D'Oyly Carte Opera Company machte dort für eine Spielzeit Station und Oscar Wilde hielt einen Vortrag über die Kunst, sich angemessen zu kleiden. Am 26. Januar 1892 kam die ganze Familie zusammen, als Gilbert die zwei Jahre ältere Alice Margaret Joy heiratete, doch es war nur ein kurzes Wiedersehen. Der inzwischen 13-jährige Noel wurde auf das private Jungeninternat Clifton College in Bristol geschickt. Zu den Ehemaligen gehörten Feldmarschall Haig und der Künstler Roger Fry, und in Noels Jahrgang war auch Edwin Samuel Montagu, der liberale Politiker, der gegen Ende des Ersten Weltkriegs zum Staatssekretär für Indien ernannt wurde.

## Die Middletons, 1838–1914

Nach Clifton College war die Verlockung, nach Hause zurückzukehren, sehr groß, und Noel zog zurück in den Norden; er besuchte die Leeds University, bevor er der Familientradition folgend Anwaltsgehilfe wurde. Mit seinen vier älteren unverheirateten Schwestern Olive, Ellen und den Zwillingen Caroline und Gertrude sowie drei Hausangestellten wohnte er in dem Haus in Hyde Terrace, das sie von ihren Eltern geerbt hatten. Gertrude war sehr religiös und künstlerisch begabt; sie schmückte bebilderte Handschriften aus und bestickte Altartücher.

Die Familie verbrachte viele Ferien zusammen in Filey, wo sie ein Schicksalsschlag traf. Eines Sommers, Noel war gerade 20, machten sie einen Spaziergang am Filey Brigg, einer felsigen Landzunge, die sich etwa 1600 Meter ins Meer hinein erstreckt. Zurück an der Küste stellten sie zu ihrem Entsetzen fest, dass ihre jüngste Schwester Margaret, damals gerade 18 Jahre alt, verschwunden war. Ihr Leichnam wurde nie gefunden und die Familie kehrte aufgewühlt durch ihr Verschwinden nach Leeds zurück.

Wie sein Vater und Großvater vor ihm arbeitete Noel sich vom Rechtsanwaltsgehilfen zum Anwalt empor (er erhielt die Zulassung 1903 mit 25 Jahren) und hielt Kontakte zur Oberschicht von Leeds. Oft fand man ihn auch in London, in seinem Club in Mayfair, dem Albemarle. Kurz vor Ausbruch des Ersten Weltkrieges kaufte er sich ein Haus im Dorf Roundhay. Dort kreuzten sich seine Wege mit denen der schönen Olive Lupton, die einer von Leeds' reichsten und angesehensten Familien entstammte. Diese Verbindung verhalf Noel zu ungeahntem Erfolg und Reichtum und führte seine Nachkommen an die Tore des Buckingham Palace.

# Kapitel 7

# Die Luptons, 1847–1930

Der 6. Januar 1914 war ein bitterkalter Wintertag. Dennoch hatte sich alles, was in Leeds Rang und Namen hatte, in der Mill Hill Unitarian Chapel im Stadtzentrum versammelt, um die Hochzeit einer jungen Frau aus einer der besten Familien zu feiern. Der Stadtrat Francis Martineau Lupton – einer von vier Brüdern, die im 19. Jahrhundert dieses Amt in der Stadt innehatten – vermählte seine älteste Tochter Olive, 32, mit Noel Middleton, 35, der einer Familie erfolgreicher und wohlhabender Rechtsanwälte entstammte. Sie gaben ein hübsches Paar ab. Olive war eine dunkle Schönheit mit klaren Gesichtszügen, Noel hatte braunes Haar und haselnussbraune Augen. Unter den Augen ihrer Freunde und Familien legten Kates Urgroßeltern in der gotischen Kapelle ihr Ehegelübde ab und gedachten jener, die nicht mehr bei ihnen sein konnten. Beide hatten schmerzliche Verluste hinnehmen müssen – Noel war mit zehn Jahren Waise geworden, und auch Olive hatte schon als Kind ihre Mutter verloren –, und sie fühlten sich auch durch diese Erfahrung verbunden. Ihre Ehe war eine der letzten, die in der Kapelle vor Kriegsausbruch im August 1914 geschlossen wurden.

## Prinzessin Kate

Olive Lupton entstammte einer bekannten aristokratischen Familie in Leeds, die es im 18. Jahrhundert im Wollhandel zu Wohlstand gebracht hatte und in den besseren Kreisen verkehrte. Ihre Großmutter väterlicherseits, Fanny, war eine direkte Nachfahrin von Sir Thomas Fairfax, einem Oberbefehlshaber des Parlamentsheers im englischen Bürgerkrieg. Auch Prinz William stammt über die Spencer-Linie von Fairfax ab, was heißt, dass Kate und William entfernt miteinander verwandt sind. Sie sind, genau betrachtet, Cousine und Cousin 15. Grades.

Als Tochter des Arztes Thomas Greenhow und seiner Ehefrau Elizabeth Martineau hatte Fanny Verbindungen zu vielen großen Wohltätern und Denkern ihrer Zeit. Sie war eine Nichte der Autorin, Philosophin und Feministin Harriet Martineau, die mit Florence Nightingale, Charlotte Brontë, George Eliot und Charles Darwin verkehrte, und eine Cousine zweiten Grades von Guy Ritchies Ururgroßvater William Martineau. Dessen Enkelin Doris McLaughlin heiratete den Kriegshelden Major Stewart Ritchie, einen Seaforth Highlander, der im Ersten Weltkrieg mit dem Military Cross ausgezeichnet wurde. Damit hat Kate nicht nur aristokratisches Blut in ihren Adern, sondern auch Verwandtschaftsbeziehungen zum Hollywood-Adel.

Die Firma der Familie, William Lupton & Co., gegründet 1773, war bei der Schließung 1958 das älteste Unternehmen der Stadt. Fannys Ehemann Frank Lupton hatte die Firma ausgebaut: Er kaufte (gegen den Willen seiner Frau) eine alte Tuchmühle und stellte sie Webern zur Verfügung, die ihm ihr Tuch jeden Freitag zur Prüfung in den Laden brachten. Allmählich erweiterte er sein Geschäftsfeld, fertigte Tweeds und Uniformstoffe und kaufte eine Fabrik zur Veredelung seiner Textilien. Damit kontrollierte er alle Stufen des Herstellungsprozesses. Von dieser Entscheidung sollte die ganze Familie einschließlich seiner Urururenkelin Kate profitieren, denn mit der Zeit wurde er ein sehr reicher Mann.

*Die Luptons, 1847–1930*

Das Familienleben von Frank und Fanny, die 1847 geheiratet hatten, drehte sich um ihre fünf Söhne, von denen Olives Vater Francis der älteste war. Er kam am 21. Juli 1848 zur Welt, gefolgt von Arthur 1850, Herbert 1853, Charles 1855 und Hugh 1861. Inzwischen wohnte die Familie in Beechwood, einem großen viktorianischen Herrenhaus am Ende einer gewundenen Zufahrt im Dorf Roundhay, elf Kilometer von Leeds entfernt, das sie Sir George Goodman, einem früheren Bürgermeister, abgekauft hatten. Sie hatten genug Geld, um sich sechs Hausangestellte zu leisten. Leider starb Herbert, als Hugh noch ein Baby war, doch die anderen vier Söhne waren der Stolz ihrer Eltern. Sie machten sich gut in der Schule und wuchsen zu vorbildlichen Bürgern heran. Die Familie pflegte gesellschaftlichen Umgang mit der Elite der Stadt – man engagierte sich in der Tagespolitik, besuchte dieselben Kirchen und ging in denselben Parks spazieren.

Wie sein Vater vor ihm wurde auch Olives Vater Francis aufs Gymnasium geschickt. Er war sehr klug und schaffte es als Erster aus seiner Familie aufs Trinity College, Cambridge, das sich gerade auch den Nonkonformisten geöffnet hatte. Bald wurde dies der übliche Bildungsweg der Lupton-Söhne: Francis' Bruder Charles und drei Söhne folgten ihm dorthin. Charles war der erste Lupton, der die private Jungenschule Rugby besuchte, und damit begann eine Tradition privater Schulbildung, die sich in der Familie bis zu Kate hin fortsetzen sollte. Francis machte einen Magister-Abschluss in Geschichte, bevor er nach Leeds zurückkehrte. Dort trat er als Kassierer in das Familiengeschäft ein – was ihm, wie seine Mutter in ihrem Tagebuch festhielt, »einigermaßen gefiel« – und wurde als Offizier in die Leeds Rifles aufgenommen. Die Familie war erfreut, als er sich in Harriet Davis, die Tochter des Pfarrers ihrer Gemeindekirche St. John's verliebte. Sie lebte mit ihren Eltern und vier Schwestern im

*Prinzessin Kate*

Pfarrhaus von Roundhay, und die beiden Familien verband eine enge Freundschaft. Das Paar heiratete am 6. April 1880 in St. John's. Francis war 31 und Harriet 29 Jahre alt, und sie bezogen ein eigenes Haus, Rockland, in Newton Park, einem Weiler zwischen Chapel Allerton und Potternewton. Dort kam Olive am 1. April 1881 zur Welt.

Am 20. Mai 1884, als Olive gerade drei Jahre alt war, starb ihr Großvater Frank mit 70 Jahren an einer Herzkrankheit – der erste einer Reihe von Todesfällen, die die Familie schwer trafen und zeigten, dass auch die Reichen in viktorianischer Zeit nicht gegen Krankheit und Leid gefeit waren. Frank hatte das Familienvermögen aufgebaut, er hinterließ seinen vier Söhnen genug Geld, um zu führenden Mitgliedern des Establishments aufzusteigen. In seinem Testament verfügte er über atemberaubende 64 650 Pfund – die heute etwa 32,6 Millionen Pfund entsprächen –, was bedeutete, dass es seiner Familie auch künftig an nichts fehlen würde.

Nach seinem Tod bekamen Francis und Harriet noch vier weitere Kinder – Francis, Fran genannt, 1886, Maurice 1887, Anne 1888 und Lionel 1892 –, doch Harriets Immunsystem war nach der Geburt ihres fünften Kindes angegriffen. Sie erkrankte an einer Grippe und starb zu Hause in Rockland am 9. Januar 1892. Ihr verzweifelter Ehemann blieb gelähmt vor Trauer und mit der Verantwortung für fünf Kinder unter zehn Jahren zurück. Auf den Tag genau zwei Monate später starb auch Francis' Mutter Fanny an Diabetes und Erschöpfung. Francis hatte innerhalb von acht Jahren seine Frau und beide Eltern verloren, und alle Freude war aus seinem Leben verschwunden.

»Die Geburt des jüngsten Sohns fiel mit dem Höhepunkt einer schweren Grippewelle zusammen«, schrieb sein Neffe Charles Athelstane Lupton, in der Familie nur »Athel« genannt, später in einer Familiengeschichte mit dem Titel *The Lupton Family in Leeds*.

## Die Luptons, 1847–1930

»Die Niederkunft verlief normal, doch Harriet steckte sich mit der Grippe an und starb 14 Tage später. Francis erholte sich nie wieder richtig von diesem Schlag. Er behielt seine Trauer völlig für sich. Viele Jahre lang sprach er mit den Kindern nie über sie. Er machte selten Urlaub. Es dauerte etwa 30 Jahre, bis er wieder ins Ausland reiste. Und wir erinnern uns, welche Freude ihm solche Urlaube in jüngeren Jahren gemacht hatten. Er widmete sich ganz dem Geschäft und seinen Bürgerpflichten.«

Francis traf der Tod seiner Frau schwer. Er stürzte sich in die Arbeit und die Lokalpolitik. Neben seinem Einsatz für das Familienunternehmen, das er mit seinem Bruder Arthur leitete, wurde er zu einer bedeutenden Figur des öffentlichen Lebens von Leeds. 1895 hatte er einen Sitz als Stadtrat der Konservativen errungen, einen Posten, den er die nächsten 21 Jahre über innehatte. In dieser Zeit fand er auch seine wahre Berufung. Als erster Vorsitzender des Leeds Unhealthy Areas Committee beseitigte er innerstädtische Slums und ersetzte sie durch erschwingliche Wohnungen.
Er ist zudem im Gedächtnis geblieben als einer der »Big Five«, jener Ratsvertreter also, die während eines Streiks im Jahr 1913 mit den Gemeindearbeitern über Lohnerhöhungen verhandelten. Athel Lupton berichtet:

»Die Haltung der fünf großen Männer war gemäßigt und geduldig, aber sie blieben völlig unerbittlich, und innerhalb von zwei oder drei Wochen fiel der Streik in sich zusammen. Es kam nicht zu schwereren Gewalttaten. Die Versorgung mit Strom und Wasser wurde aufrechterhalten und es gab auch immer etwas Gas. Andere große Städte beobachteten mit wachem Interesse den Verlauf des Streiks in Leeds und die

*Prinzessin Kate*

Haltung der Big Five. Sie zeigten Francis ihre Bewunderung und Dankbarkeit durch die Überreichung eines riesigen Silbertabletts und eines »gewaltigen und ungewöhnlich hässlichen Blumentopfes aus Porzellan auf einer Porzellansäule.«

Francis beschränkte sein Engagement jedoch nicht auf die Arbeit für die Gemeinde, sondern war auch Friedensrichter für West Riding, setzte sich für das Cookridge Hospital ein und besuchte regelmäßig – und ungeachtet der anglikanischen Vorlieben seiner verstorbenen Frau – die Gottesdienste in der Mill Hill Chapel.

Obwohl Francis der älteste Sohn war, unglaublich erfolgreich und ein großer Wohltäter, blieb er doch immer bescheiden und zurückhaltend. Er war seinen jüngeren Brüdern eng verbunden – Arthur, mit dem er das Familienunternehmen führte, Charles, der die Anwaltskanzlei Dibb Lupton leitete, und Hugh, der Vorsitzender von Hathorn Davey & Co., einem Wasserbauunternehmen, war – und beriet sich regelmäßig mit ihnen. Gemeinsam prägte ihr Einfluss die ganze Stadt.

Arthur, der auch als Prorektor der Leeds University fungierte, konnte Francis' Verlust wahrscheinlich besonders gut nachempfinden, denn er war selbst vier Jahre zuvor Witwer geworden. Seine Frau Harriot, eine Cousine von Beatrix Potters Mutter Helen, starb 1888 im Kindbett, noch bevor ihre berühmte Verwandte ihr erstes Kinderbuch *Die Geschichte von Peter Hase* veröffentlicht hatte. Charles, ein renommierter Kunstsammler, war Schatzmeister und Vorsitzender des General Infirmary (Krankenhaus) und wurde 1915 sogar Oberbürgermeister der Stadt, der er auch seine umfangreiche Kunstsammlung hinterließ. Hugh war Vorsitzender des Board of Guardians, einer Organisation, die sich dem Schutz der Armen und Bedürftigen verschrieben hatte, diente viele Jahre als Ratsherr und wurde 1926 selbst Oberbürgermeister. »›Ich muss meine Brüder fragen.‹ Das war seine Re-

*Die Luptons, 1847–1930*

aktion, sobald ihm Zweifel kamen«, erinnerte sich Athel in seiner Familiengeschichte an seinen Onkel Francis. »Seine drei Brüder spielten eine wichtige Rolle in seinem Leben.«
Damals schickte es sich für einen Gentleman nicht, sich selbst um seine Kinder zu kümmern, und so stellte Francis eine Nanny ein, Miss Cadell, die in Rockland für Ordnung sorgen und seine junge Familie sorgen sollte. Olive, die Älteste, ging auf das Internat Roedean. Athel schreibt:

> »Miss Cadell hätte man eigentlich nicht auf Kinder loslassen dürfen. Der arme Francis scheint ihr offenbar in allen Haushaltsangelegenheiten sehr freie Hand gelassen zu haben. Sie wollte zwar zweifellos nur das Beste und war in ihrem Handeln durch und durch aufrichtig, aber sie wurde bald zur beherrschenden Figur im Haus. Es wird berichtet, dass sie einmal das Haus streichen ließ, ohne auch nur die Erlaubnis dazu bei Frank einzuholen. Ein andermal ersetzte sie die Cretonne-Vorhänge im Salon durch andere nach ihrem eigenen, beklagenswerten Geschmack. Francis zahlte die Rechnungen ohne Murren. Eitelkeit muss schon in jungen Jahren ausgetrieben werden. Es zeigte sich, dass die zehnjährige Anne von dieser Sünde heimgesucht wurde; unverzüglich wurde ihr das Haar kurz geschnitten. Man kann nun sicher behaupten, dass in späteren Jahren Eitelkeit wirklich keine Familienschwäche war. Die Jungen litten vielleicht weniger unter der strikten Reglementierung als die Mädchen, weil sie auch oft in Internaten waren. Doch irgendwann spitzten sich die Dinge zu. Miss Cadell reiste ab. Die Cretonne-Vorhänge im Salon wurden abgenommen. Und so endete eine unglückliche Episode.«

*Prinzessin Kate*

Inzwischen waren Fran, Maurice und Lionel nach Rugby aufs Internat gegangen. Olive hatte Roedean abgeschlossen und war alt genug, Haushälterin ihres Vaters zu werden und für ihn und ihre jüngere Schwester Anne zu sorgen. Sie muss eifersüchtig auf die Freiheit ihrer Brüder gewesen sein, als sie, wie ihr Vater vor ihnen, ans Trinity College gingen. In Cambridge wurde Maurice wegen seiner Liebe zu Autos zur Legende. Er hatte ein gelbes Dampfauto, das explodierte und von Cambridge nach Leeds abgeschleppt werden musste. Dafür engagierte er seinen Freund Leonard Schuster, der einen Rolls-Royce besaß – die Aktion war offenbar eine echte Sensation.

Nach der Universität traten Fran und Lionel ins Familienunternehmen ein, während Maurice bei Hathorn Davey in Hunslet, wo sein Onkel Hugh geschäftsführender Direktor war, zum Ingenieur ausgebildet wurde. Fran und Maurice zogen beide wieder ins Haus der Familie, wo Olive und fünf Hausangestellte sich um sie kümmerten.

Olive erlangte erst 1914 eine gewisse Freiheit, als sie Noel Middleton heiratete und ihre Schwester Anne, inzwischen 25 Jahre alt, den Haushalt von Rockland übernahm. In jenem Sommer heiratete auch ihr ältester Bruder Fran, 28, Dorothy Davison, die Tochter eines Mathematiklehrers an der König Edward's School, Birmingham. Der Krieg warf schon seine Schatten voraus, und es sollte das letzte Mal sein, dass die große Familie zusammenkam.

Bei Ausbruch des Ersten Weltkriegs dienten Olives Brüder Fran, Maurice und Lionel zusammen mit zwei ihrer Cousins, Michael, Sohn ihres Onkels Arthur, und Hugo, Sohn ihres Onkels Hugh, in der Territorial Force. Fran und Maurice schlossen sich den Leeds Rifles an. Während Fran als Adjutant einer Ausbildungsbrigade in England blieb, wurde Maurice Captain im 7. Bataillon des West Yorkshire Regiment, des Regiments des Prinzen

*Die Luptons, 1847–1930*

von Wales. Er wurde per Schiff als Teil der 49. (1. West Riding) Infantry Division in die Schützengräben Belgiens transportiert. Am 19. April 1915 kam er dort an, und er starb genau zwei Monate später, erst 28 Jahre alt, als einer von 2050 Angehörigen der Leeds Rifles, die im Laufe des Krieges im aktiven Dienst in Frankreich und Flandern fielen. Sein Grab befindet sich auf dem Rue-Pétillon Military Cemetery in Fleurbaix, Nordfrankreich.

Seine Briefe an die Familie sind in *The Next Generation* veröffentlicht, einer Fortsetzung von *The Lupton Family in Leeds*, herausgegeben von Athels Neffen Francis Lupton mit Beiträgen verschiedener Familienangehöriger und Lokalhistoriker. Im Nachhinein klingen sie seltsam naiv. »Ich möchte es um nichts in der Welt missen, hierhergekommen zu sein«, schrieb er am 28. April. »Wir haben bisher noch nicht richtig gekämpft, sondern sind nur praktisch auf Zuruf mal hierhin, mal dorthin marschiert, was großen Spaß macht.« – »Ich sitze in einem kleinen Unterschlupf aus Lehm und Holz wie beim Indianerspielen«, schrieb er am nächsten Tag. »Hin und wieder hören wir einen Gewehrschuss oder eine Granate, die über unsere Köpfe hinwegzischt wie eine Wildente, die aber nicht uns gegolten hat, was ich zumindest glaube.«

Allmählich aber wurde Maurice sich der Gefahren dann doch bewusst.

Am 6. Juni schrieb er:

> »Seit sechs Tagen in den Gräben. Ich werde versuchen, den Feldstecher, den Vater geschickt hat, auf ein Periskop zu montieren, damit ich mehr Einzelheiten der deutschen Grabenlinie sehen kann, weil man kein Fernglas direkt auf sie richten kann. Sie sind manchmal unglaublich schnell, wenn es darum geht, kleine Dinge wie Periskope zu entdecken.«

*Prinzessin Kate*

Und am 15. Juni:

> »Eines Nachmittags bombardierten die Deutschen plötzlich unseren Teil des Grabens mit Schrapnell. Durch einen reinen Unfall explodierte eine dieser Granaten nicht in der Luft, sondern flog in eine Wand aus Sandsäcken, gegen die sich der Polizist unseres Quartiers lehnte, und trennte ihm das Bein ein bisschen unter dem Knie ab. Er war ein furchtbar starker Kerl, und Chloroform schien bei ihm überhaupt keine Wirkung zu haben, jedenfalls ewig lange nicht, aber leider starb er am nächsten Tag. All die anderen Kameraden, die wir in der Kompanie verloren, waren praktisch sofort tot, durch Kopfschüsse, während sie über den Wall feuerten.«

Vier Tage später wurde er selbst getötet.
Lionel brach mit seiner Einheit, der Royal Field Artillery, etwa um dieselbe Zeit auf wie sein Bruder und war gerade auf Viehtransportern und in langen Märschen an die Front gekommen, als er erfuhr, dass sein Bruder gefallen war. Er schrieb an seine Schwester Anne:

> »Deine Briefe über Maurice gefallen mir. Ich fühle mich viel besser, nachdem ich sie gelesen habe. Zuerst fand ich, dass es eine absolute Verschwendung war, dass er so früh sterben musste, bevor er etwas richtig Gutes im Leben getan hatte, aber es ist schön, sich vorzustellen, dass es ihm jetzt wirklich gut geht.«

Er überlebte die Schlacht bei Loos Ende August und kehrte für eine Woche Heimaturlaub zurück. Dann musste er wieder an die Front, wurde jedoch am 1. Dezember verwundet und zur Genesung in ein Londoner Krankenhaus geschickt. Zu Weihnachten

*Die Luptons, 1847–1930*

reiste er nach Rockland, wo seine Familie ein Wechselbad der Gefühle durchmachte – sie betrauerten den Tod von Maurice und freuten sich gleichzeitig über die Geburt von Olives und Noels erstem Kind, Christopher, der an Heiligabend zur Welt kam.
Lionel kehrt im April an die Front zurück und wurde am 16. Juli 1916 in der Schlacht an der Somme getötet. Er wurde nur 24 Jahre alt und war zweimal für seine Tapferkeit ausgezeichnet worden. Sein Grab befindet sich auf dem Gemeindefriedhof in Bouzincourt.
Olives Ehemann Noel war in einem Militärlager in Südengland stationiert, als er von Lionels Tod hörte. Er hatte die erste Kriegszeit als Verwaltungschef der Leeds Special Constabulary's Motor Transport Section – verantwortlich für die Kontrolle des Verkehrs während der Luftangriffe – gearbeitet und hatte die Erlaubnis des Polizeipräsidenten einholen müssen, um sich zum Kriegsdienst melden zu dürfen. Im November 1915 – Olive war im achten Monat schwanger mit ihrem ersten Kind – schloss er sich dem Royal Army Service Corps an und wurde Gefreiter im Officer Training Corps. Er tat gerade Dienst als Leutnant bei der 152. Belagerungsbatterie der Royal Garrison Artillery, als Lionel starb. Einen Monat später, am 31. August 1916, wurde er nach Frankreich geschickt, wo er als Fahrer arbeitete und die Fronttruppen an der Somme versorgte. Olive muss furchtbare Ängste ausgestanden haben. Zwei ihrer drei Brüder waren schon gefallen, und sie war ganz allein mit ihrem acht Monate alten Baby.
Noel wurde später dem Transportdepot der 406. Kompanie zugewiesen und musste Munition an die Front fahren, Artillerie verlegen oder Männer und Ausrüstung transportieren. In seiner Personalakte werden seine Führung als »sehr gut« und seine Fahrkünste als »kompetent« beurteilt. Vielleicht war er einer je-

ner 1400 Lastwagenfahrer, die den Belagerungsfahrzeugen der 406. Kompanie in Poperinghe, nahe Ypres, zugeordnet waren und jede Nacht unter schwerem Granatfeuer 1000 Tonnen Munition an die Front brachten, oder er gehörte zu den 85 Offizieren und 2933 Männern der 611. Kompanie, die 41 Belagerungsbatterien und 11 Gruppen schwerer Artillerie an der Front bei Arras mit Munition versorgten.

Glücklicherweise überlebte Noel den Krieg, wurde am 5. Juni 1919 im Rang eines Leutnant entlassen und am 5. Oktober offiziell demobilisiert. Sein dritter Schwager, Fran, hatte dieses Glück nicht. Fran war noch in England, als er vom Tod seiner jüngeren Brüder hörte, und so war ihm bestimmt nicht allzu wohl, als er im Januar 1917 mit den Leeds Rifles nach Frankreich übersetzte, um in der 62. (2. West Riding) Infantry Division zu dienen. Er war noch nicht einmal drei Jahre verheiratet, und seine Tochter Ruth hatte gerade angefangen zu laufen, als er nach nur sechs Wochen als vermisst gemeldet wurde. Er wurde in Bucquoy, nicht weit von Arras, begraben. Als Ältester der drei Brüder war er nur 30 Jahre alt, als er fiel.

Für den Witwer Francis Lupton war der Tod seiner drei Söhne zu viel. Selbst die Geburt seines dritten Enkels – Olives zweiten Sohnes Anthony – am 27. April 1917 konnte ihn nicht aus seiner Trauer reißen. Er überließ Rockland gegen eine symbolische Miete von einem Pfund pro Jahr dem Pensions Committee, das dort ein Heim für Waisen von Soldaten und Matrosen einrichtete, und bezog mit seiner Tochter Anne ein kleineres Haus in der Lidgett Park Road am Rande des Dorfes. Später zog er noch einmal um nach Low Gables, in Sichtweite von Hawkhills, dem Herrenhaus, das einst William Middleton gehört hatte, aber auch dort fand er keine Ruhe.

Er starb am 5. Februar 1921 mit 72 Jahren in Low Gables an chronischem Nierenversagen und wurde vier Tage später bei

*Die Luptons, 1847–1930*

der St. John's Church in Roundhay beigesetzt, wo er geheiratet hatte und wo seine Ehefrau schon begraben war. Er hinterließ seinen beiden Töchtern und deren Nachkommen ein Erbe mit einem Gegenwert von heute fast 10 Millionen Pfund und machte Olive Middleton damit zu einer sehr reichen Frau. Bei seiner Trauerfeier sagte der Pfarrer, Francis habe »Sonnenschein in die stinkenden Elendsviertel« gebracht. »Es ist vor allem ihm zu verdanken, dass Männer, Frauen und Kinder jetzt in einer Umgebung leben können, die ein gesundes und anständiges Dasein erst möglich macht. Wir, seine Glaubensbrüder, ehren ihn für seine Einfachheit, seine Aufrichtigkeit, seine Redlichkeit – dafür, dass er war, wie er war.«

Der Erste Weltkrieg hatte verheerende Auswirkungen auf die Familie Lupton, er löschte fast eine ganze Männergeneration aus und stürzte die ganze Familie in tiefe Trauer. Nur drei von sieben Cousins überlebten – Arthurs Sohn Arthur und Hughs Söhne Hugo und Athel –, sodass in den Familienunternehmen die jungen Männer fehlten, die in die Fußstapfen ihrer Väter treten konnten. Doch der Krieg hatte auch gewaltige Folgen für die Frauen der Familie, die jetzt auf sich allein gestellt waren. Viele Hunderttausend Männer waren im Krieg getötet oder versehrt worden und man hat geschätzt, dass es in den Zwischenkriegsjahren zwei Millionen »überschüssige« Frauen gab, die nicht auf einen Ehemann hoffen konnten. Das traf auch die Luptons. Olive war bei Kriegsausbruch schon verheiratet, doch ihre Schwester Anne starb, ohne je geheiratet zu haben, und auch die meisten ihrer Cousinen fanden keinen Ehemann.
Anne tat sich auch schwer, nach dem Krieg Arbeit zu finden, obwohl sie sich so intensiv der Wohltätigkeit gewidmet hatte.

*Prinzessin Kate*

1914 war sie Sekretärin des Leeds General Hospital Committee geworden und hatte Spenden für Männer in Militärkrankenhäusern gesammelt, und später hatte sie im örtlichen Pensions Committee mitgearbeitet und kriegsversehrte Soldaten beraten. Sie hatte ihren Vater überredet, ihnen das Haus zu vermieten. Doch obwohl sie zweimal, 1916 und 1918, bei Hofe vorgestellt worden war und 1920 für ihre Arbeit während des Krieges in der *London Gazette* gelobt wurde, wies man ihre Bewerbung um eine Stellung als Inspector of Local Committees zurück, weil sie eine Frau war. Später musste sie noch hinnehmen, dass man auch im Familienunternehmen keine Frau mitarbeiten lassen wollte.

Frans Witwe Dorothy, Dort genannt, hatte mehr Glück. Obwohl sie ihre vierjährige Tochter Ruth zu versorgen hatte, fand sie bald wieder einen Ehemann: Arthur, den Cousin ihres verstorbenen Mannes. Das Paar heiratete 1919, und ihr Sohn Tom kam im Jahr darauf zur Welt. Sie bezogen ein Haus am Rande von Chapel Allerton, und Arthur teilte seine Zeit auf zwischen der Verwaltung des Gutshofes Beechwood, wo er aufgewachsen war, dem Polospiel und der Jagd.

Am 14. Dezember 1928 erlitt er einen schrecklichen Jagdunfall. Sein Pferd scheute vor einem Zaun, warf ihn ab und fiel auf ihn. Dabei brach sein Beckenknochen. Er starb elf Monate später. Ihr gemeinsamer Sohn Tom war erst neun Jahre alt, als Dorothy zum zweiten Mal Witwe wurde. Nicht einmal ein Jahr später starb auch sein Vater Arthur Senior, der über den Verlust nicht hinweggekommen war.

# Kapitel 8

## Noel Middleton und Olive Lupton

Kates Urgroßmutter Olive Middleton, die gerade im Fieldhead House in Roundhay, einem Dorf in Yorkshire, ihren Sohn Peter zur Welt gebracht hatte, wiegte den Neugeborenen in den Schlaf und betete um einen neuen Tag.

Sie war seit sechs Jahren mit dem Anwalt Noel Middleton verheiratet und näherte sich ihrem 40. Geburtstag. Die Mutter von Christopher, vier, Anthony, drei, und jetzt Peter wollte ihre drei Söhne in der Geborgenheit aufwachsen lassen, die ihr verwehrt worden war. Peter erblickte das Licht der Welt am 3. September 1920, und Olive hatte bereits mehr Leid erfahren müssen als die meisten Menschen in ihrem ganzen Leben. Ihre Mutter Harriet war gestorben, als sie zehn war. Haushälterinnen, Kindermädchen und Gouvernanten hatten sie aufgezogen. Ihre Brüder Fran, Maurice und Lionel waren im Krieg gefallen. Nun beobachtete Olive voller Betrübnis, wie ihr Vater, niedergedrückt vor Kummer über den Verlust seiner Frau und seiner drei Söhne, immer schwächer wurde. Fünf Monate später starb er, wohl an einem gebrochenen Herzen. Seine Tochter erbte ein beträchtliches Vermögen, was aber ihre Trauer nicht minderte.

*Prinzessin Kate*

Olive ertrug die vielen Schicksalsschläge mit stoischem Gleichmut. Schließlich war sie vom Glück begünstigt. Sie war vermögend und verheiratet – in der Nachkriegszeit wahrlich eine Leistung –, und ihr Mann Noel war auch unversehrt von den Schlachtfeldern in Frankreich heimgekehrt, wo er als Fahrer für das Royal Army Service Corps gedient hatte.

Der einzige andere Verwandte, der so viel Glück gehabt hatte, war ihr Cousin Hugo, ein ehemaliger Schüler der Wellington School und des Trinity College, der für seinen Einsatz in Frankreich mit einem Military Cross ausgezeichnet worden war. Am 17. Juli 1920 heiratete er Joyce Ransome, die Tochter von Professor Cyril Ransome von der Universität Leeds, einem Freund der Familie, der aus Far Headingley stammte. Ihr Bruder Arthur gelangte ein Jahrzehnt später zu Ruhm, als *Der Kampf um die Insel*, der erste Band seiner Kinderbuchreihe, veröffentlicht wurde.

Nach dem Krieg verließ Noel die Anwaltskanzlei W. H. Clarke, Middleton & Co. in South Parade, Leeds, um in Olives Familienunternehmen, William Lupton & Co., als Kassierer zu arbeiten. Olives Schwester Anne, die unverheiratet war, hatte gehofft, die Rolle ihres Bruders in der Firma zu übernehmen, wurde jedoch zurückgewiesen, weil sie eine Frau war.

Als Olive am 29. Juni 1923 ihr viertes Kind zur Welt brachte, eine Tochter namens Margaret, die auf den Spitznamen Moggy hörte, war das Glück des Paares vollkommen. Gemeinsam sorgten Olive und Noel für ein sorgenfreies Familienleben. Fairfield – eine prachtvolle edwardianische Villa in der Park Avenue 12, einer exklusiven, mit Bäumen gesäumten Straße am Rand von Oakwood in der Nähe des Roundhay Park – war erfüllt von Stimmengewirr und Gelächter. Olive, sanft und freundlich, mit ausgeglichenem Wesen, war die geborene Mutter, und die Kinder entwickelten sich prächtig. Sie hatten eine Gouvernante, die sie zusammen mit Francis, ihrem Cousin zweiten Grades, dem

## Noel Middleton und Olive Lupton

ältesten Sohn von Hugo Lupton und Joyce Ransome, unterrichtete. Francis erinnerte sich in *The Next Generation*:

> »Als ich das Schulalter erreichte, unterrichtete mich meine Mutter eine Zeit lang, doch später hatte ich zusammen mit meinen Cousins Peter und Margaret Middleton eine Gouvernante. Sie lebten in Oakwood, ungefähr fünf Kilometer entfernt, und ich erinnere mich noch genau, dass ich jeden Morgen von einem von Pferden gezogenen Milchwagen etwa zwei Kilometer weit mitgenommen wurde, während meine Mutter mir mit dem Rad hinterherfuhr.«

Noel begeisterte sich für Musik und war Vorsitzender des Northern Philharmonic Orchestra. Er organisierte zwischen den Kriegen viele Musikabende in Leeds. Er interessierte sich auch für Fotografie und liebte so wie seine Frau die Malerei.

Die gesamte Familie pflegte sich in Beechwood, dem alten Familiensitz der Luptons, zu treffen, auf dem Olives Vater mit seinen Brüdern Arthur, Charles und Hugh aufgewachsen war und der jetzt Arthurs Töchtern Elinor und Bessie, zwei ledigen Schwestern, als Heim diente.

Die Familie verbrachte viel Zeit auf dem Land. In den Sommerferien zeltete sie im Lake District oder wohnte in ihrem Ferienhaus in Kettlewell, einem der hübschesten Dörfer in den Yorkshire Dales.

Als sie sich im Sommer 1936 im Lake District aufhielten, wurde Olive nach einem Blinddarmdurchbruch mit einer Bauchfellentzündung ins Krankenhaus gebracht. Es gab Komplikationen, die am 27. September zu ihrem Tod führten, der ihren Angehörigen das Herz brach, denn Olive war erst 55. Sie hinterließ ein Treuhandvermögen von 52 031 Pfund für ihre Kinder. In jener Zeit war dies ein Vermögen, doch das Geld konnte Olives

*Prinzessin Kate*

Kinder nicht über ihren Verlust hinwegtrösten. Peter war erst 16, als seine Mutter starb, und Margaret gerade ein Teenager. Eine weitere Generation von Lupton-Kindern musste sich ohne Mutter in dieser Welt behaupten. Olives Schwester Anne, die sieben Jahre jünger war und als Einzige von den Geschwistern noch lebte, wurde Noel eine Stütze und den Kindern eine gute Freundin.

Nach dem Ersten Weltkrieg hatte die unverheiratete Anne nach dem Tod ihres Vaters und ihrer drei Brüder beschlossen, durch Asien und Südamerika zu reisen. Ihre Abenteuer begeisterten ihre Nichten und Neffen. Als sie nach England zurückkehrte, ließ sie sich, zusammen mit Enid Moberly Bell in der Mallord Street 7 in Chelsea nieder. Enid war eine gleichermaßen inspirierende und tatkräftige Frau, die nicht nur eine erfolgreiche Autorin, sondern auch die Gründerin und erste Schulleiterin der Lady Margaret School in Fulham sowie die Vizepräsidentin des Lyceum Clubs für Autorinnen und Künstlerinnen war. Hier erfuhr Anne auch vom Tod ihrer Schwester.
In jener Zeit war Chelsea keine exklusive, finanzstarke Oase für Investmentbanker und Prominente, sondern ein Viertel in London, das von Künstlern, Schriftstellern und Dichtern bevölkert wurde. In der Nachbarschaft der beiden Frauen lebte der Künstler Augustus John, der nach einer zufälligen Bekanntschaft im Pub den holländischen Architekten Robert van t'Hoff beauftragte, in der Mallord Street 28 ein Cottage für ihn zu entwerfen. Auch der Maler Cecil Hunt, dessen Frau eine führende Rolle in der Frauenrechtsbewegung spielte, wohnte im Mallord House; ebenso der Autor Alan Alexander Milne, ein ehemaliger Journalist und Redaktionsassistent bei *Punch*, der für seinen

## Noel Middleton und Olive Lupton

Sohn Christopher die Kindergeschichten *Pu der Bär* verfasste und in Nr. 13 wohnte, einem roten Ziegelsteinhaus mit schmiedeeisernem Zaun und bleigefassten Fenstern.

Anne passte hervorragend in das fortschrittliche, unbürgerliche Milieu in der Mallord Street. Sie hatte das soziale Bewusstsein ihres Vaters geerbt und setzte sich dafür ein, die Wohnverhältnisse in Fulham zu verbessern, wofür man ihr den MBE (The Most Excellent Order of the British Empire), einen hohen Verdienstorden, verlieh. Sie war auch an der Schaffung des Quarry Hill Estates in der Innenstadt von Leeds beteiligt, das 1938 als die größte städtische Wohnblockanlage eröffnet wurde. Dadurch wurden die Rücken an Rücken stehenden Häuser der viktorianischen Ära ersetzt, was ein großes Anliegen ihres Vaters gewesen war. Die neuen Wohnungen wurden zum Kult, waren hochmodern und gut ausgestattet, mit Festbrennstoffherden, elektrischer Beleuchtung und einer hochmodernen Müllabfuhr.

Drei Jahre nach Olives Tod sah sich die Familie einer weiteren Herausforderung gegenüber: dem Ausbruch des Zweiten Weltkriegs, in dem die nächste Generation von Luptons für ihr Land kämpfte. Am 3. September 1939, Peter Middletons 19. Geburtstag, wurde der Krieg erklärt. Sein älterer Bruder Christopher trat in die Artillerie ein, Anthony in die Armee und Peter ging zur Luftwaffe. Für Noel, der hatte erleben müssen, wie die Familie seiner Frau im Ersten Weltkrieg fast ausgelöscht wurde, war es erneut eine schwierige Zeit. Tröstlich waren jedoch Familienereignisse wie eine Heirat, eine Geburt und politische Ehren.

Am 6. Dezember 1941 versammelte sich die Familie in der Christ Church in Chelsea, als Christopher, inzwischen zum Leutnant befördert, Dorothy Martin, die drei Jahre ältere Tochter eines Bauunternehmers, heiratete. Seine Tante Anne unterzeichnete stellvertretend für seine Mutter die Heiratsurkunde. Und wieder hielt sie die Familie zusammen. Ihr Haus in Chelsea stand Freunden und Verwandten, die nach London kamen, immer offen. Schließlich wurde ihr Haus ausgebombt und sie zog in ein gemietetes Haus in Midhurst, Kent, wo sie weiterhin für die Kriegshilfe arbeitete.

Ein Jahr später, am 18. November 1942, feierte die Familie erneut ein Fest, als Jessie Kitson, eine Großnichte des 1. Barons Airedale, einem engen Freund von Peter Middletons Urgroßvater William, die erste Oberbürgermeisterin von Leeds wurde. Sie war lebenslang mit Arthur Luptons Tochter und Annes Cousine Elinor befreundet, die einst gescherzt hatte, dass sie und Jessie »die beiden am schlechtesten gekleideten Damen in Leeds« seien. Die Familie freute sich, dass Elinor, die in Cambridge ihr Examen in Altphilologie gemacht hatte und auf Beechwood, dem Familiensitz, lebte, ihre Oberbürgermeisterin wurde.

1943 wurde Noel zum ersten Mal Großvater, als seine Schwiegertochter Dorothy ein Mädchen zur Welt brachte. Philippa war das erste Mitglied der Middleton-Familie, das außerhalb von Leeds geboren wurde, denn sie kam im Fulmer Chase Maternity Hospital in Berkshire zur Welt, wo viele Frauen von Unteroffizieren entbanden.

Obwohl Leeds ein führendes Industriezentrum war, überstand es den Krieg nahezu unbeschadet. Laut einer lokalen Legende sorgte der dichte schwarze Rauch der Industrieanlagen dafür, dass feindliche Flugzeuge ihre Ziele verfehlten. Dennoch wurden rund 70 Menschen bei Bombenangriffen getötet. Im März 1941 erfolgte der schwerste Angriff, als das Rathaus, der Bahnhof und das Stadtmuseum von Leeds bombardiert wurden. Das Museum verzeichnete den Verlust einer alten ägyptischen Mumie.

## *Noel Middleton und Olive Lupton*

Zum Glück fiel keiner der Middleton-Brüder im Krieg, und die Familie atmete erleichtert auf, als das Kriegsende verkündet wurde. In Leeds tanzten Tausende von Menschen auf den Straßen und kletterten auf die Löwen vor dem Rathaus, um den Sieg zu feiern. Am 13. Mai 1945 erfolgte eine Siegesparade durch die Stadt, an der trotz strömendem Regen Tausende von Bürgern teilnahmen.

Das Kriegsende bedeutete den Neubeginn für eine Generation von Middletons, und sie bejubelten ihre neu gewonnene Freiheit. Kates Großvater Peter und sein Bruder Anthony verliebten sich in jener berauschenden Nachkriegszeit in zwei entzückende Schwestern.

Peter, der nach der Entlassung weiterhin als Pilot arbeitete, heiratete im respektablen Alter von 26. Er trat am 7. Dezember 1946 in der normannischen Pfarrkirche in Adel, der ältesten Kirche in Leeds, mit Valerie Glassborow, 22, der Tochter des Bankdirektors Frederick Glassborow, vor den Traualtar. Bei der Hochzeit begann eine weitere Liebesgeschichte zwischen Peters älterem Bruder Anthony, einem 29 Jahre alten Textilfabrikanten, und Valeries Schwester Mary, 23. Die beiden heirateten im Jahr darauf in der Pfarrkirche St. John in Moor Allerton, womit die herzliche Beziehung zwischen den beiden Familien noch enger wurde.

Leider lebte Noel nicht lange genug, um acht Jahre später seine jüngste Tochter Margaret bei der Hochzeit mit dem Musiker James Barton zum Altar führen zu können. Am 2. Juli 1951 erlag er im Alter von 72 Jahren einem Herzinfarkt. Er hinterließ ein Vermögen von 1,3 Millionen Pfund, das gleichmäßig unter seinen vier Kindern aufgeteilt wurde. Kates Großvater Peter, der 30 war, als sein Vater starb, erbte auch eine Bronzebüste von Jacob Epstein, ein Ölgemälde von George Graham, einem ortsansässigen Künstler, und ein Selbstporträt, das Edward Neatby, ein genialer Landschafts- und Porträtmaler aus Leeds, angefertigt hatte.

*Prinzessin Kate*

Noels Schwägerin Anne, die im Leben seiner Kinder eine so bedeutsame Rolle gespielt hatte, überlebte ihn um 16 Jahre. Nach dem Tod von Enid Moberly Bell (1966) schien sie jedoch keinen Lebensmut mehr zu haben. Geplagt von Arthritis, starb sie im Jahr darauf 79-jährig an Leukämie und Tuberkulose.

# Kapitel 9

# Die Glassborows, 1881–1945

Bekleidet mit ihrem traditionellen schwarzen, spitzenbesetzten Trauergewand, saß Königin Victoria an ihrem Schreibtisch in Schloss Windsor und verfasste einen Brief an Lord Rowton, den Privatsekretär von Benjamin Disraeli. Tränen rannen ihr über die Wangen. Erneut von Trauer erfüllt durch den Tod ihres Lieblingspremierministers, schrieb Prinz Williams Ururururgroßmutter an jenem Tag: »Der Fluss meiner Tränen behindert meine Sicht… Nie zuvor hatte ich einen solch freundlichen und loyalen Minister und nur wenige solch treue Freunde.«
Es war am 19. April 1881 – fast 20 Jahre nachdem sich Victoria nach dem Tod ihres geliebten Albert aus dem öffentlichen Leben zurückgezogen hatte –, als der ehemalige konservative Premierminister, ein Favorit der Königin, einer Bronchitis erlag. Sein Tod, der ein Jahr nachdem er bei einer Parlamentswahl Gladstones Liberaler Partei unterlegen gewesen war eintrat, bedeutete das Ende einer Freundschaft zwischen der Königin und ihrem Minister, die 1868 begonnen hatte, als er Lord Derby als Premierminister ersetzte, und gefestigt wurde, als er 1874 eine zweite Amtszeit antrat. Disraeli lockte Victoria aus der Zurückgezogenheit, rief sie zur Kaiserin von Indien aus, schmeichelte ihr, indem er ihr die Hand küsste, nannte sie »die Märchenkönigin« und sandte ihr geistreiche Briefe. »Jeder ist für Schmeicheleien zu-

gänglich«, erklärte er dem Dichter Matthew Arnold, »und wenn man zu einem Angehörigen des Königshauses kommt, sollte man dick auftragen.« Dafür ernannte ihn die Königin zum Grafen von Beaconsfield und zum Vicomte Hughenden, sandte ihm Sträuße mit Frühlingsblumen und gab ihm den Spitznamen »Dizzy«. Zu seiner Beerdigung ließ sie Schlüsselblumen-Buketts liefern. Später begab sie sich nach Hughenden und legte einen Kranz auf sein Grab. Außerdem ließ sie ihm zu Ehren ein Denkmal errichten.

Während Victoria 48 Kilometer entfernt um ihren Premierminister trauerte, erlitt Kate Middletons Urururgroßvater Edward Glassborow ganz andere Qualen. Eingekerkert in einer winzigen Zelle – vier mal zwei Meter – in einem von drei Gefängnisflügeln für männliche Gefangene, gehörte der 55-Jährige zu den 436 Gefangenen von London und Middlesex, die im Holloway-Gefängnis festgehalten wurden, als 1881 eine Volkszählung stattfand.

Es gibt keine Gefängnisunterlagen aus jener Zeit, sodass es nicht möglich ist herauszufinden, warum der Vater von sieben Kindern, der als Bote für eine Versicherungsgesellschaft arbeitete, im Gefängnis saß. Am wahrscheinlichsten ist, dass er wegen eines leichten Vergehens einsaß, wie zum Beispiel Trunkenheit und ungebührliches Benehmen. Hier waren auch Schuldner inhaftiert. Obwohl die Gefängnisstrafe für unbezahlte Schulden 1862 offiziell aufgehoben wurde, wurden die Schuldner manchmal wegen Missachtung des Gerichts oder Nichtbezahlung von Geldstrafen ins Gefängnis gesteckt.

Was auch immer Edward verbrochen haben mochte, sein Vater Thomas hätte sich im Grab umgedreht. Als er Anfang 20 gewesen war, hatte er sich freiwillig als Gemeindepolizist beworben

*Die Glassborows, 1881–1945*

und Dutzende von Missetätern wie seinen Sohn festgenommen. Viele Male trat er vor Gericht als Zeuge auf. Dank seiner Aussage wurden viele Sträflinge nach Australien und Tasmanien verbannt. Doch vor der Heirat mit Edwards Mutter Amy am 18. Februar 1823 wechselte Thomas als Bote zu einer Versicherungsgesellschaft. Das junge Paar wohnte in der Bartholomew Lane 1, dem damaligen Hauptsitz der Alliance Marine Insurance Company, die von Nathan Rothschild gegründet wurde. Thomas muss also ein vorbildlicher Angestellter gewesen sein, wenn er sogar auf dem Firmengelände wohnen durfte.

Damals war Sir Robert Peel zum Innenminister ernannt worden, und es kursierten die ersten Gerüchte, dass in der Hauptstadt eine moderne, bezahlte Polizeitruppe gebildet werden solle. Gesetz und Ordnung bereiteten den Behörden Kopfzerbrechen, da während der industriellen Revolution die Menschen in Scharen nach London strömten. Australien und Tasmanien nahmen keine weiteren Sträflinge auf, und England musste andere Wege der Verbrechensbekämpfung finden. Die einzige Lösung war die Reformierung der Polizei und der Bau neuer Gefängnisse. Per Gesetz wurden 1829 freiwillige Polizisten und Nachtwächter durch eine zentralisierte Polizeitruppe von 3000 Mann ersetzt, die für die Überwachung des gesamten Stadtgebiets, mit Ausnahme der City of London, zuständig war. Sie trugen blaue Uniformen und Schlagstöcke und erhielten den Spitznamen »Bobbies« (so benannt nach Peel).

Zwischen 1842 und 1877 wurden 90 Gefängnisse gebaut. Allein das Holloway-Gefängnis kostete 91 547 Pfund. Es wurde 1852 in Betrieb genommen. Jedes Gefängnis wurde von einem Gefängnisaufseher geführt, der im Wesentlichen die Regeln aufstellte und Gefangenen, die es sich leisten konnten, für Bücher und Briefe, häufigere Besuche und besseres Essen zu bezahlen, Privilegien einräumte. Viele Gefangene mussten ein

»Entlassungsticket« kaufen, das damalige Äquivalent zum Bewährungssystem. Jene, die es sich nicht leisten konnten, ihr Los zu lindern, mussten auf unbequemen Holzpritschen schlafen, sich mit eintönigem Essen begnügen und harte Arbeit verrichten: Tretmühlen drehen und Werg zupfen – alte Taue entwirren, damit sie an Werften verkauft werden konnten – waren die üblichen Arbeiten. Die Bedingungen im Gefängnis waren erbärmlich: Es war dort feucht, ungesund und unhygienisch, zudem überfüllt, und viele Gefangene wurden krank und starben.

Vielleicht war es ein Glück, dass Edwards Eltern nicht lange genug lebten, um mitzuerleben, wie er ins Gefängnis gesteckt wurde. Thomas starb am 29. Dezember 1860 im Alter von 65 Jahren an Schwindsucht, und Amy folgte ihrem Mann vier Jahre später ins Grab. Sie starb an Altersschwäche und Gelbsucht. Edward zog in die Bartholomew Lane 1 und übernahm den Job seines Vaters, doch irgendetwas muss schiefgelaufen sein.

Seine viel geprüfte Frau Charlotte, 55, mit der er seit 33 Jahren verheiratet war und mit der er fünf Söhne und zwei Töchter hatte, lebte in ihrem Haus im East End Londons, um sich um ihre vier jüngsten Kinder zu kümmern: Amy, 24, Kates Ururgroßvater Frederick, ein 22 Jahre alter kaufmännischer Angestellter, Charles, 16, und Herbert, 14, der noch zur Schule ging. Ihre beiden ältesten Söhne, Edward, 32, und William, 26, waren längst außer Haus. Ihre Tochter Charlotte, eine Modistin, war vor fünf Jahren im Alter von 25 Jahren zu Hause an Typhus gestorben. Die Familie war von der Bartholomew Lane im Stadtzentrum in ein heruntergekommenes Haus in Nelson Terrace, Trafalgar Road, Haggerston, in der Gemeinde der ehemaligen Kirche St. Leonard's, Shoreditch, gezogen.

14 Jahre nach Edward Glassborows Aufenthalt im Holloway folgte ihm der berühmte Bühnenautor und Romanautor Oscar Wilde durch das Fallgatter. Er saß dort in Untersuchungshaft

*Die Glassborows, 1881–1945*

und wartete auf seinen Prozess wegen grober Unzucht. Der Verfasser von *Das Bildnis des Dorian Gray* und *Bunbury oder wie wichtig es ist, ernst zu sein* hatte gegen den Marquis von Queensberry, den Vater seines Geliebten, Lord Alfred »Bosie« Douglas, eine Verleumdungsklage angestrengt, weil er ihn der Homosexualität bezichtigt hatte. Obwohl Wilde die Klage zurückzog, als er erkannte, dass er den Fall nicht gewinnen konnte, wurde er festgenommen und verbrachte mehrere Monate in Untersuchungshaft im Holloway. Dann wurde er zu zwei Jahren Zwangsarbeit in Reading Goal verurteilt.

Kates Urururgroßvater war zu dieser Zeit längst wieder in Freiheit. Er war nach Leyton, Essex, gezogen, um ein neues Leben zu beginnen. Als sich sein dritter Sohn Frederick, 27, am 1. Juni 1886 mit der 27 Jahre alten Emily Elliott in der Pfarrkirche in Leyton vermählte, beschrieb er sich als »Gentleman«, eine ungewöhnliche Verwandlung für einen ehemaligen Häftling. Edward erlebte noch, dass all seine Kinder gut versorgt waren, was in jener Zeit eine große Leistung war, obwohl nicht bekannt ist, ob er zu ihren Hochzeiten eingeladen war oder von der Familie seiner Vergangenheit wegen geschnitten wurde.

Sein Sohn Charles, 23, Angestellter bei einem Börsenmakler, heiratete am 13. August 1887 die fünf Jahre ältere Florence Alderton in der Pfarrkirche von Hackney und wählte seinen jüngeren Bruder Herbert als Trauzeugen. Fünf Jahre später heiratete Edwards einzige Tochter Amy einen fast doppelt so alten Witwer. Sie war 36 und muss in jener Zeit schon als alte Jungfer gegolten haben, als sie Samuel Alderton, einen 65-jährigen Elfenbeindrechsler, auf dem Standesamt von Hackney heiratete. Erneut trat Herbert als Trauzeuge auf. Schließlich heiratete Herbert, ein 29-jähriger Börsenmakler, 1896 selbst in der St. Andrew's Church in Leytonstone Catherine Monahan, 28, die Tochter eines ortsansässigen Fabrikanten.

Edward und Charlotte waren sicherlich hocherfreut, dass all ihre Kinder verheiratet waren, doch die Geburt der Enkelkinder erlebten sie leider nicht mehr. Am 11. August 1898 erlag Edward, der an chronischem Rheumatismus gelitten hatte, einem Schlaganfall. Er hatte plötzlich in seinem Haus in der Vicarage Road, Leyton, das Bewusstsein verloren. Sein Sohn Frederick – Kates Ururgroßvater – war in der Todesstunde bei ihm, was darauf schließen lässt, dass sich Vater und Sohn noch versöhnt hatten. Am 21. Juli 1900, knapp zwei Jahre später, starb Charlotte eines natürlichen Todes im Alter von 75 Jahren. Ihre Schwiegertochter Emily, die mit ihrem zweitältesten Sohn William verheiratet war, ebenfalls Angestellter bei einem Börsenmakler, hielt ihre Hand. Nach dem Tod seiner Mutter zog Frederick, 41, Angestellter eines Reeders, mit seiner Frau Emily und seinen zwei Kindern Amy, 14, und Frederick, 11, in das elterliche Haus in der Vicarage Road. 1905 wurde ihr drittes Kind, Wilfred, geboren.

Kates Urgroßvater Frederick Glassborow, ein 24-jähriger Bankier bei der London and Westminster Bank, etwa 1,80 Meter groß, mit braunem Haar und braunen Augen, wurde am 12. August 1914 als gewöhnlicher Matrose zur Royal Navy eingezogen und zehn Tage später dem Benbow-Bataillon zugeteilt. Das Bataillon war Teil der First Royal Naval Brigade in der Royal Naval Division, bekannt als »Winstons kleine Armee«, und ins Leben gerufen worden, als die Kriegsmarine eine Division überschüssiger Matrosen bildete, die Seite an Seite mit der Armee kämpfen sollte.

Militärberichte besagen, dass Frederick einer von 2000 neuen Rekruten war, die in ein Übungslager nach Walmer, Kent, geschickt wurden – er hatte höchstens zwei Tage lang Schieß-

*Die Glassborows, 1881–1945*

übungen –, bevor sie nach Belgien abkommandiert wurden, um die belgische Armee bei ihrer Verteidigung von Antwerpen zu unterstützen; die Stadt hatte den größten Hafen Belgiens und war Churchill sehr wichtig. Churchill selbst befand sich am 6. Oktober 1914 im Rathaus, nicht weit entfernt von der Frontlinie in Vieuxdieu, als er der Naval Division befahl, die innere Festungslinie der Stadt zu halten. Doch während die belgischen Truppen die Bunker und Wälle besetzten, mussten die Engländer in flachen, überschwemmten Gräben mit rund 450 Meter freiem Land vor ihnen Stellung beziehen und bildeten ideale Ziele für den deutschen Beschuss. Nach zwei Tagen gab Churchill den Befehl zum Rückzug, doch dieser Befehl erreichte den Divisionskommandeur Commodore Wilfred Henderson nicht, und die Brigade blieb unter starkem Granatbeschuss. In der allgemeinen Verwirrung zogen sich einige Bataillone auf einer Bahnlinie in Züge zurück. Andere, einschließlich Benbow, wurden hilflos zurückgelassen, ohne Transportmöglichkeit. Sie konnten weder die Brücke über die Schelde überqueren, die von den sich zurückziehenden Belgiern gesprengt worden war, noch einen Zug nehmen, da die Deutschen die Zugverbindung unterbunden hatten. Um einer Gefangennahme zu entgehen, beschloss Commodore Henderson, seine erschöpften Männer über die Grenze nach Holland, einem neutralen Land, zu führen.
Frederick war einer der 545 Männer und Offiziere des Benbow-Bataillons, angeführt von Kommandeur Fargus, die von den Holländern im englischen Lager in Groningen interniert wurden, nachdem sie es in die Niederlande geschafft hatten. Das erwies sich als seine Rettung. Einquartiert in einer speziell angefertigten Holzhütte an einem Ort, den er und seine Gefährten »Timbertown« nannten, konnte er auch eine Turnhalle, einen Aufenthaltsraum, eine Bibliothek, ein Klassenzimmer und eine Post benutzen. Ein Fußballpavillon wurde in eine Bar umge-

staltet, in der die Männer Besuche empfangen konnten. Sie druckten ihre eigene Zeitung, stellten Sportteams auf, die gegen lokale Clubs antraten, und gründeten ein Orchester und eine Theatergruppe namens Timberland Follies. Unter der strengen Bedingung, keinen Fluchtversuch zu unternehmen, durften sie sogar das Lager verlassen.

Zwei Wochen nachdem er und seine Männer gezwungen gewesen waren, nach Holland zu fliehen, sandte Commodore Henderson Sir William Nicholls, dem Generaladjutanten der Königlichen Marine, einen Brief und schilderte das Fiasko. Er berichtete, dass die Männer am 6. Oktober an der Front eingetroffen seien und begonnen hätten, Gräben auszuheben, dass sie wegen mangelnder Ausrüstung sowie der Tatsache, dass einige der Männer noch nie eine Spitzhacke oder Schaufel in der Hand gehalten hatten und dass es keine Lebensmittel, kein Wasser, keine Kommunikationsmöglichkeiten und keine Anweisungen gab, jedoch massiv beeinträchtigt gewesen seien. Zwei der Bataillone hatten 24 Stunden ohne Wasser in den Gräben ausgeharrt, und vier Bataillone mussten sich 36 Stunden lang mit einem Viertelpfund Fleisch begnügen. Die Männer waren drei Tage vor ihrer Abreise mit Gewehren mit Ladestreifen ausgerüstet, aber nicht in deren Gebrauch geschult worden. Es gab keinen organisierten Transport, und abgesehen von ein paar Signalmasten keine Signalausrüstung, nur ein Fahrrad pro Bataillon für Boten und keine Pferde für die Offiziere. »Die Männer hatten ihre Kakianzüge nicht erhalten und steckten immer noch in ihren blauen Pullis; sie hatten deshalb keine Taschen, in denen sie Lebensmittel oder Munition verstauen konnten«, fügte er hinzu. »Lediglich ein paar Männer hatten Wintermäntel erhalten ... und [die Männer] litten erheblich unter der Kälte. Das Fehlen von Proviantaschen, Essgeschirr und Wasserflaschen erwies sich als großer Nachteil.«

## *Die Glassborows, 1881–1945*

Am 22. März 1917 durfte Frederick aus Holland ausreisen, allerdings nur für einen Heimaturlaub. Diese Erlaubnis galt bis zum 26. Mai 1918. In seiner Akte ist zu lesen: »Anerkennung für die ausgezeichnete Arbeit am Generalkonsulat in Rotterdam.« Am 4. März 1919 kehrte er nach England zurück und wurde sechs Tage später aus dem Militärdienst entlassen, blieb aber beim 2. Reservebataillon.

Frederick überlebte den Krieg, doch einige seiner Cousins hatten nicht so viel Glück. Herbert, ein Büroangestellter und zweifacher Vater aus Leytonstone, der am 2. Dezember 1915 im Alter von 36 Jahren als Artillerist Nr. 86318 in die Royal Garrison Artillery eintrat und an die Front nach Frankeich geschickt wurde, wurde nach Kriegsende wegen Pflichtversäumnis bestraft. Er wurde zu 14 Tagen »Field Punishment No. 2« verurteilt, was hieß, dass er bis zu zwei Stunden täglich in Ketten gelegt wurde – eine Strafe, die allgemein von den Männern als sehr hart und demütigend angesehen wurde. In seiner Akte steht: »Während des aktiven Dienstes Verstöße gegen die Militärdisziplin.«

James, ein weiterer Cousin, der Artillerist bei der Royal Horse Artillery war, war erst 21, als er bei einem Senfgasangriff am 6. Oktober 1917 verwundet wurde. Er wurde im Bradford War Hospital behandelt, doch die Verletzung beeinträchtigte ihn sein Leben lang. Er erhielt aufgrund seines allgemeinen Schwächezustands eine Rente (allerdings befristet), da ihm ein Behindertenstatus von 20 Prozent zugesprochen wurde. James älterer Bruder Charles, ein 24 Jahre alter Korporal in der 11. Australian Light Trench Mortar Battery, wurde am 14. März 1917 getötet und ehrenvoll auf dem Friedhof in Armentières bestattet.

Nach dem Ende des Ersten Weltkriegs kehrte Frederick auf seinen Posten als Bankdirektor bei der London and Westminster Bank zurück, wo er Constance Robison, die Tochter eines Bankdirektors aus Leytonstone, kennenlernte. Das Paar, beide

30, besiegelte den Bund fürs Leben am 24. Juni 1920 in der Holy Trinity Church in Marylebone. Diese anglikanische Kirche war von Sir John Soane gebaut worden. Beide liebten das Reisen, und als die Leitung einer Bankfiliale in Valencia angeboten wurde, bewarb sich Frederick als Erster. Er bekam den Posten und das Paar zog nach Valencia. Dort wurde am 16. April 1922 ihr Sohn Maurice geboren. Am 5. Januar 1924, knapp zwei Jahre später, war das Familienglück durch die Geburt von Kates Großmutter Valerie und ihrer Zwillingsschwester Mary vollkommen. Inzwischen war Frederick stellvertretender Direktor der Bank in Marseille an der Südküste Frankreichs. Es war ein idyllischer Ort, um Kinder großzuziehen, doch Maurice wurde, der Tradition entsprechend, auf eine private Grundschule und anschließend eine weiterführende Privatschule in England geschickt. Seine zweite Frau Helen erinnert sich, dass er ihr erzählte, der Reiseveranstalter Thomas Cook habe dafür gesorgt, dass er heil und gesund an seinem Bestimmungsort anlangte. »Er wurde mit einem Namensschild um den Hals losgeschickt«, erinnert sie sich. »Das wäre heutzutage undenkbar.«
Am 21. Dezember 1932, als Valerie gerade acht war, starb Frederick senior mit 73 Jahren, als sein Sohn und dessen Familie zu Besuch waren. Frederick erlitt in seinem Haus in der Lismore Road, Herne Bay, Kent, eine Gehirnblutung. Sein Sohn war bei ihm. Frederick hinterließ seinen drei Kindern 1000 Pfund, was damals eine hohe Summe war, wenn auch nicht genug, um sie reich zu machen. Erst die nächste Generation der Glassborows sollte echte finanzielle Sicherheit erlangen, als sie in eine der wohlhabendsten Familien von Leeds einheiratete.

## *Die Glassborows, 1881–1945*

Zwei Monate vor Frederick Glassborows 50. Geburtstag erklärte England Deutschland den Krieg, und Frederick sollte einen weiteren Weltkrieg erleben. Er selbst war zwar zu alt, um einberufen zu werden, doch sein Sohn Maurice, der gerade erst 17 Jahre alt war, wollte unbedingt zur Marine. Da er für die British Royal Navy zu jung war, schloss er sich der französischen Marine an und nahm an der Atlantikschlacht gegen die Achsenmächte teil. Nach der Rückkehr der Familie von Marseille nach England trat er in die Royal Navy ein. Kurz bevor Marseille im November 1942 von den Deutschen besetzt wurde, floh Frederick auf einem Schiff, die Bankberichte in einem Sack verstaut. Als sein Schiff kurz vor dem Auslaufen war, wurde es von deutschen Fliegern bombardiert. Es muss eine grauenhafte Erfahrung gewesen sein, doch er bewältigte sie mit der für ihn typischen Gelassenheit.

Nach seiner Rückkehr nach England wurde Frederick in den Norden versetzt, wo er Filialleiter der Westminster Bank in der Park Row in Leeds wurde. Er nahm aktiv am Leben der Stadt teil, wurde zum Vorsitzenden des Institute of Bankers und des Banking Advisory Committee of the Leeds College of Commerce ernannt, wurde Mitglied des Rats der Handelskammer von Leeds, Schatzmeister der Economic League im Westen von Yorkshire sowie Ehrenbürger von London. Diese Beziehungen hatten später positive Auswirkungen auf alle seine Kinder.

Während Maurice in eine der berühmtesten Schauspielerdynastien des Landes einheiratete, angelten sich Valerie und Mary die Söhne einer der reichsten und einflussreichsten Familien von Leeds. Frederick erlebte, dass seine drei Kinder alle gut versorgt waren, und zog sich nach Folkestone, Kent, zurück, wo er am 10. Juli 1954 einem Schlaganfall erlag. Er war erst 64 Jahre alt und hinterließ seiner Frau 323 000 Pfund, was ihr ein sorgloses Leben ermöglichte, aber sie war erst Anfang 60 und bereits

## Prinzessin Kate

Witwe. Sie überlebte ihn um zwei Jahrzehnte und sah all ihre Enkel aufwachsen, erlebte aber nicht mehr, wie ihr Urenkel Michael, ein Flugdienstkoordinator, die Stewardess Carole Goldsmith heiratete. Und sie hatte auch nicht mehr die Gelegenheit, ihre Urenkelin Kate kennenzulernen.

# Kapitel 10

## Peter Middleton und Valerie Glassborow

Die Vermählung von Prinzessin Elizabeth mit dem Herzog von Edinburgh am 20. November 1947 wurde von Sir Winston Churchill als »erster Lichtblick« nach den langen düsteren Kriegsjahren bezeichnet. Sie leitete für Großbritannien ein neues Zeitalter des Friedens und des Optimismus ein.

Die 21-jährige Prinzessin hatte ihre Kleidermarken aufgespart, um den Stoff für ihr Kleid zu kaufen: elfenbeinfarbene Duchesse-Satin. Entworfen wurde es von dem Couturier Norman Hartnell und bestickt mit Staubperlen, und zwar in Mustern, die von Botticellis Meisterwerk *Der Frühling* inspiriert waren. Elizabeth trug einen Schleier aus Seidentüll und eine Diamanttiara, die ihr ihre Mutter, Königin Elizabeth, geliehen hatte, als sie am Arm ihres Vaters König George VI. den Mittelgang der Westminster Abbey entlangschritt, vorbei an 2000 Würdenträgern und Gästen.

Das junge Paar, das 2500 Hochzeitsgeschenke aus aller Welt erhielt, bezog sein erstes Heim, ein Haus mit fünf Schlafzimmern, in Sunningdale, Ascot, das es mietete, bis es zwei Jahre später ins Clarence House in London zog. Windlesham Moor, ihr neues Zuhause, das von einem Grundstück von 24 Hektar Land umgeben war, bestand aus vier Empfangszimmern, einem Speisezimmer, einem 20 Quadratmeter großen Salon und einem chinesischen Zimmer. Hier wurde am 14. November 1948 Prinz Charles geboren.

Die königliche Hochzeit leitete für Großbritannien eine neue hoffnungsvolle Zeit ein, nachdem es die harte Kriegszeit überstanden hatte. Das Leben aller britischer Bürger, ob sie im Ausland oder an der Heimatfront gekämpft hatten, war völlig auf den Kopf gestellt worden, und jeder freute sich auf eine Zeit des Friedens.

Die ultrafeminine Mode des französischen Couturiers Christian Dior spiegelte 1947 die Wende wider, als die Männer an ihre ehemaligen Arbeitsplätze zurückkehrten und die Frauen wieder an den heimischen Herd geschickt wurden. Man sprach vom »New Look«, nachdem dieser neue Stilbegriff in einem Leitartikel von *Harper's Bazaar* benutzt worden war. Diors Kleider und Kostüme mit den weichen Schultern, den Wespentaillen und den fließenden Röcken drückten die Stimmung der Nachkriegszeit aus. Skandalös extravagant und doch perfekt auf die Zeit abgestimmt, regte der New Look die Fantasie an. Rita Hayworth trug eines der neuen Kleider zur Premiere von *Gilda* und Margot Fonteyn kaufte ein Dior-Kostüm. Die Kleider erregten so viel Aufsehen, dass der Designer gebeten wurde, am britischen Hof eine private Vorstellung seiner nächsten Kollektion zu geben, obwohl George VI. es seinen Töchtern nicht erlaubte, in einer so schwierigen Zeit eine derart luxuriöse Mode zu tragen.

Das Jahr 1947 brachte große Veränderungen. Es leitete das Ende des Commonwealth ein – die Teilung Indiens brachte die beiden

## *Peter Middleton und Valerie Glassborow*

souveränen Staaten Indien und Pakistan hervor –, die Pariser Friedensverträge wurden unterzeichnet und der Internationale Währungsfonds ins Leben gerufen. Die Universität Cambridge sprach sich dafür aus, zum ersten Mal auch Frauen als vollwertige Mitglieder aufzunehmen, und der französische Schriftsteller André Gide bekam den Nobelpreis für Literatur. In jenem Jahr starben aber auch Al Capone, der Automobilhersteller Henry Ford und der ehemalige Premierminister Stanley Baldwin. Es war ein Zeitalter neuer Technologien; die erste Polaroid-Sofortbildkamera kam auf den Markt, Kalaschnikow konstruierte das AK-47-Sturmgewehr, Hollywood-Mogul Howard Hughes flog die riesige *Spruce Goose* auf ihrem ersten und einzigen Flug – und die US-Armee barg auf einer Ranch in Roswell, Texas, die geheimnisvollen Trümmer einer abgestürzten »fliegenden Untertasse«.

Auch für Kates Großeltern, Peter Middleton, 27, und seine Frau Valerie, 23, in Leeds war es ein Jahr der Feiern. Sie waren praktisch im gleichen Alter wie das Königspaar – Peter war neun Monate älter als der Herzog von Edinburgh und Valerie zwei Jahre älter als die Königin –, und hatten selbst ein Jahr zuvor am 7. Dezember 1946 geheiratet. Ihr erster Hochzeitstag nahte, als Prinzessin Elizabeth auf den Altar zuschritt. Natürlich war ihre eigene Hochzeit nicht so prunkvoll wie die von Prinz Williams Großeltern, doch es war ein sehr schönes Fest gewesen. Peters Vater Noel beobachtete voller Stolz, wie das junge Paar vor Freunden und der Familie in der normannischen Pfarrkirche in Adel, der ältesten Kirche in Leeds, die an Schönheit mit der Westminster Abbey wetteifert, das Ehegelübde ablegte und dann die Heiratsurkunde unterzeichnete. Er war sicherlich betrübt, dass seine Frau Olive, die vor dem Krieg einer Bauchfellentzündung erlegen war, nicht an seiner Seite sein konnte. Doch seine Schwägerin Anne nahm ihren Platz ein, und drei seiner anderen Kinder, Christopher (bereits verheiratet mit der Bauunternehmertochter Dorothy), Anthony und Anne, waren ebenso in der Kirche wie Valeries Eltern Frederick und Constance Glassborow, die enge Freunde der Familie waren.

Die Glassborow-Zwillinge Valerie und Mary waren in Marseille aufgewachsen, wo ihr Vater zwischen den beiden Weltkriegen als Direktor der Westminster Foreign Bank gewirkt hatte. Beide waren zweisprachig. Sie trafen die Middleton-Jungs in ihrer Heimatstadt Leeds, in die Frederick 1943 nach seiner Flucht vor der deutschen Invasion in Frankreich versetzt worden war.

Sechs Monate später, am 5. April 1947 – Valerie war mit ihrem ersten Kind im vierten Monat schwanger –, trafen sich die beiden Familien erneut bei einer Hochzeit. Peters älterer Bruder Anthony, 29, der mit seinem Vater Noel und seinem Bruder Christopher im Familienunternehmen William Lupton & Co. tätig war, führte in der Pfarrkirche von St. John in Moor Allerton Valeries Zwillingsschwester Mary, 23, zum Altar.

Die Neuvermählten bezogen eine der beiden Wohnungen im Stanley Drive, Roundhay, die Anthonys Vater Noel gehörten, nur ein paar Straßen von Valerie und Peter entfernt (die in der Familienvilla in Fieldhead wohnten), wie auch ganz in der Nähe von Christopher, der mit seiner Frau Dorothy sowie der vierjährigen Tochter Philippa und dem zwei Jahre alten Sohn Stephen in Oakwood Park lebte. Ihre jüngere Schwester Margaret war nach London gezogen und führte am Carlyle Square, einer exklusiven Enklave abseits der Kings Road, ein eher glamouröses Künstlerleben.

Wieder sechs Monate später, am 21. September 1947, wurde Valerie und Peter ihr erster Sohn Richard geboren. Er kam im Willows Nursing Home in der Broad Lane zur Welt und war ein Jahr älter als Prinz Charles. Inzwischen hatte Peter seinen Dienst bei der Luftwaffe quittiert, wo er zum Hauptmann avanciert war, und arbeitete als Pilot für eine Charterfluggesellschaft. Er und seine junge Familie wohnten weiterhin in Fieldhead, zusammen mit dem älter werdenden Vater, doch Peter hielt Ausschau nach einem eigenen Heim.

Maurice, 25, der ältere Bruder der Glassborow-Mädchen, arbeitete, nachdem er aus der Marine entlassen worden war, vorübergehend als Vertreter für eine Asbestfabrik. Er war verheiratet mit Monica Neilson-Terry. Das Paar führte in Primley Park Mount, östlich des Moortown Golf Club und fünf Kilometer nordöstlich von Roundhay, wo Terrys Zwillingsschwestern lebten, ein bescheidenes Leben. Die vier jungen Familien verbrachten viel Zeit miteinander, besonders nachdem Maurices und Monicas Tochter Matita am 12. Dezember 1947 im Chapel Allerton Nursing Home zur Welt gekommen war. Sie war lediglich drei Monate jünger als ihr Cousin Richard. Die beiden Schwägerinnen verband eine enge Freundschaft und sie genossen sicherlich die gegenseitige Hilfe.

Monica Neilson-Terry stammte aus der damals berühmten Schauspielerdynastie, zu der auch John Gielgud gehörte. Gielguds Biograf Jonathan Croall schrieb, die Familie habe »großen Appetit, erstklassige Manieren, begnadete Stimmen und eine schöne Diktion, aber auch ein hitziges Temperament, enorme Vitalität und enorme Ausdauer, wenn es um harte Arbeit geht«. Monicas Großtante war die legendäre Shakespeare-Darstellerin Dame Ellen Terry, die mit acht Jahren als Mamillius in *Das Wintermärchen* ihr Theaterdebüt vor Prinz Williams Ururururgroßmutter Königin Victoria gab. Sein Ururgroßvater George V. erhob sie in den Adelsstand. Dame Terry, eine Bühnenikone, und der Schauspieler Sir Henry Irving, mit dem sie 23 Jahre lang zusammenarbeitete, veränderten das britische Theater. Doch in ihrem Privatleben folgte Skandal auf Skandal. Sie war dreimal verheiratet, wurde von George Bernard Shaw heftig umworben

und brannte mit dem Architekten Edward Godwin durch, von dem sie zwei Kinder hatte, eine Tochter namens Edith und den Sohn Edward Gordon Craig, späterer Liebhaber von Isadora Duncan und Vater der bedauernswerten kleinen Deirdre, die mit sieben Jahren in der Seine ertrank.
Dame Ellen war die Schwester von Gielguds Großmutter Kate und Monicas Großvater Fred, einem berühmten Theatermanager, was sie zu Cousinen zweiten Grades machte. Monicas Vater war der hoch geschätzte Schauspieler Dennis Neilson-Terry, der mit 36 Jahren einer doppelseitigen Lungenentzündung erlag. Monica war damals erst zehn. Ihre Tante war Phyllis Neilson-Terry, eine erfolgreiche Bühnenschauspielerin, die in der Verfilmung von John Osbornes Theaterstück *Blick zurück im Zorn* mitspielte. Ihre Schwester Hazel, die in Joseph Loseys bejubeltem Film *Der Diener* zusammen mit Dirk Bogarde mitwirkte, war mit dem Schauspieler Geoffrey Keen verheiratet, der in sechs James-Bond-Filmen den Verteidigungsminister Frederick Gray darstellte. Kates Stammbaum weist also berühmte Autoren, Hollywoodschauspieler und Bühnenlegenden auf.
Ende der 1940er-Jahre zog Maurice mit Frau und Tochter nach London und ließ seine Zwillingsschwestern im Norden zurück, wo sie nach wie vor engen Kontakt miteinander pflegten. Als am 14. November 1948 Prinz Charles geboren wurde, waren Kates Großmutter Valerie und ihre Großtante Mary schwanger. Valerie erwartete ihr zweites Kind und Mary ihr erstes. Ihr Sohn John kam am 10. Mai 1949 zur Welt. Am 23. Juni, sechs Wochen später, brachte Valerie ihren zweiten Sohn, Kates Vater Michael, im Chapel Allerton Nursing Home zur Welt – einem durchaus passenden Ort. Obwohl sich der Name seither geändert hat, steht das ursprüngliche Gebäude noch, das an Hawkhills angrenzt, das Haus im Allerton Park, in dem Michaels Ururgroßvater William ein Jahrhundert zuvor gelebt hatte. Zu dieser Zeit

## Peter Middleton und Valerie Glassborow

arbeitete Valeries Mann Peter als Fluglehrer an der Air-Service-Training-Flugschule. Er lebte mit seiner jungen Familie in der King Lane, westlich des Moortown Golf Club, und erwog, von Leeds wegzuziehen, in den Süden. Am 2. Juli 1951 erlag sein Vater Noel, der Familienpatriarch, plötzlich einem Herzanfall. Kurz danach setzte die Familie ihre Pläne, in den Süden zu ziehen, um. Mit 30 hatte Peter beide Eltern verloren. Vielleicht war es nach dem Tod des Vaters leichter für ihn, seiner Heimatstadt den Rücken zu kehren.

Peter bekam bei der vor Kurzem gegründeten Fluggesellschaft British European Airways, die ihren Firmensitz am Heathrow Airport hatte, eine Stelle als Fluglehrer. Seine Flugstrecken schlossen Ziele in Europa und Nordafrika mit ein. Er wurde ein hoch geschätzter Pilot und Lehrer und arbeitete dort, bis BEA 1974 mit der British Overseas Airways Corporation fusionierte und er zur neu geschaffenen Fluggesellschaft British Airways wechselte. Um in der Nähe des Flughafens zu sein, zog Peter mit seiner jungen Familie 322 Kilometer südlich in die kleine Stadt Beaconsfield, Buckinghamshire, die in den Chiltern Hills liegt, einer Gegend von großer landschaftlicher Schönheit. Dort bezog das junge Paar mit seinen beiden Söhnen, Richard, vier, und Michael, zwei Jahre alt, Silverthorne, ein Haus in der ruhigen Grenfell Road, wo man heute rund eine Million Pfund für ein Haus bezahlt. Hier wuchsen seine vier Kinder auf. Der dritte Sohn Simon wurde am 24. August 1952 in Beaconsfield geboren und der vierte, Nicholas, am 11. September 1956 im nahe gelegenen Chalfont St. Giles.

Zwischen diesen beiden Geburten musste die Familie mit einem schweren Verlust fertigwerden, als am 10. Juni 1954 Valeries Vater Frederick unerwartet im Alter von 64 einen Schlaganfall erlitt. Seine Frau Constance und die ganze Familie waren tief betrübt. Auch im geschäftlichen Bereich gab es schlechte

Nachrichten: William Lupton & Co., das Familienunternehmen, das 1773 gegründet worden war, die älteste Firma in Leeds, schloss 1958 für immer seine Pforten. Christopher und Tony waren jetzt arbeitslos. Dieses Ereignis bewog Tony und seine Frau Mary, Peter und Valerie in den Süden zu folgen. Sie waren die erste Middleton-Generation, die ihre Wurzeln im Norden aufgab. Nur Christopher blieb in Leeds zurück. Tony wurde von der Textilfirma Courtaulds angestellt, und er und Mary und ihre vier Kinder – John, der 1949 geboren wurde, Gillian, geboren 1951, Timothy, geboren 1959, und Elizabeth, geboren 1962 – ließen sich in derselben Stadt wie ihre Geschwister nieder, in einem Haus namens Beechlawn in der grünen Eghams Wood Road, nur zwei Kilometer von Peter und Valerie entfernt. So wuchsen die acht Cousins, die alle ungefähr im selben Alter waren, gemeinsam auf.

Der Rest der Familie war inzwischen überall in der Welt verstreut. Christopher und seine Familie lebten in Leeds; Maurice, der jetzt als Weinhändler arbeitete, leitete Saccone & Speed in Nairobi, wo seine Tochter Matita die Loreto Convent School besuchte; und Margaret lebte mit ihrem Mann Jim Barton, einem Geigenvirtuosen, der Kammermusik spielte, sowie den Töchtern Penny, die 1957 geboren wurde, und Sarah, die im selben Alter war wie Timothy, in Barnet im Norden Londons.

Die Familie Middleton trauerte, als Peters Tante Anne, Olives jüngere Schwester, 1967 mit 79 Jahren an Leukämie und Tuberkulose starb. Sie war das letzte Mitglied aus der Generation seiner Eltern gewesen, von denen die meisten während des Ersten Weltkriegs gefallen waren, und nach dem Tod der Mutter eine liebevolle Ersatzmutter für sie geworden. Der unerwartete Tod von Mary Middleton am 19. November 1975 versetzte der gesamten Familie einen großen Schock. Sie starb mit 51 Jahren an Brustkrebs. Ihr Mann Anthony, ihre betagte Mutter Constance,

## Peter Middleton und Valerie Glassborow

die zu der Zeit in einem Seniorenheim in Penn, einem Dorf in Buckinghamshire, untergebracht war, und ihre Schwester Valerie waren äußerst betroffen. Ihre beiden älteren Kinder John, 26, und Gillian, 24, waren noch unverheiratet, und die jüngeren Kinder, Timothy, 16, und Elizabeth, 13, gingen noch zur Schule. Am 19. Juli 1977, knapp zwei Jahre später, starb Constance an einer Koronarthrombose. Valerie trauerte jetzt um ihre Schwester und ihre Mutter. Obwohl Constance das stolze Alter von 90 Jahren erreicht hatte, wurde sie schmerzlich vermisst. Doch innerhalb eines Jahres wurde Valeries Schmerz gelindert, als sie erfuhr, dass sie Großmutter werden würde.

Kates Großeltern lebten in einem allein stehenden Haus in Vernham Dean, einem hübschen Dorf, eingebettet in die North Wessex Downs, Hampshire, als ihr ältester Sohn Richard ihnen verkündete, dass sie Großeltern werden würden. Seine Frau Susan, die Tochter eines Journalisten, die er 1976 geheiratet hatte – dem Jahr nach dem Tod seiner Tante Mary –, erwartete ihr erstes Kind. Lucy, die 1978 geboren wurde, war ein echter Sonnenschein, der die dunklen Wolken in der Familie vertrieb. Doch Kate, ihr drittes Enkelkind, sollte die Familie später gesellschaftlich ganz nach oben bringen.

## Kapitel 11

## Michael Middleton und Carole Goldsmith

Nachdem sie in einer gläsernen Kutsche bei der St. Paul's Cathedral angekommen war, schritt Lady Diana Spencer am Arm ihres Vaters, Graf Spencer, den Mittelgang entlang. Diana trug ein 9000 Pfund teures elfenbeinfarbenes Kleid aus Seidentaft mit einer über sieben Meter langen Schleppe, das David und Elizabeth Emmanuel entworfen hatten. Von 3500 Gästen beobachtet, brauchte die 20-jährige dreieinhalb Minuten bis zum Altar, als sie am 29. Juli 1981 um 11.20 Uhr den 32 Jahre alten Prinz Charles, der die Uniform eines Marineoffiziers trug, heiratete.
Das königliche Paar versprach sich die Ehe im Rahmen eines traditionellen anglikanischen Gottesdienstes, den der Erzbischof von Canterbury, Dr. Robert Runcie, abhielt, bevor es zum Klang von Elgars »Pomp and Circumstance« die Kathedrale verließ. Die Straßen waren von 600 000 Menschen gesäumt – und weitere 750 Millionen verfolgten die Hochzeit im Fernsehen –, als Prinz Williams Eltern in einer offenen Kutsche zurück zum Buckingham Palace fuhren, wo das Brautpaar kurz danach zum lang erwarteten Kuss auf dem Balkon erschien.

## Prinzessin Kate

Die Hochzeit fand in einer Woche statt, in der Shakin' Stevens mit »Green Doors« ganz oben in den Charts stand, und in einem Jahr, in dem Bucks Fizz mit »Making Your Mind Up« den Eurovision Song Contest gewann. Der Film *Chariots of Fire* wurde zum Publikumsrenner, und Tausende Menschen hatten die Straßen gesäumt, um den ersten London-Marathon zu sehen. Die königliche Hochzeit war ein Anlass zur Freude in einem Land, das sich mitten in einer Rezession befand und noch tief erschüttert war von einer Reihe von Attentaten auf Führungspersönlichkeiten wie Amerikas neuen Präsidenten Ronald Reagan, Papst Johannes Paul II. und Königin Elizabeth: Der Teenager Marcus Sergeant feuerte in jenem Sommer während der Militärparade Trooping of the Colour aus einem Revolver aus kürzester Distanz sechs Schüsse auf die Monarchin ab. In jenem Jahr war auch Peter Sutcliffe der »Yorkshire-Ripper«-Morde für schuldig befunden worden, Bobby Sands war während eines Hungerstreiks im Maze-Gefängnis gestorben, und in Brixton, Toxteth und Chapeltown war es zu Rassenunruhen gekommen. Das Land brauchte einen Grund zum Feiern.

Als Großbritannien seine Märchenhochzeit feierte, waren Kates Eltern Michael und Carole Middleton seit 13 Monaten verheiratet und lebten im Dorf Bradfield, 48 Kilometer entfernt von Windsor in der königlichen Grafschaft Berkshire. Michael war sieben Monate jünger als Charles, doch seine Frau war sechs Jahre älter als Diana. Das frisch verheiratete Paar, das bereits sein erstes Kind erwartete, konnte nicht ahnen, dass seine Älteste eines Tages selbst in die königliche Familie einheiraten würde.

Carole, eine bezaubernde Stewardess mit maßgeschneiderter blauer Jacke, ausgestelltem Rock, einem Tuch um den Hals und einem Pillbox-Hut, hatte ihren zukünftigen Ehemann in den 1970er-Jahren kennengelernt, als sie für British Airways arbeitete. Die Tochter von Ronald und Dorothy Goldsmith kam aus

## Michael Middleton und Carole Goldsmith

bescheidenen Verhältnissen: Ihre Eltern entstammten der Arbeiterklasse und hatten sich mit harter Arbeit emporgearbeitet. Ihr Aussehen war jedoch keineswegs durchschnittlich. »Carole benutzte wenig Make-up«, erinnert sich ihre Cousine Ann Terry. »Sie war ein sehr natürliches Mädchen, das sich in Jeans und Schlabberpullover wohlfühlte, eher ein Mädchen vom Lande. Aber sie war sehr hübsch. Während unsere Cousine Linda das Genie der Familie war, war Carole die Schönheit der Familie.«
In jenen Tagen war die Arbeit als Stewardess für British Airways, dem nationalen Flaggenträger, der 1974 gegründet wurde, sehr begehrt. Kim Sullivan, die Tochter von Carols Cousin Pat Tomlinson, arbeitete mit Carole in Terminal 1. »British Airways war damals sehr aufregend«, sagt sie. »Es war die Zeit, in der das Fliegen einigen wenigen Privilegierten mit Geld vorbehalten war, aber langsam für die Massen geöffnet wurde. Es war ein guter Job, denn es gab dort viele gut aussehende Leute, und man hatte das Gefühl, zu einem großen Club zu gehören. Das Ganze hatte etwas Glamouröses – ein bisschen wie in dem Leonardo-DiCaprio-Film *Catch Me If You Can*.
Carole zog schon bald Michaels Aufmerksamkeit auf sich, einem Flugdienstkoordinator des neuen Unternehmens. Er wurde ihr erster richtiger Freund. Der aus der Mittelschicht stammende Michael konnte seinen Stammbaum von seiner blaublütigen Großmutter Olive Lupton bis ins 17. Jahrhundert und dem Aristokraten Sir Thomas Fairfax zurückverfolgen. Für Caroles Mutter Dorothy waren die beiden ein Traumpaar. »Carole hatte ein oder zwei Freunde, wie jede andere, aber nichts Ernstes«, berichtet Ann. »Mike war ihre erste richtige Liebe. Er stammte aus einer guten Familie und war sehr ruhig und bescheiden. Damals, als sie noch jung war, war Carole ebenfalls bescheiden. Sie schienen füreinander geschaffen zu sein, taten einander gut. Darüber war Dorothy sehr glücklich. Ich glaube, es war für sie

ein wahr gewordener Traum. Sie würde alles dafür geben, noch zu leben und zu sehen, was geschieht.«

Michael war in die Fußstapfen seines Vaters Peter getreten, einem Fluglehrer bei den British European Airlines, wechselte jedoch von der Pilotenausbildung zum Bodenpersonal. Er nahm an einer sechsmonatigen Schulung teil, während der er lernte, das Computersystem zu bedienen, bevor er mit der eigentlichen Ausbildung begann. Als er Carole kennenlernte, war er für die Koordinierung der Flugzeuge zwischen Landung und Abflug verantwortlich und hatte denselben Rang wie ein Flugkapitän. Sein Job beinhaltete die Arbeit im Terminal wie auch im Teil des Flughafens nach der Passkontrolle, das Management von Fracht und Gepäck, das Errechnen des benötigten Treibstoffs, den Umgang mit schwierigen Passagieren und das Erteilen der Genehmigung zum Start. Außerdem musste er dafür sorgen, dass der Flugplan eingehalten wurde. Als einer von rund 130 Flugdienstberatern, deren Gehalt heute rund 35 000 Pfund entsprechen würde, war er in seiner blauen Uniform mit den Messingknöpfen, der roten Kappe und den vier Streifen, die seinen Rang anzeigten, eine gute Partie.

Sein Kollege Dave Gunner, der 1960 zu BEA kam, erinnert sich sowohl an Michael als auch an dessen Vater und beschreibt die beiden als sehr unterschiedliche Persönlichkeiten. »Peter war ein Kapitän und ich war ein einfacher Flugdienstkoordinator«, sagte er. »Ich bin ihm bei mehreren Gelegenheiten begegnet, und er wirkte sehr despotisch und unnahbar. Er schien uns zu verachten und redete nicht mit uns. Ich glaube, Mike kam nach der Hochschule als Trainee zu uns. Er war damals noch sehr jung. Ich war überrascht, als ich ihn kennenlernte, denn er war sehr sympathisch.

Er wollte hoch hinaus, war aber enttäuscht, dass er mit uns Proleten auf dem Boden arbeiten musste«, scherzt Dave. »Aber alle

## Michael Middleton und Carole Goldsmith

vom Bodenpersonal wollten Flugdienstkoordinatoren werden. Es war ein Job im Managementbereich. Meine letzte Erinnerung an ihn ist die, als ich 1975 nach Malta ging. Er sorgte dafür, dass für unsere Familie in der Trident 3, mit der wir flogen, die vorderen Pullmansitze reserviert wurden.«

Carole und Michael waren bereits ein paar Jahre zusammen, bevor sie in eine moderne Wohnung im Arborfield Close acht Meilen von Heathrow entfernt und direkt nördlich der M4 in Slough zogen. In jenen Tagen war Slough ein wachsender Industrievorort mit vielen Fabriken. Dort befand sich die Hauptverwaltung von Mars und Citroën, und auch Dulux war dort angesiedelt. Es war nicht der ideale Ort für eine junge Familie, deswegen suchte das Paar nach einem Haus auf dem Land und ließ sich schließlich in dem kleinen Dorf Bradfield Southend nieder.

Acht Monate nachdem sie in ihr neues Heim gezogen waren, heirateten die beiden am 21. Juni 1980 in der 43 Kilometer entfernt gelegenen Pfarrkirche St. James the Less in Dorney, einem Dorf an den Ufern der Themse in Buckinghamshire. St. James the Less war natürlich nicht so groß wie St. Paul's, aber dennoch ein idyllischer Ort für die Eheschließung der Frau, die Prinz Williams Schwiegermutter werden sollte. Die Kirche ist malerisch und typisch englisch; große Teile des Gebäudes stammen aus dem 12. Jahrhundert, und sie ist mit restaurierten mittelalterlichen Gemälden geschmückt. Carole, 25, kam in einer Pferdekutsche mit ihrem Vater Ronald, damals 49, der sie zum Altar führte. Ihre stolze Mutter Dorothy, 44, saß links in der vorderen Reihe. Auf der anderen Seite des Gangs saßen Michaels Eltern Valerie, 56, und Peter, 59, der einer der Trauzeugen war.

Ronalds Schwester Joyce und Carols Cousine Ann waren abgesehen von den nächsten Angehörigen die einzigen Verwandten, die zur Hochzeit eingeladen wurden. »Carole hatte alles, was man nur haben kann«, erinnert sich Ann. »Ein traumhaftes weißes Kleid, vier Brautjungfern und wunderschöne Blumen. Sie hatten sogar ein Pferd und eine Kutsche. Anschließend fand der Empfang auf einem örtlichen Landgut statt. Es gab ein großes vornehmes Dinner und eine Kapelle. Sie verbrachten ihre Flitterwochen im Ausland, ich kann mich nicht mehr erinnern, wo. Etwas anderes hätte man von ihnen auch gar nicht erwartet.«

Es war Caroles Ehe mit Michael, die alle Hoffnungen der Eltern für die Tochter Realität werden und Carole gesellschaftlich aufsteigen ließ. Auch wenn Michaels Familie nicht im *Debrett's* oder *Who's Who* aufgeführt war oder auf der Reichenliste der *Sunday Times* stand, war sie gebildeter und wohlhabender als ihre eigene Familie. Ihre Hochzeit unterschied sich völlig von der ihrer Eltern – der Empfang hatte damals im örtlichen Pub stattgefunden, Dorothy hatte sich ein Ausgehkleid geborgt –, und wäre einer Prinzessin durchaus würdig gewesen.

Catherine Elizabeth Middelton wurde am 9. Januar 1982 mit einem dunklen Haarschopf im Royal Berkshire Hospital in Reading geboren – fünf Monate, bevor Prinzessin Diana Kates zukünftigen Ehemann Prinz William zur Welt brachte. Am 20. Juni jenes Jahres wurde sie in der örtlichen Kirche St. Andrew's getauft, einem Gebäude aus Flintstein und Kalk, dessen elegantes nördliches Seitenschiff noch heute existiert und das an den Ufern des Pang liegt. Zu dieser Zeremonie trug Michael einen traditionellen dunklen Anzug mit gestreifter Krawatte und Carole ein Laura-Ashley-Kleid mit Blumenmuster. »Auch die Taufe war irgendwie vornehm«, erinnert sich Ann. »Catherine steckte in einem langen weißen Taufkleid, und nach der Taufe fuhren

## *Michael Middleton und Carole Goldsmith*

wir zum Landhaus. Catherine war ein bisschen rundlich, mit einem vorwitzigen runden Gesicht.«
20 Monate später wurde am 6. September 1983 ihre Schwester Philippa, genannt Pippa, im selben Krankenhaus geboren. Die beiden Mädchen, die später in Gesellschaftskreisen arroganterweise den Spitznamen »the Wisteria Sisters« (Blauregen-Schwestern) erhielten, weil sie »äußerst dekorativ und schrecklich wohlduftend waren und die große Fähigkeit besaßen, aufzusteigen«, waren in der Welt angekommen. Pippa wurde im März 1984 in derselben Kirche wie ihre Schwester getauft.
Mit zwei kleinen Kindern tauchte Carole in das Dorfleben ein, freundete sich mit anderen Bewohnern an und ging mit den beiden Mädchen zur Mutter-Kind-Spielgruppe, die Dienstagsmorgens in der Gemeindehalle von St. Peter stattfand. »Dies bot den Müttern die Gelegenheit, andere Mütter zu treffen und mit ihnen zu plaudern«, sagt Lindsey Bishop, die die Gruppe 1980 gründete, »und den Kindern, andere Kinder zu treffen und mit ihnen zu spielen.«
Später gingen Kate – damals Catherine genannt – und Pippa mit den Kindern des Dorfes an den anderen Tagen der Woche zur Vorschule St. Peter's, deren Leiterin Audrey Needham, die Frau des Gemeindevorstehers, war. »Ihre Mutter kam mit den anderen Müttern, und die Kinder spielten zusammen«, sagt sie. »Sie gingen den Fußweg entlang zur Gemeindehalle. Wir hatten jedes Jahr ein Krippenspiel, und die Kinder verkleideten sich, sangen Weihnachtslieder und trugen Gedichte vor. Anschließend gab es einen Basar, um Geld für die Schule zu sammeln.«
Carole hatte noch nicht ihren Partyservice Party Pieces gegründet, aber sie zeigte bereits den Geschäftssinn, der diesen Service zu einem unglaublichen Erfolg machen sollte: Sie hatte begonnen, Partysets an andere Mütter zu verkaufen. Lesley Scutter, die im Haus gegenüber der Familie wohnte, erinnert sich, sie im Dorf getroffen zu haben. Ihre Töchter Lindsey und Hele-

ne besuchten dieselbe Kindergruppe und Vorschule. »Carole wechselte sich mit den anderen Müttern der Kindergruppe darin ab, den Mütterdienst zu übernehmen und Tee und Kaffee zu kochen, Fruchtsaft zuzubereiten, den Kindern die Hände zu waschen und die Pfützen auf dem Fußboden aufzuwischen. Ich erinnere mich, dass sie ihre Partysets mitbrachte und uns zeigte, damit wir Bestellungen aufgeben konnten. Sie glaubte, das sei etwas, das sie über die Kindererziehung hinaus tun könne.

Sie brachte die Kinder selbst zur Schule und holte sie auch wieder ab. Ich glaube nicht, dass sie damals eine Hilfe hatte. Sie war immer sehr freundlich, wenn ich mit ihr gesprochen habe. Wenn man ihr auf der Straße begegnete, blieb sie stehen und plauderte mit einem. Ich erinnere mich an Partys bei den Twomeys, die nebenan lebten, zu denen auch Carole und Michael kamen. Sie waren einfach eine normale Familie – ein wirklich nettes Paar mit gut erzogenen Kindern.«

Mit dem Gehalt, das Michael damals bei British Airways verdiente, konnten er und Carole nur davon träumen, ihre Kinder auf eine Privatschule zu schicken. Als Kate 1986 zu Beginn des Herbsttrimesters vier Jahre alt war, ging sie in die Dorfschule, die Bradfield Church of England Primary School, die neben dem Haus der Middletons lag. Pippa folgte ihr zwei Jahre später.

Die Schule bildete einen Mittelpunkt der Gemeinde, und beide Mädchen entwickelten sich prächtig, besuchten Freundinnen zum Tee und spielten in deren oder dem eigenen Garten. Während der Sommerferien ging Carole mit ihnen im Freibad der Schule schwimmen. Lindsey Reeves, eine Mitschülerin, erinnert sich, welch wichtige Rolle der Sport in der Schule spielte, ein Fach, in dem Kate sich besonders hervortat. »Wir hatten einen Sportplatz bei der Schule, auf dem wir Schlagball spielten und Leichtathletik machten«, sagt sie. »Das Freibad war richtig kalt. Wir machten auch unsere Radfahrprüfung.«

## *Michael Middleton und Carole Goldsmith*

Kurz nach Kates fünftem Geburtstag bekam die Familie wieder Nachwuchs. James kam am 15. April 1987 im Royal Berkshire Hospital zur Welt. Er erinnert sich an eine idyllische Kindheit, daran, dass er mit seinen älteren Schwestern spielte, und auf einem Tablett die Treppe hinunterrutschte. »Ich habe unglaublich schöne Kindheitserinnerungen daran, dass meine Mutter Kuchen buk«, erzählte er kürzlich dem Magazin *Tatler*, »und ich war immer bereit mitzumachen, vor allem wenn dies bedeutete, dass ich die Schüssel auslecken und den Küchenfußboden mit Sirup lackieren durfte.«

Etwa zur Zeit von James' Geburt gründete Carole das Familienunternehmen Party Pieces, dessen Ziel, der Website zufolge, darin bestand, »andere Mütter zu inspirieren, zu Hause märchenhafte Partys zu veranstalten und die Organisation einer Party ein wenig einfacher zu machen«. Sie mietete einen kleinen Raum in Yattendon, sechs Kilometer von ihrem Haus entfernt, in dem sie ihre Ware lagerte. Yvonne Cowdrey, die damalige Haushälterin der Familie, erinnert sich: »Carole hatte es satt, Tüten mit kleinen Geschenken zu füllen, die die Kinder von Partys mit nach Hause nehmen durften, und sie erkannte, dass es anderen Müttern sicher genauso erging. Also hielt sie es für eine gute Idee, ein Unternehmen zu gründen, das fertige Partysets verkaufte. Sie verschickte kleine Kataloge, in denen ihre Kinder einige der Produkte, die sie verkaufte, vorführten. Ich erinnere mich, dass Pippa und Kate darin mit T-Shirts zu sehen waren, auf denen ihr Alter stand, und dass sie kleine, runde Kuchen in der Hand hielten.«

Letztlich war es Caroles Geschäftssinn, der das Leben der Familie änderte, weil sie mit ihrem Unternehmen so viel Geld verdiente, dass sie und Michael die Kinder auf Privatschulen schicken konnten, wo sie mit Menschen aus den höchsten Kreisen in Kontakt kamen.

# Kapitel 12

## Eine kleine Prinzessin

Kate Middleton trug ein gelbes Sweatshirt, einen kakifarbenen Rock und eine gelbe Krawatte, als sie an einem Montagabend im September 1990 mit ihrer jüngeren Schwester Pippa voller Nervosität die Gemeindehallt St. Peter's betrat. Sie wollte den Brownies beitreten, einer Pfadfindergruppe für Mädchen. Nachdem sich das acht Jahre alte Schulmädchen für die erste St.-Andrew's-Gruppe von 24 Brownies angemeldet hatte, leistete sie ihren Eid: »Ich verspreche, dass ich nach bestem Wissen und Gewissen meine Pflicht gegenüber Gott erfüllen, der Königin dienen, anderen Menschen helfen und mich an das Pfadfindergesetz halten werde.« Sie und Pippa, die gerade sieben geworden war, wurden dann ihren jeweiligen Sechsergruppen zugeteilt, in denen sie sich anstrengen würden, begehrte Abzeichen zu verdienen.

Es war eine aufregende Zeit für die Schwestern, die so gern bei den Brownies waren, sodass sie ihre Eltern baten, sie an Ostern an einem Ferienlager in drei alten Gebäuden der Luftwaffe in einem 7 Hektar umfassenden Waldgebiet bei Macaroni Wood in den Cotswolds teilnehmen zu lassen. Dort fütterten sie Hühner, sammelten Eier ein, sahen den Hühnern beim Brüten zu, fütterten Lämmer und kleine Ziegen mit der Flasche, ritten aus und fuhren auf Pferdewagen. Es gab auch einen Spielplatz mit

Schaukeln, einer Rutsche, einem Sandkasten, einer Spielhütte und einem Grillplatz.
»Brown Owl« June Scutter leitete das Camp 25 Jahre lang. Sie hat die beiden Schwestern noch gut in Erinnerung. Sie fuhr mit der Gruppe per Bus nach Macaroni Wood, wo die Brownies in zwei Schlafsälen auf Stockbetten in Schlafsäcken schliefen. »Als wir dorthin kamen, sah das Ganze mehr wie ein Schuppen aus«, erinnert sie sich. »In jener Zeit ging es sehr einfach zu. Heute gibt es Duschen, aber damals standen lediglich Waschbecken zur Verfügung, die auf einem Brett über einer Badewanne angebracht waren. Alle trafen sich in einem großen Raum, der recht gemütlich war, und dahinter lag ein Hobbyraum, der sich leicht ausfegen ließ. Es gab wohl einen Koch, aber die Mädchen mussten bei der Hausarbeit helfen und ihre Betten selber machen. Sie mussten sich an einen Tagesplan halten und einige Tage lang abwaschen oder abtrocknen oder kehren, um ihr Haushaltsabzeichen zu erhalten. Sie schälten Kartoffeln und schnitten Zwiebeln, was ihnen die Tränen in die Augen trieb. Einige von ihnen hatten noch nie den Abwasch gemacht. An anderen Tagen stellten sie Puppen und Küken für Ostern her, um das Abzeichen für die Herstellung von Spielzeug zu erwerben. Sie trieben auch Sport. Für das Ferienlager hatten sie eine spezielle Uniform – braune Hosen und Jacken und gelbe Shirts –, sodass sie ihre normalen Uniformen schonten. Für handwerkliche Arbeiten schlüpften sie in einen Overall.«
In den Ferien besuchten Kate und Pippa das Cogges Manor Farm Museum, ein traditionelles viktorianisches Gehöft im ländlichen Oxfordshire. Dort unterhielten sie sich mit den Leuten, die auf dem Hof arbeiteten, zum Beispiel mit den Melkerinnen, wenn diese die Kühe molken, die Schweine fütterten und Butter herstellten, besuchten den alten Melkstand, wo es Eis gab, und sahen den Mädchen zu, wie sie auf dem alten Küchenherd

Mahlzeiten zubereiteten. Sie spielten auch mit nachgemachtem Spielzeug früherer Zeiten und kleideten sich im viktorianischen Stil. »Wir unternahmen alle möglichen Ausflüge in die Dörfer in den Cotswolds«, berichtete Mrs Scutter. »Ich nahm Kate und Pippa mit zur Cogges Farm, wo sie mit den Tieren spielten. Alle Mädchen erhielten so viel Taschengeld, dass sie einkaufen und Souvenirs erwerben konnten, wenn sie unterwegs waren.«

Als Kate sich den Brownies anschloss, florierte das Geschäft ihrer Eltern, und sie konnten es sich leisten, ihre Kinder in die St. Andrew's School in Pangbourne, eine private Grundschule, sechs Kilometer von Bradfield Southend entfernt, zu schicken. Heutzutage belaufen sich die Schulgebühren auf 10 000 Pfund pro Jahr. Kate trug ihren grünen Blazer, den Kilt, eine weiße Bluse und ihre mit einem Emblem versehene Krawatte, als sie um 8.25 Uhr zu Beginn des Schuljahrs im Herbst 1989 zum ersten Mal die Steintreppe zu der gemischten Schule hinaufging, die in einem viktorianischen Herrenhaus auf einem Grundstück von 22 Hektar untergebracht war.

Das Schulmotto *Altiora Petimus,* auf Deutsch »Wir streben nach Höherem«, spiegelt sich in der Persönlichkeit des derzeitigen Direktors wider, der auf der Schul-Website schreibt:

> »Wir hoffen, dass die uns anvertrauten Kinder uns mit einem gefestigten Wertesystem verlassen, das ihnen ein Leben lang als Vorbild dient. Wir wünschen uns, dass sie aus den Leistungen an dieser Schule Selbstvertrauen gewinnen und einer erfolgreichen, erfüllten Zukunft entgegenblicken.«

In St. Andrew's zeigte Kate, eine schlaksige Siebenjährige, zum ersten Mal die vielversprechenden Eigenschaften, die einen Prinzen bezaubern sollten. Sie war überdurchschnittlich groß, überragend im Sport, gewann Schwimmwettbewerbe und agierte beim Korbball in der Verteidigung. Sie war von Natur aus sportlich und erzielte in ihrer Altersklasse den Schulrekord im Hochsprung. Sie verbrachte viele Samstage mit Sport: Korbball und Hockey im Winter, Tennis und Schlagball im Sommer. Wann immer sich die Gelegenheit bot, spielte sie Basketball, Volleyball und Badminton. Während der Ferien fuhr sie auch in Skiurlaub. Das Interesse an Sport teilt sie mit William, der ein begeisterter Rugby- und Fußballspieler ist und auch gerne Wasserpolo spielt. »Kate war sehr sportlich«, erinnert sich ihre ehemalige Mitschülerin Samantha Garland. »Ich glaube nicht, dass es eine Sportart gab, die sie nicht beherrschte. Besonders gut war sie im Hochsprung.«

Kate besaß jedoch nicht nur sportliches Talent, sie interessierte sich auch für die Schauspielerei und nahm an Schulwettbewerben im öffentlichen Reden, an Diskussionen und Gedichtvorträgen teil. Sie spielte während ihrer Schulzeit bei Weihnachtsmärchen und Theaterstücken mit – jedes Jahr wurden drei Stücke aufgeführt – und nahm in den Sommerferien an Schauspiel-Workshops teil. Sie lernte Ballett und Stepptanz und nahm Blockflötenunterricht.

Eine Mutter, deren Tochter dieselbe Schule besuchte, sagt: »Kate war wohlerzogen. Sie hatte ausgezeichnete Manieren, beging nie einen Fauxpas, wenn sie zu uns zum Tee kam. Sie machte ihrer Mutter Ehre. Ihre Eltern waren nette Leute. Carole war eine hart arbeitende Frau; ich kann sie nur bewundern. Ich teilte ihre Meinung: Wir wollten, dass unsere Töchter so viel wie möglich lernten.«

1992 trat Kate mit zehn Jahren als Eliza Doolittle in einer Produktion von *My Fair Lady* auf. Der Hauptdarsteller war Andrew Alexander, der jetzt als Sänger in der Gesangsgruppe Teatro auftritt. »Kate war bezaubernd«, schwärmte er in einem Interview. »Sie spielte die Rolle voller Leidenschaft und tiefer Überzeugung. Auch wenn ich nie ein König sein werde, gefällt mir die Vorstellung, dass ich zumindest ihr erster Prinz war.« Er erwähnte auch, dass er Kate zuletzt bei einer Party getroffen habe, bei der er die Horsd'oeuvres servierte. Nach der damaligen Aufführung hatte Kate ihn gebeten, mit ihr auszugehen, doch er bedauerte, dass er zu schüchtern gewesen war, um Ja zu sagen. »Ich war erst zehn und Kate war schon so reif«, erklärte er gegenüber der *Daily Mail*. Er erinnert sich an die Szene: »Ich wurde plötzlich knallrot und brachte kein Wort mehr heraus. Ich glaube, die Sache war für mich peinlicher als für sie. Wenn sie mich heute fragen würde, würde ich nicht zögern, Ja zu sagen.« Kate spielte auch bei der Schulaufführung von Tschaikowskys *Nussknacker* mit und trat in einem Musical namens *Rats!* auf, eine Adaption von Robert Brownings Gedicht *Der Rattenfänger von Hameln*. In ihrem letzten Jahr auf der St. Andrew's School spielte sie am Ende des Schuljahres in einem viktorianischen Melodram mit einer interessanten Wendung mit. Die männliche Hauptfigur hieß William.

In einer Szene fällt William auf die Knie und bittet, die von Kate gespielte Figur, ihn zu heiraten. Sie erwidert: »Das habe ich mir von jeher sehnlichst gewünscht. Ja, oh ja, lieber William ... Wenn ich mir vorstelle, von einem solch wunderbaren Gentleman geliebt zu werden.« In einer späteren Szene verkündet sie: »Ich fühle, da ist jemand, der mir ein glückliches, aufregendes, reiches Leben bieten möchte.« Als ein Wahrsager ihr enthüllt, dass sie einen gut aussehenden, reichen Mann kennenlernen wird, fragt sie: »Wird er sich in mich verlieben und mich heiraten? Mein Herz klopft wie wild!« Am Ende des Stücks wird die von Kate gespielte Figur mit einem Kind sitzen gelassen, da William sich schließlich als nicht sonderlich charaktervoller Gentleman erweist.

# Prinzessin Kate

Kingsley Glover, ein weiterer ehemaliger Klassenkamerad, der vom *Daily Mirror* über ein Video des Stücks, das die Zeitung erhalten hatte, interviewt wurde, erinnerte sich: »Sie war damals ganz anders. Schüchtern, schlaksig, mager. Und heute ist sie so schön und selbstbewusst.« Im Laufe ihrer späteren Jahre an der Schule verbrachte Kate gelegentlich eine Nacht in der Internatsschule St. Andrew's. Kingsley, der das Internat besuchte, beschrieb, wie verlegen er gewesen sei, als Kate und ihre Freundinnen gesehen hätten, wie sein Morgenrock durch einen Luftzug im Gang auseinanderklaffte. »Ich zuckte zusammen«, erklärte er gegenüber dem *Mirror*, »aber jetzt lache ich bei der Vorstellung, dass das Mädchen, die vielleicht die künftige Königin von England sein wird, meine Kronjuwelen gesehen hat.«

Während Kate und Pippa in der Schule waren, kümmerte sich Carole um den Postversand ihrer Partyartikel und um ihr jüngstes Kind James. Am 1. Dezember 1991, als Carole 36 und ihr Bruder Gary 26 Jahre alt waren, starb ihre Großmutter Elizabeth Harrison mit 88 Jahren in einem Seniorenheim in Southall an Lungenentzündung. Sie war von den Großeltern die Einzige, die noch lebte, und zudem diejenige, die sie am besten kannten. Ihr Großvater Charlie Goldsmith war noch vor ihrer Geburt gestorben, und Thomas Harrison und Edith Goldsmith, ihre beiden anderen Großeltern, starben vor Caroles 21. Geburtstag. Es war eine schwere Zeit für die Geschwister, deren Mutter verständlicherweise tieftraurig war.

In dieser Zeit begann die Firma Party Pieces zu florieren, nachdem Carole und Michael beschlossen hatten, im noch jungen Internet eine Website einzurichten. Sie waren so weitsichtig, den Namen beim Companies House registrieren zu lassen, um zu verhindern, dass auch ein anderes Unternehmen ihn unerlaubterweise führt. Als Party Pieces immer weiter wuchs, wurden die Räumlichkeiten zu klein – heutzutage erhebt die Firma den

*Eine kleine Prinzessin*

Anspruch, »die führende Online- und Katalog-Partyfirma des Vereinigten Königreichs« zu sein. Im April 1995 zog die Firma in neue Räumlichkeiten um, eine Ansammlung von landwirtschaftlichen Gebäuden zwei Kilometer die Straße hinunter in Ashampstead Common, Berkshire. Heute arbeiten acht Angestellte in der 200 Jahre alten Scheune und nehmen Anrufe und Bestellungen entgegen, während Packer in einem umgebauten Kuhstall für den Versand arbeiten. Das Lagerhaus, ein umgebauter Heuschober, ist bis unters Dach vollgestopft mit Tischgeschirr, Dekorationszubehör, Partysets und Spielen.

Der Rubel rollte, und Michael und Carole hatten vor, vom Dorf Bradfield Southend aufs Land zu ziehen. Im Juli 1995 verkauften sie ihr Haus und zogen drei Kilometer weiter in einen Vorort von Chapel Row, einen eleganten Ort mit einer Dorfwiese, einem Metzger, einem Teeladen und einem Pub namens Blade Inn. Chapel Row gehört zu der betuchten Gemeinde von Bucklebury, wo Prominente wie John Madejski, der multimillionenschwere Besitzer des Reading Football Club, DJ Chris Tarrant, die Sängerin Kate Bush und die Fernsehberühmtheit Melinda Messenger sich niedergelassen haben. Der Ort ist der Inbegriff eines englischen Dorfs, das gut in *Midsomer Murders* (englische Krimiserie) gepasst hätte. Die Middletons wurden im Dorf wohlbekannt und nahmen auch von jeher an der Bank Holiday Fair im August teil. Hier wurden Wölfe und Raubvögel gezeigt, Schaf- und Entenrennen veranstaltet, Oldtimer vorgeführt und Schweinebraten serviert. »Sie sind eine sehr nette Familie und leben schon lange hier«, erklärte der Metzger Martin Fidler vor Kurzem gegenüber der Presse. »Sie sind nicht hochnäsig, sondern sehr beliebt.«

Michael und Carole zogen in ihrem derzeitigen roten Backsteinhaus mit Weinranken und Glyzinien das Mädchen auf, das eines Tages den Mann heiraten würde, der in der Thronfolge an zweiter Stellte steht.

# Kapitel 13

## In Marlborough

Drei Monate nach ihrem 14. Geburtstag fuhr Kate Middleton mit ihren Eltern an der Portierloge vorbei durch das Bogentor der angesehenen Privatschule Marlborough College. In dem Mädchenwohnheim des Internats verbrachte sie die nächsten vier Jahre ihres Lebens.

Die Schule liegt auf einem weitläufigen Grundstück in der malerischen Marktstadt Marlborough, 53 Kilometer von Kates Zuhause in Bucklebury. Die schüchterne junge Dame trug ihre neue Schuluniform: blauer Blazer und Schottenrock. Sie kam im April 1996 in dem Internat an, also mitten im Schuljahr und zu Beginn des Sommerhalbjahrs. Das Schulgeld für das Marlborough College beträgt über 29 000 Pfund jährlich.

Kate war vermutlich nicht ganz wohl dabei. Sie hatte die Grundschule St. Andrew's im vorigen Sommer verlassen, nachdem sie die Aufnahmeprüfung zu den weiterführenden Schulen bestanden hatte. Für zwei Semester hatte sie dann das Downe House besucht, ein Internat, das nur wenige Kilometer von ihrem Haus in Bucklebury entfernt ist, bis ihre Eltern beschlossen, sie auf eine andere Schule zu schicken.

Jetzt sah die zurückhaltende Schülerin einmal mehr beklommen dem Start an einer neuen Schule entgegen – ihrer vierten innerhalb von zehn Jahren. Diese an sich schon nervenaufreibende

*Prinzessin Kate*

Situation wurde zweifellos noch durch den Umstand erschwert, dass ihre Mitschüler ausnahmslos aus den oberen Schichten der Gesellschaft stammten.

Das war ein Indiz, dass alles, was sich Kates Großmutter Dorothy ersehnt hatte, ihre Tochter Carole nunmehr erreicht hatte. Sie gehörte unbestreitbar der Mittelschicht an, lebte in einem traditionellen Gutshaus und schickte ihre Kinder auf eine sehr exklusive Schule.

Caroles Ehrgeiz sollte sich als das große Glück ihrer Tochter erweisen. Kate mochte sich ein wenig unsicher gefühlt haben, als sie nach Marlborough kam, aber ein Jahrzehnt später war sie zu einer selbstsicheren jungen Frau aufgeblüht, die auf eigenen Füßen stand und mit dem übernächsten Kandidaten in der britischen Thronfolge liiert war.

Das Marlborough College mit dem Wahlspruch »Deus Dat Incrementum« (Gott aber ließ wachsen) aus dem ersten Korintherbrief 3,6 war im Jahr 1843 für die Söhne von Geistlichen der Church of England gegründet geworden und hatte sich binnen weniger Jahrzehnte zu einer führenden Privatschule gemausert. Inzwischen lockt das Internat zwar in erster Linie die Kinder des Hochadels und der oberen Zehntausend an, doch die Ehemaligen, die sogenannten »Old Marlburians«, sind ein bunt gemischter Haufen. Unter ihnen finden sich Persönlichkeiten wie der Hofdichter Sir John Betjeman, der Kunsthistoriker und sowjetische Spion Anthony Blunt, der Weltumsegler Francis Chichester, der Schauspieler James Mason, der Kriegsdichter Siegfried Sassoon, der konservative Politiker Rab Butler und der Sänger Chris de Burgh.

Das neben dem Marlborgh Mound – einem alten, künstlichen Hügel, der nach der Sage einst zu einer normannischen Mot-

## In Marlborough

teburg gehört hatte – errichtete College umschließt einen Hof, den eine viktorianische, neugothische Kapelle mit Buntglasfenstern von William Morris beherrscht. Der Campus der Schule am Ufer des Kennet erstreckt sich jedoch über die ganze Stadt. Heute hat das College eigene Forellenteiche und ein Observatorium sowie weitläufige Sportanlagen. Zum Gelände gehören elf Rugbyfelder, sieben Fußballfelder, acht Kricketplätze, sechs Hockeyspielplätze, drei Lacrossefelder, zwei Volleyballplätze, zwölf Tennisplätze und ein Golf-Übungsplatz.

In dieser sportlichen Umgebung reifte Kate zu einer jungen Frau heran. Als begeisterte Sportlerin schrieb sie sich, sechs Jahre nachdem das Internat offiziell die gemischte Schulbildung eingeführt hatte (auch wenn bereits seit 1968 Mädchen in die Oberstufe aufgenommen wurden), am Marlborough College ein und zog in das Mädchenwohnheim Elmhurst, ein Gutshaus aus dem 19. Jahrhundert. Es hatte einen eigenen Park und einen eigens für die Abschlussklassen angebauten Flügel und lag ein paar Schritte vom Schulhof entfernt.

Zu den Mädchen, die Kate gleich beim ersten Tag über den Weg liefen, zählte die fünf Monate ältere Jessica Hay. Sie zeigte ihr den Weg in den Schlafsaal, half ihr beim Auspacken und ging mit ihr zum Abendessen in den Speisesaal. Jessica behielt Kate als schüchternes, unbeholfenes Mädchen in Erinnerung und erzählte dem Boulevardblatt *News of the World*, dass ihre Nervosität noch dadurch gesteigert wurde, dass die älteren Jungs die Gewohnheit hatten, für neue Mädchen Punkte von eins bis zehn zu verteilen und ihre Wertung beim Essen für alle sichtbar auf eine Serviette zu schreiben. Jessica erinnert sich, dass Kate nur Einsen und Zweien bekam.

Kates Mangel an Selbstvertrauen sprach auch eine andere Schulfreundin an: Gemma Williamson, die im Mill Mead House am anderen Ende des Schulgeländes untergebracht war. »Catherine

## Prinzessin Kate

kam unverhofft mitten im Jahr an«, erzählte sie der *Daily Mail* in einem Interview über ihre Freundschaft. »Sie hatte sehr wenig Selbstvertrauen.«

Anfangs hatte Kate in Marlborough schreckliches Heimweh und verbrachte nach dem Abendessen in Norwood Hall keine Zeit mit den anderen Mädchen. Stattdessen ging sie in ihr Wohnheim, lernte fleißig und machte ihre Hausaufgaben – sie vermisste die ganze Zeit ihre Familie.

Viele Mitschüler von Kate waren die Sprösslinge von hohen Adligen. Unter ihnen war zum Beispiel Sebastian Seymour, der Sohn des Herzogs und der Herzogin von Somerset, der anschließend auf das Cirencester Agricultural College ging, der traditionelle Tummelplatz der Grundbesitzer aus der Oberschicht. Die Aura der privilegierten Gesellschaft dürfte sie ziemlich eingeschüchtert haben, doch die wohlerzogene Schülerin fand nach und nach Freunde – obwohl sie sich weigerte, gegen Konventionen zu verstoßen. Sie bekam den Spitznamen »Middlebum« (ein Wortspiel mit ihrem Namen, ein »bum« ist so etwas wie ein Tagedieb, Rumtreiber) und wurde wegen ihrer fröhlichen Art, Loyalität und Zuverlässigkeit geschätzt – allerdings beteiligte sie sich selten an den wilderen Eskapaden. Jessica erinnert sich, dass Kate, wenn ihre Zimmerkolleginnen rauschende Partys feierten und Wein und Wodka ins Wohnheim schmuggelten, jedes Mal nur zusah. Sie trank nicht und rauchte nicht, sondern behielt einen klaren Kopf und passte auf, dass die Aufseherin ihre Freundinnen nicht ertappte. Jessica erzählte *News of the World:* »Ich habe sie kein einziges Mal betrunken gesehen. Selbst nach unseren Prüfungen zum GCSE [General Certificate of Secondary Education; etwa Mittlere Reife] trank sie nur ein paar Schluck Wodka.«

Kates Selbstvertrauen wuchs 1997 mit Sicherheit, als ihre Schwester Pippa an die Schule kam, aber statt zu rebellieren und auszuloten, wie sie am besten geltende Regeln brechen konnte, konzentrierte sie sich auf ihre elf Schulfächer. Kathryn Solari, die in ihrer Biologie-Gruppe war, erzählt: »Catherine war immer nett und liebenswürdig. Sie behandelte alle gleich. Sie war ein nettes Mädchen und recht adrett – sie machte immer alles richtig – und sie war wirklich sehr sportlich. Ich würde nicht behaupten, dass sie ein heller Kopf war, aber sie war sehr fleißig. Ich glaube kaum, dass man jemanden finden wird, der schlecht über sie redet.«

Virginia Fowler, eine ehemalige Schülerin, die eine Freundin in Elmhurst hatte, erinnert sich, dass Kate besonders nett zu den Neulingen war. »Sie war immer sehr herzlich. Sie sah auf die neuen Mädchen nicht herab wie manche andere.«

Die eifrige Teenagerin spielte für die Schule Hockey, war im Tennis unter den Besten, war eine gute Korbballspielerin und Querfeldeinläuferin. Im Hochsprung schlug sie sogar die Jungs, wie schon in der Grundschule. Offenbar bekam sie beim Schulfest so viele Auszeichnungen, dass sie zwischen ihren Auftritten kaum Zeit hatte, an ihren Platz zurückzukehren.

Charlie Leslie, ein leidenschaftlicher Sportler, ein paar Jahre älter als Kate, nannte sie einmal vor Reportern ein »absolut phänomenales Mädchen«. Sie war »wirklich beliebt, talentiert, kreativ und sportlich«, erinnerte er sich. »Sie war Mannschaftsführerin im Schulhockeyteam und spielte in der ersten Mannschaft Tennis«, aber trotz ihrer großen Erfolge war sie »sehr besonnen und blieb auf dem Teppich«.

Nach den Prüfungen zum General Certificate of Secondary Education (GCSE), die sie mit Bravour bestand, kehrte Kate für die Sommerferien nach Bucklebury zurück. Und dort machte sie eine wundersame Veränderung durch.

## Prinzessin Kate

Als sie im Herbst 1998 am ersten Schultag als Oberstufenschülerin nach Marlborough zurückkehrte und den traditionellen langen Rock trug, legte Kate endlich jene stahlharte Entschlossenheit an den Tag, die gewissermaßen ein Wahrzeichen ihrer Familie geworden war: Sie begann, intensiv an sich selbst zu arbeiten. Die blassen Wangen, die nachlässige Frisur und das ein wenig bodenständige Auftreten waren verschwunden. Sie war zu einer der attraktivsten jungen Frauen der Schule aufgeblüht.
»Das kam ganz plötzlich«, erzählte Gemma der *Daily Mail*. »Catherine kam im nächsten Jahr nach den langen Sommerferien als absolute Schönheit zurück... Sie trug nie besonders modische oder offenherzige Kleidung – einfach Jeans und Pulli –, aber sie hatte ein angeborenes Gespür für Stil.«
Eben dieses Gespür für Stil sowie ihre äußerliche Veränderung machten sie attraktiv für die Jungen an der Schule. Aber im Gegensatz zu ihren eher umtriebigen Klassenkameradinnen wahrte sie Distanz und achtete auf ihre Würde, bewies ein gutes Urteilsvermögen und eine Zurückhaltung, die aus ihr die ideale Partnerin für einen Prinzen machten. »Man könnte sagen, dass Catherine keine große Partylöwin war«, sagte Gemma und fügte hinzu, dass Kates Eltern ihrer Meinung nach dafür gesorgt hätten, dass sie »einen starken moralischen Kompass« habe. Sie erzählte: »Eine Gruppe von uns schlich sich oft heimlich nach Reading, um etwas zu trinken, aber sie ging nie mit. Sie kicherte jedes Mal, wenn wir ihr sagten, was wir vorhatten, aber es war einfach nicht ihr Ding.«
Um diese Zeit war Kates Freundin Jessica mit Nicholas Knatchbull zusammen, einem Patenkind von Prinz Charles, der in Eton Prinz Williams Mentor war. Jessica hatte den Erben des Mountbatten-Vermögens auf der Hochzeit von Tim Knatchbull, Nicholas' Vetter, und Isabella Norman, einer Freundin von Jessicas Familie, kennengelernt. In einem anderen Interview mit der

## In Marlborough

Sonntagszeitung *The Mail on Sunday* erzählte sie ganz begeistert, wie sie auf dem Familiensitz Broadlands, einem Herrenhaus in Hampshire aus dem 18. Jahrhundert, das ihrem Freund gehörte, der Königin und anderen Angehörigen der Königsfamilie vorgestellt wurde.

Anders als ihre Schulfreundin musste Kate den begehrtesten Schuljungen in ganz Großbritannien erst noch kennenlernen, aber allem Anschein nach träumte sie bereits davon, das Herz ihres Prinzen zu erobern. Schon damals wurde Kate als »Princess-in-Waiting« (Prinzessin in der Warteschleife) bezeichnet – allerdings noch nicht von einer sensationslüsternen Presse, sondern im Scherz von ihren kichernden Schulfreundinnen. Laut Jessica hingen sie, Kate und Hannah Gillingham, ein anderes Mädchen, das in denselben Sportmannschaften war, in der Küche des Wohnheims herum, aßen in der Mikrowelle aufgewärmte Sandwiches und machten Witze darüber, wie wahrscheinlich es war, dass sie den Prinzen heiraten würde.

»Wir saßen einfach da und plauderten über all die Jungs an der Schule, die uns gefielen«, enthüllte Jessica der *Mail on Sunday*, »aber Catherine sagte jedes Mal: ›Mir gefällt kein Einziger von ihnen. Sie sind alle ein bisschen grob.‹ Dann sagte sie im Scherz: ›Es gibt keinen, der es mit William aufnehmen könnte.‹ ... Sie sagte immer: ›Ich wette, dass er wirklich nett ist. Das sieht man ihm schon an.‹«

Jessica war nicht das einzige Mädchen in Kates Jahrgang, das in königlichen Kreisen verkehrte. Emilia d'Erlanger, die Nichte des 10. Vicomte Exmouth, zählte zu den besten Freundinnen Prinz Williams. Emilia, das jüngste von fünf Kindern Robin d'Erlangers, ein Linienpilot wie Kates Großvater, und seiner Frau Elizabeth, einer regionalen Direktorin von Sothebys in Devon, wurde als mögliche Braut für den Prinzen gehandelt. In Marlborough hatte sie zusammen mit Kate Kunstgeschichte studiert. In den Sommerferien nach der ersten Klasse der Oberstufe wurde sie von William zu einer zehntägigen Kreuzfahrt an Bord der 120-Meter-Luxusjacht *Alexander* eingeladen, die dem griechischen Milliardär und Reeder John Latsis gehörte. Gastgeber auf der Jacht waren Prinz Charles und Camilla Parker Bowles.

Während Emilia die Ferien mit dem Prinzen verbrachte, musste sich Kate mit der weniger glamourösen Gesellschaft ihrer Eltern begnügen. Sie kehrte im nächsten Herbst an die Schule zurück und wurde Schulsprecherin. »Catherine war ein sehr fleißiges, verantwortungsbewusstes Mädchen«, erinnert sich der ehemalige Schüler William Garthwaite, der im selben Jahrgang war. »Sie kam spät [an die Schule] und wurde zur Sprecherin gewählt. Das sagt alles. Sie machte ihre Sache ausgezeichnet.«

Wie die meisten Teenager konnten die Mädchen an Marlborough stundenlang über die Angehörigen des anderen Geschlechts tratschen. Aber während so manches Mädchen ihre Jungfernschaft verlor, war Kate offensichtlich aus härterem Holz geschnitzt. »Sie sieht sehr gut aus, und viele Jungen mochten sie«, erinnerte sich Jessica in der *Mail on Sunday,* »aber das ging einfach an ihr vorbei. Sie hatte kein großes Interesse daran und sie hatte sehr hohe moralische Grundsätze.«

»Ich hatte sehr stark den Eindruck, dass Catherine sich für einen besonderen Menschen aufhob«, sagte Gemma der *Mail*. »Das war richtig altmodisch... Das soll aber nicht heißen, dass jemand einmal etwas zu ihr gesagt hätte... sie war ein so aufrichtig liebenswürdiger Mensch, dass alle Mädchen sie genauso mochten wie die Jungs.«

Obwohl sich Kate als ein Vorbild an Keuschheit von der Menge abhob, hatte sie dem Vernehmen nach mehrere Verehrer an der Schule, zu denen sie eine mehr oder weniger romantische Beziehung hatte. Unter ihnen war Charlie von Mol, den ehemalige

*In Marlborough*

Schüler als die »Schullegende« bezeichnen. Er war zwei Jahre älter als Kate und teilte ihre Begeisterung für Sport. Er spielte in der ersten Rugbymannschaft, und Jessica erinnert sich an einen Abend, als sich Kate nach reiflicher Überlegung zum Knutschen mit Charles in die Wälder schlich. Sie meint jedoch, ihr sei es so vorgekommen, als habe Kate das »nur getan, weil sie von ihren Kameradinnen gedrängt« worden sei.

Noch zwei weitere Jungen aus Marlborough wurden als ehemalige Freunde von Kate genannt, aber in Wahrheit waren das wohl eher platonische Beziehungen. Es wurde gemunkelt, dass Willem Marx, der Sohn eines holländischen Vaters und einer englischen Mutter und ein wahres Mathegenie, ihre erste Liebe gewesen sei. Die beiden sind gute Freunde geblieben, und Willem, ein Oxford-Absolvent, der als Journalist arbeitet, hat seither Kate begleitet, wenn Prinz William nicht in der Nähe ist. Sie wurde im Mai 2008 mit ihm fotografiert, als sie den Nachtclub Boujis verließen. Dort hatten sie einige Crack Daddys – einen Champagnercocktail – getrunken und bis in die Morgenstunden getanzt. Als zweiter Kandidat wird der Rugbyspieler Oliver Bowen gehandelt, der einen Jahrgang über ihr war. Jessica erinnert sich zwar in ihrem Interview für *News of the World,* dass die beiden sich nahegestanden hätten, meinte aber, dass die Beziehung eher rein platonisch gewesen sei.

Das klingt beinahe so, als wäre Kate eine verbiesterte Eisprinzessin gewesen, aber ehemalige Schulfreundinnen bezeichnen sie als »albern«, und sie konnte herzlich über einen Witz lachen und hatte die gleichen Ängste und Befürchtungen wie alle Mädchen in ihrem Alter. Eine Schulfreundin schrieb in das Jahrbuch der Schulabgänger von 2000: »Catherines perfektes Äußeres ist allgemein bekannt, ihre Leidenschaft für ihre Brüste allerdings nicht. Häufig konnte man beobachten, wie sie an sich herabsah und kreischte: ›Sie wachsen.‹«

*Prinzessin Kate*

Wie dem auch sei, Kates sittsames Verhalten und hartes Lernen in Marlborough machten sich jedenfalls bezahlt, weil sie ihr Examen bravourös abschloss – mit Note A in Mathematik und Kunst sowie Note B in Englisch[2]. Und das hieß, dass ihr Tür und Tor zu jeder Universität offenstanden. Es war nun die Frage, welche Universität sie wählen sollte.

---

[2] Das britische Notensystem geht von A bis F, wobei A der deutschen Note 1 entspricht.

# Kapitel 14

## Intermezzo in Florenz

Kate Middleton erkundete die gepflasterten Gassen der Altstadt von Florenz mit den berühmten Kunstgalerien, Plätzen und Kirchen und bewunderte die Schönheit der mittelalterlichen Stadt, die den Autor Edward Morgan Forster zu seinem Roman *Zimmer mit Aussicht* inspiriert hatte. Auf den Spuren der jungen Romanheldin Lucy Honeychurch und ihrer Anstandsdame Charlotte Bartlett schlenderte die 18-jährige Kate, eine begeisterte Fotografin, durch die Gassen und hielt etliche architektonische Juwelen der Renaissance auf Film fest.

Die vielversprechende Malerin und talentierte Fotografin hatte sich im Sommer mit der Bestnote in Kunst vom Marlborough College verabschiedet und brannte vor Begierde, mehr über ihr Lieblingsfach zu lernen. Die wissbegierige, junge Frau lebte jetzt, zwei Monate später, in einer der schönsten Städte der Welt und besichtigte die Gemälde und Skulpturen, die sie so liebte.

Florenz ist ein Paradies für Kunstliebhaber und Touristen, angefangen bei dem Dom in weißem, rosafarbenem und grünem Marmor, der das Stadtbild beherrscht, über die berühmte mittelalterliche Ponte Vecchio über den Arno bis hin zu Kunstwerken

*Prinzessin Kate*

wie Michelangelos David und Botticellis Geburt der Venus. Die gemeinhin als »Wiege der Renaissance« bezeichnete Stadt ist zu einem traditionellen Wallfahrtsort für Jungen und Mädchen aus britischen Privatschulen geworden, die vorhaben, an einer Spitzenuniversität des Landes Kunstgeschichte zu studieren. Eine Reise nach Florenz, das einst die Medici regierten und das heute einige der größten Kunstschätze beherbergt, ist gewissermaßen ein Initiationsritual für gut betuchte Teenager geworden, ganz ähnlich wie die Grand Tour, eine Rundreise durch ganz Europa, im 19. Jahrhundert für die Sprösslinge des Adels obligatorisch war. Kate hatte sich an mehreren Universitäten um einen Platz für Kunstgeschichte beworben, und es stand so gut wie fest, dass sie einen Teil der Wartezeit in Italien verbringen würde, bevor das harte Brot des Studentenlebens beginnen sollte. Anfang September 2000 kam Kate in Florenz an und begann einen zwölfwöchigen Italienischkurs an dem renommierten British Institute. Sie war eine von einem Dutzend Mädchen in dem Kurs. Das Institut war um die Jahrhundertwende gegründet worden, um die kulturellen Beziehungen zwischen Italien und der englischsprachigen Welt zu fördern. Sein Domizil war der Palazzo Strozzino mitten in der Altstadt.

Mehr als 8800 Kilometer entfernt, auf der anderen Seite der Erde, beteiligte sich unterdessen Prinz William einen Monat lang an einem wissenschaftlichen und ökologischen Forschungsprogramm, dem Shoals of Capricorn Project für die Royal Geographical Society auf der winzigen Insel Rodrigues im Indischen Ozean, 650 Kilometer nordöstlich von Mauritius. Unter dem Namen Brian Woods kam er am 28. August auf die Insel und machte einen Monat lang bei dem Projekt zur Erforschung der dortigen Artenvielfalt und Geologie mit. Anfangs war er in dem Domaine de Décidé untergebracht, einem Gästehaus mit einem Blechdach, weiß gekalkten Wänden und dunklen Fensterläden,

*Intermezzo in Florenz*

zu dem er von der Hauptstadt Port Mathurin noch eine halbe Stunde fahren musste. Später zog er in ein Privathaus in Anse aux Anglais (Englische Bucht), das näher bei der Zivilisation lag.

Genau wie Kate hatte er am 17. August seine Abschlussnoten erfahren (eine Note A in Geografie, ein B in Kunstgeschichte und ein C in Biologie), als Prinz Charles seinem Sohn per E-Mail die Ergebnisse mitteilte – übrigens die erste E-Mail, die Prinz Charles selbst verschickte. William hatte damals ein Survivaltraining der Armee tief im Urwald von Belize absolviert. Aber im Gegensatz zu Kate hatte er sich bereits für eine Universität entschieden: St. Andrews.

Eine Kursteilnehmerin am British Institute weiß genau, dass Kate bei ihrer Ankunft in Florenz noch nicht entschieden hatte, wo sie studieren würde. »Sie wusste noch nicht, wohin sie gehen wollte«, sagt sie. »Damals wollte sie mit Sicherheit nicht nach St. Andrews.«

Diese Phase, so kurz vor dem Erwachsenenleben, prägte Kate sehr stark. Sie war im Internat zwar auch von zu Hause weg gewesen, aber der Aufenthalt in Florenz war die erste längere Zeit, die sie unabhängig von ihren Eltern gestaltete. Da sie noch nicht den Sinn für Mode entwickelt hatte, weswegen sie unlängst mit der verstorbenen Prinzessin Diana verglichen wurde, sah sie mit ihren langen Locken, Ralph-Lauren-Bluse und Pullover mit V-Ausschnitt wie die klassische Dame der britischen Oberschicht aus. Ihr einziges Zugeständnis an das Studentendasein war der Ethnoschmuck, den sie trug.

Nach der Ankunft in der Stadt teilte sich Kate eine Wohnung mit mehreren Mädchen, darunter Alice Whitaker, eine Nichte des Sängers Chris Rea. Sie wohnten über einem italienischen Feinkostladen, im obersten Stockwerk eines traditionellen Steingebäudes mit Treppenhaus, in das man mehrere Einzelwohnungen eingebaut hatte. Die Wohnung lag in einer Gasse zwischen Piazza degli Strozzi und Piazza della Repubblica, nur wenige Minuten zu Fuß vom Institut entfernt. In den nächsten drei Monaten tauchte Kate in das Studentenleben in Italien ein und kaufte Delikatessen in der Markthalle gegenüber der historischen San-Lorenzo-Kirche, in der sich die Familiengruft der Medici befindet, oder sie traf sich mit Freunden in malerischen Cafés und gemütlichen Bars.

In einer dieser Bars, nämlich in der schicken Antico Caffè del Moro – meist Künstlerbar oder Café des Artistes genannt – hörten die britischen Studenten in Italien zum ersten Mal das Gerücht, dass Prinz William möglicherweise nach dem Aufenthalt auf Rodrigues einige Zeit in die Toskana kommen würde. Prinz Charles hatte auf Highgrove mit dem Bürgermeister von Florenz gespeist und damit ungewollt Gerüchte in die Welt gesetzt, dass sein Sohn in Kürze gemeinsam mit sieben anderen ehemaligen Eton-Schülern den renommierten John Hall Pre-University Course in Venedig, Florenz und Rom absolvieren würde, der 5000 Pfund kostete. Erst als William am 1. Oktober in die fernen Berge Patagoniens in Chile flog (zu einer siebenwöchigen ehrenamtlichen Tätigkeit für die Wohltätigkeitsorganisation Raleigh International), lösten sich die Gerüchte in Wohlgefallen auf.

An jenem Abend im Café des Artistes, einer kleinen, von zwei Brüdern geleiteten Künstlerbar in einer Hintergasse, die für ihre exquisiten Cocktails berühmt war, stellte jemand unvermittelt Spekulationen an, dass sich der Prinz in Kürze ihrem Kreis anschließen könnte. Kate nippte gerade an einem Glas Wein. Obwohl sie angeblich in Marlborough für den Prinzen so geschwärmt hatte, schien die Nachricht sie völlig kalt zu lassen, meinten ihre Freunde.

Wie sich herausstellte, hatte sie bereits auf ein leichter erreichbares Ziel ein Auge geworfen: einen »Old Marlburian« namens

*Intermezzo in Florenz*

Harry, der in Florenz den John-Hall-Kurs besuchte. Eine Studentin, die Kate in ihrem freien Jahr kennenlernte, berichtete, dass Harry zu der Zeit, als sie nach Florenz kam, in Kates Zuneigung längst William den Rang abgelaufen hatte. »Das einzige Mal, dass ich sie über William reden hörte, war, als wir herausfanden, dass er zum Studieren nach Florenz kommen würde«, erzählte die Freundin, die nicht namentlich genannt werden will. »Wir stellten wilde Spekulationen an, wie es wäre, mit ihm auszugehen, aber ehrlich gesagt zeigte Kate nie ein echtes Interesse an ihm oder sprach viel über ihn. Sie ging bestimmt nicht mit der Absicht nach St. Andrews, sich William zu angeln oder so. In Wahrheit stand sie mehr auf einen Kerl namens Harry… Sie hatten sich mehrmals getroffen und er hatte ihr ein wenig den Kopf verdreht und etwas vorgemacht.«

Obwohl Kate während ihres Aufenthalts in der Stadt die Aufmerksamkeit vieler italienischer Männer auf sich zog, die mit Vorliebe junge britische Frauen anmachen, ließ sie sich auf keine Romanzen ein und wahrte die Sittsamkeit, für die sie in Marlborough bekannt war. »Wir waren alle sehr wohlerzogene Mädchen«, erinnert sich eine Freundin. »Sie war in Gesellschaft von Jungen eher schüchtern. Sie fühlte sich nie richtig wohl unter ihrem Blick. Sie wurde immer ganz verlegen, wenn sich ihr einer näherte.«

Während einige Studentinnen die neu gefundene Freiheit regelrecht ausnutzten, mit jungen Männern ausgingen, reichlich tranken und sogar mit Drogen experimentierten, erwarb sich Kate unter ihren Kolleginnen den Ruf einer prüden englischen Rose. »Kate trank gerne ein Glas Wein – und zum Dinner blieb es nie bei einem –, aber sie konnte nicht richtig damit umgehen«, erinnert sich eine Mitschülerin in einem Interview mit *The Mail on Sunday*. »Sie fing schon nach ein paar Gläsern an zu kichern und wurde albern, deshalb hörte sie dann auf. Sie wollte nie richtig betrunken werden oder die Kontrolle über sich verlieren. Während andere neben ihr Drogen nahmen, rümpfte sie keineswegs die Nase deswegen – genau genommen interessierte sie sich sogar dafür, wie sie wirkten. Aber sie wollte es ganz einfach nicht selbst ausprobieren. Ich habe sie auch nie rauchen sehen.«

Als Kate die Hälfte des Kurses hinter sich hatte, flogen ihre liebenden Eltern Michael und Carole zu einem langen Wochenende nach Florenz und übernachteten in einem Hotel in der Nähe. Aber während ihr Vater mit der Menge fast verschmolz – eine Eigenschaft, die seine Tochter offenbar geerbt hat –, erregte Carole mehr Aufsehen. »Kate war nie ein Mensch, der das Rampenlicht suchte«, erinnert sich eine Mitschülerin in *The Mail on Sunday*. »Sie war kontaktfreudig und witzig, aber ein bisschen ein Mauerblümchen.« Dann fügte sie hinzu: »Ihre Mutter war ganz anders als Kate. Ich glaube, Kate gerät sehr stark nach ihrem Vater.«

Gegen Ende des Kurses, kurz vor der Rückkehr nach England zum Weihnachtsfest, besuchte Kate eine Modenschau, die von der amerikanischen Johns-Hopkins-Universität veranstaltet wurde. Während die anderen Studenten die Gelegenheit nutzten, sich bis zur Besinnungslosigkeit zu betrinken, begnügte sich Kate den ganzen Abend über mit einem Glas Wein. »Das Ganze fand in einem kleinen Club statt, und alle saßen auf Kissen auf dem Boden«, berichtete ihre Freundin in *The Mail on Sunday*. »Es war eine ziemlich feuchtfröhliche Angelegenheit, und jeder kippte etliche Schnäpse, Cocktails und alle möglichen Gebräue. Das war ein typisches Beispiel für eine Party, bei der Kate den ganzen Abend über an einem Glas Wein nippte. Die meisten hatten ganz eindeutig die Absicht, sich die Birne vollzuballern, aber Kate nicht. Sie mochte es nicht, die Kontrolle zu verlieren, aber das hieß nicht, dass sie nicht gesellig war. Sie mischte sich unter die Leute und sie tanzte leidenschaftlich gerne.«

*Intermezzo in Florenz*

In den nächsten acht Monaten unternahm Kate noch mehr Reisen. Laut manchen Berichten war sie in ihrem freien Jahr in Chile, auch wenn nicht bekannt ist, wann sie dort war und was sie dort machte – geschweige denn, ob an dem Gerücht überhaupt etwas dran war. Mit ihrer Familie verbrachte sie die Sommerferien auf Barbados in dem exklusiven Hotel Sandpiper in Holetown an der Westküste, ungefähr in der Mitte der Insel. Das Hotel, das einen eigenen Strand hat, liegt mitten in üppigen Gärten voller tropischer Pflanzen, wo Kate stundenlang in der Sonne lag und las.

»Sie machten so gut wie jeden Sommer auf Barbados Urlaub«, erzählte ein Bekannter, »aber interessanterweise immer am Anfang der Saison – Ende Juli oder Anfang August – wenn es billiger ist. Die richtig Reichen fahren nicht um diese Jahreszeit, sondern eher um Weihnachten.«

Möglicherweise machte Kate einmal mit Ian Henry auf Barbados Urlaub. In jenem Sommer hatte Kate, die gerne segelte, beim Solent auf einer Jacht angeheuert. Während ihres Aufenthalts in Southampton lernte sie den Segler Ian aus Taunton in Somerset kennen, von dem ein Boulevardblatt behauptete, die beiden hätten eine Affäre gehabt und wären heimlich in der Karibik gesegelt. »Wir sind gute Freunde«, bestätigte er dem *Daily Mirror,* als ihr Verhältnis zu Prinz William publik gemacht wurde, »aber ich habe schon lange nicht mehr mit ihr geredet. Wir lernten uns vor ein paar Jahren beim Segeln kennen. Ich war in der Crew auf einem Boot in Southampton, und Kate war auf einem anderen. Hier und da segelten wir zusammen. Sie ist ein nettes Mädchen. Ich würde sie temperamentvoll, mitteilsam und bodenständig nennen. Ich wusste nicht, dass sie und William ein Paar waren. Sie ist sehr zurückhaltend und steht nicht gern im Rampenlicht.«

*Prinzessin Kate*

Nach ihrer sommerlichen Romanze gingen die beiden getrennte Wege: Ian nach Oxford und Kate nach St. Andrews. Und dort sollte sie ihren Prinzen kennenlernen.

# Kapitel 15

# Die Königin des Laufstegs

In einem hauchdünnen, schwarzen Spitzenkleid über einem schwarzen Bandeau-Büstenhalter und schwarzem Schlüpfer schwebte Kate Middleton geradezu über den Laufsteg in der Universitätsstadt St. Andrews in der Grafschaft Fife und präsentierte ihre schlanke Figur.

Für einen Platz in der ersten Reihe hatte Prinz Williams 200 Pfund bezahlt. Unter seinem aufmerksamen Blick nahm die 20-jährige Kate gegen Ende ihres ersten Studienjahres an einer Modenschau für einen wohltätigen Zweck teil, die der Designer Yves Saint Laurent gesponsert hatte. Die jährliche »Don't Walk«-Show entpuppte sich als Wendepunkt im Leben der jungen englischen Dame, die im vorigen Herbst an Schottlands ältestem Sitz der Lehre angekommen war. Gut sieben Monate später konnte sie sich bereits zum engeren Kreis des Prinzen zählen und hatte die Aufmerksamkeit des wohl attraktivsten Junggesellen im Westen auf sich gelenkt.

»Ich war ganz aus dem Häuschen, als Kate zum ersten Mal mein Kleid auf dem Laufsteg trug, weil sie eine fabelhafte Figur hat. Sie sah absolut brillant darin aus«, schwärmte Charlotte Todd, eine frischgebackene Modedesignerin. Da zur Zeit des Interviews bereits feststand, dass Kate und William in der Tat ein Thema waren, fügte sie hinzu: »Es ist fantastisch, wenn ich mir vorstelle, dass einer meiner Entwürfe von einer Frau präsentiert wurde, die eines Tages womöglich die britische Königin wird.«

Die University of St. Andrews in der kleinen gleichnamigen Stadt an der Ostküste von Schottland, einst das kirchliche Zentrum Schottlands und inzwischen als Heimat des Golfsports berühmt, wird von den Ruinen des Turms der ehemaligen Kathedrale und der Burg aus dem 12. Jahrhundert überragt. Die 1413 gegründete Universität ist die älteste von Schottland und zählt zu den renommiertesten der Britischen Inseln. Beim Ranking des Universitätsführers der *Sunday Times* landet sie durchweg auf Spitzenplätzen. Sie hat berühmte Alumni wie König James II. von Schottland, den Nobelpreisträger Sir James Black, Edward Jenner, der den Impfstoff gegen Pocken entdeckt hat, den derzeitigen First Minister of Scotland Alex Salmond und die Romanautorin Fay Weldon vorzuweisen und wird bevorzugt von klugen, gut betuchten Studenten besucht.

Die Kleinstadt wird von Studenten geradezu überrannt, die gut ein Drittel der Bevölkerung ausmachen. Man trifft sie überall in der Stadt, zu Fuß, auf dem Fahrrad unterwegs von einer Vorlesung zur nächsten oder in den unzähligen Kneipen und Bars. Viele tragen die charakteristischen, roten Talare der Kandidaten für das Bachelor-Examen. An den Zeitungskiosken fällt sofort die Studentenzeitung *The Saint* ins Auge, eine von nur vier in ganz Großbritannien, die sich ihre Unabhängigkeit sowohl von dem Studentenverband als auch von der Universität bewahrt haben. *The Saint* hatte erheblich dazu beigetragen, der Universität den Ruf eines wilden sozialen Lebens zu verschaffen, weil die Zeitung eine später von der Landespresse aufgegriffene Umfrage durchführte. Es stellte sich dabei heraus, dass die Studenten

*Die Königin des Laufstegs*

offenbar ein sehr munteres Sexualleben hatten und bekannt dafür waren, dass sie sich in den Wäschekammern ihrer Wohnheime oder gar in den Ruinen der Kathedrale vergnügten.

Kate fuhr vermutlich noch vor Beginn des Herbstsemesters am 24. September 2001 nach St. Andrews, rechtzeitig zur Einführungswoche für die Erstsemester. Sie zog in St. Salvator's Hall ein, das von den meisten Studenten als das beste Wohnheim bewertet wird, weil es in dem viereckigen Komplex im Zentrum des alten Universitätsgebäudes liegt. Für die Unterkunft zahlte sie eine Jahresmiete von 2000 Pfund. Ihr Zimmer war zwar schlicht und mit einem Holzbett und Schreibtisch möbliert, dazu ein kleines Waschbecken, doch der Rest des Wohnheims ist wirklich beeindruckend. Es hat einen Speisesaal mit Holzdecke und der Gemeinschaftsraum ist mit einem offenen Kamin, Parkettböden, roten Teppichen und gemütlichen Lehnstühlen ausgestattet.

Vor dem Tor des St. Salvator's College, das sich ebenfalls in dem Karree befindet, sind die Initialen PH mit Pflastersteinen auf den Hof geschrieben. An dieser Stelle wurde der protestantische Märtyrer Patrick Hamilton auf dem Scheiterhaufen verbrannt. Der Legende nach ist jeder Student, der auf diese Pflastersteine tritt, dazu verflucht, im Examen durchzufallen. Traditionell bleibt dem/der Betreffenden nur eine Möglichkeit, den Fluch aufzuheben: ein Bad in der Nordsee am 1. Mai.

In St. Salvator's Hall, kurz Sally's genannt, begegnete Kate zum ersten Mal dem Prinzen. Das ließ sich kaum vermeiden, wenn man bedenkt, dass er ebenfalls Kunstgeschichte studierte und im selben Wohnheim untergebracht war.

William Wales, wie sich der Prinz als Student selbst nannte, kam nach der Woche für die Erstsemester an die Universität und betonte, dass er das Leben der einfachen Studenten keinesfalls stören wollte. Ein ganzes Bataillon Fotografen und Tausende von neugierigen Bewohnern und Studenten begrüßten ihn. William kam direkt von Schloss Balmoral und verkündete, die Königinmutter habe ihn mit den Worten entlassen: »Wenn es dort gute Partys gibt, dann lade mich gefälligst ein.« In einem Interview vor Beginn des Semesters sagte er im Scherz: »Mir war vollkommen klar, dass sie mich unter den Tisch tanzen würde.«

Die Königinmutter hatte selbst Verbindungen zu der Universität. Sie hatte ihr bereits mehrere Besuche abgestattet und im Jahr 1929 die Ehrendoktorwürde für Jura erhalten, als sie das Institut Younger Hall eröffnete, das ihr zu Ehren in Queen's College umbenannt wurde. Auf den ersten Blick war St. Andrews der ideale Studienort für den Prinzen, die Stadt war ruhiger als die meisten Universitätsstädte, nicht weit von Balmoral und weit weg von den Londoner Paparazzi. Die Königin, deren Vetter James Ogilvy hier ebenfalls Kunstgeschichte studiert hatte, freute sich sehr über die Entscheidung und hoffte, dass die Ankunft ihres Enkels das Ansehen der Monarchie in Schottland ein wenig aufpolieren würde.

Der vernünftige Prinz, der sich seiner besonderen Rolle stets bewusst war, gelangte jedoch zu dem Schluss, dass er eine negative Publicity am besten dadurch vermied, dass er eine Barriere zwischen sich und den anderen Studenten errichtete. Er zog sich in sein Zimmer oder in die Universitätsbibliothek zurück, lehnte Einladungen zu Clubs und Vereinigungen ab und besuchte keine Studentenpartys. Diese Entscheidungen vergällten ihm sein erstes Semester an St. Andrews, weil das selbst auferlegte Exil es ihm unmöglich machte, sich in den normalen Studentenalltag zu integrieren. »Ich dachte schon, ich würde wahrscheinlich völlig ausgelaugt in der Gosse enden«, gestand er in einem aufrichtigen Moment, als er in einem Interview gefragt wurde, weshalb er nicht an der Woche für Erstsemester teilgenommen hatte, »und die Leute, die ich in der Woche getroffen hätte, würden am Ende ohnehin nicht meine Freunde werden.«

*Die Königin des Laufstegs*

Dennoch gelang es dem Prinzen, neue Freunde zu finden sowie einige Studenten zu treffen, die er bereits kannte. Obwohl William und Kate auf verschiedenen Stockwerken untergebracht waren, weil Frauen und Männer getrennte Stockwerke hatten, kamen sie sich allmählich über gemeinsame Interessen näher, während sie zusammen arbeiteten und Sport trieben. Kates Stammbaum war gewiss nicht so blaublütig wie der des Prinzen, aber sie hatten unheimlich viel gemeinsam. Beide waren in einer ländlichen Umgebung aufgewachsen (Kate in dem Dorf Bucklebury und William auf dem Gut Highgrove seines Vaters in Gloucestershire) und teilten eine Vorliebe für die Natur – gewissermaßen eine Voraussetzung für den Umgang mit der Königsfamilie, in der Jagen, Schießen und Angeln, genau wie Polo und Pferderennen, selbstverständlich sind. Die beiden Jugendlichen hatten beide exklusive Privatschulen besucht, in benachbarten Grafschaften, wo die Schüler sowohl im Unterricht als auch danach zusammenkamen und in Wettkämpfen ihre Kräfte maßen – eine weitere Gemeinsamkeit. Während Kate gut Hockey und Korbball spielte, hatte William ein Talent für Rugby, Fußball und Polo, außerdem waren beide leidenschaftliche Skifahrer und Tennisspieler. Nach der Schule hatten sie in einem Sabbatjahr ihren Horizont erweitert und waren in der Welt herumgekommen. Manche behaupteten gar, die beiden hätten sich schon in Chile getroffen.

Nach und nach wurde Kate in die »Clique« des Prinzen in St. Andrews aufgenommen, zu der außer ihr Bryony Daniels gehörte, die Tochter eines reichen Gutsbesitzers, sowie Virginia Fraser, deren Vater Lord Strathalmond ist, ein Versicherungsunternehmer in London, und Olivia Bleasdale, die Tochter eines Armeeoffiziers.

Es ist nicht bekannt, wie Virginia und Olivia William kennenlernten, aber Bryony Daniels, die in Paines Manor, einem Gutshaus aus dem 17. Jahrhundert in Pentlow, Suffolk, bei ihren Eltern David und Pauline aufwuchs, traf den Prinzen schon in der ersten Woche auf St. Andrews, als sie gemeinsam Geografie-Vorlesungen und Kurse besuchten. Olivia, die Tochter von Oberstleutnant Jeremy Bleasdale der königlichen Artillerie, könnte den Prinzen während ihrer Schulzeit in der exklusiven Westonbirt School kennengelernt haben, die nur eineinhalb Kilometer von Highgrove entfernt ist; und Ginny (Virginia) wurde ihm eventuell von Kate vorgestellt, die ihn vermutlich während ihres kurzen Aufenthalts im Downe House traf. Immerhin zählt die Tochter des Prinzen Michael, Lady Gabriella Windsor, zu den ehemaligen Schülerinnen der Einrichtung.

Auch wenn Kate und die anderen Mädchen schon alle als potenzielle Freundinnen des Prinzen gehandelt wurden, konnte in dieser Phase noch keine Rede von einer Liebesaffäre sein. Kate stürzte sich in das Universitätsleben, während William sich bewusst zurückhielt, weil er Angst hatte, den Namen der Königsfamilie zu beflecken. Das hieß: keine exzessiven Partys, keine Drogen und kein Kuss in der Öffentlichkeit.

Trotz des Entschlusses, sich zurückzuhalten, flirtete er schon nach wenigen Wochen mit Carly Massy-Birch, einer hübschen, jugendlichen Brünetten, die nach dem Examen als Schauspielerin arbeitete und in einigen Theaterstücken und Hörspielen auftrat. Sie hatte ebenfalls vieles mit William gemeinsam, da sie in Axminster in Devon aufgewachsen war, wo ihre Eltern Mimi und Hugh eine Farm hatten. Sie, William und Kate waren eng befreundet, und das blieb auch so, nachdem die Beziehung zwischen Carly und William auseinandergegangen war, und er mit Kate angebandelt hatte.

»Sie ging sechs oder sieben Wochen lang mit William aus, nachdem sie sich in St. Andrews kennengelernt hatten«, bestätigte ihre Mutter später der Presse. »Sie sind alle drei dicke Freunde ...

## Die Königin des Laufstegs

Sie wünscht sich wirklich, dass Kate William heiratet, damit sie zur Hochzeit eingeladen wird. Wenn er sich in eine andere verknallt, fürchtet sie, dass sie außen vor bleibt... Carly ist Kate und William immer sehr nahe gestanden, und daran hat sich nie etwas geändert.«

Auch Kate lernte jemanden kennen, der in ihrem ersten Jahr an der Uni ihr Herz eroberte. Rupert Finch war ein 22-jähriger Jurastudent im letzten Jahr in St. Andrews, als er Kate zum ersten Mal begegnete. Wie zu erwarten, war er ein begeisterter Sportler. Der talentierte Krickespieler gehörte nicht nur dem Team der Universität an, sondern managte die Mannschaft auch bei einer Sommerreise nach Südafrika. Rupert ist mit seinen Eltern John und Prudence Finch in einem großen Hof in Fakenham, Norfolk, aufgewachsen, auf einem Grundstück, das Prinz Williams Onkel, dem Grafen Spencer gehörte. Während sein Vater das Land bewirtschaftete, leitete seine Mutter Reitausflüge. Es ist nicht bekannt, zu welchem Zeitpunkt sich Kates und Ruperts Freundschaft zu einer Beziehung entwickelte oder ob sie Bestand hatte, nachdem er im nächsten Sommer die Universität verließ und bei der Anwaltskanzlei Mills & Reeve anfing. Mit einer vorbildlichen Diskretion hat er sich nie zu ihrer Beziehung geäußert und erklärt, dass er auch nicht die Absicht habe, das jemals zu tun.

William und Carly trennten sich um die Zeit des sogenannten »Raisin Weekend«, ein alljährliches, ausgelassenes Fest, das am letzten Novemberwochenende stattfindet. Die Erstsemester werden von ihren akademischen »Eltern« oder Mentoren unterhalten, eine Tradition, die angeblich schon seit Jahrhunderten besteht. In der Regel besuchen die Erstsemester eine Teeparty, die ihre »Mütter« geben, machen gemeinsam mit ihren »Vätern« einen Kneipenbummel und ziehen dann zum traditionellen Schaum-Kampf lustige Kostüme an. Obwohl dieses Ereignis, der Höhepunkt des munteren Treibens, immer im Hof von St. Salvator's stattfindet, direkt vor dem Wohnheim von Kate und William, war während der Festlichkeiten von William weit und breit nichts zu sehen, und wenn Kate daran teilnahm, so blieb sie zumindest im Hintergrund.

Der Bruch mit Carly war womöglich der Auslöser für eine Phase der Besinnung seitens des Prinzen. Obwohl er bis zu seiner Rückkehr nach Highgrove am 15. Dezember zu den Weihnachtsferien bereits einige gute Freunde gefunden hatte, hatte er inzwischen Bedenken wegen der Wahl der Universität und dachte daran, an einen Campus zu wechseln, der näher bei seinem Elternhaus lag. Da William sich in der kleinen, vergleichsweise abgeschiedenen Stadt einsam und von seinen alten Freunden zu Hause isoliert fühlte, fiel es ihm schwer, sich richtig einzuleben. Er war außerdem genervt von der Aufmerksamkeit einiger amerikanischen Studenten, die ihn anstarrten und ihm wie Schafe überall nachliefen. Prinz Charles wies seinen Sohn darauf hin, wie schädlich es für Williams Image in der Öffentlichkeit wäre, wenn er St. Andrews den Rücken kehren würde, aber gemeinhin wird Kate das Verdienst zugesprochen, dass sie ihn nach seinem »Schwanken«, wie königliche Bedienstete es nannten, überredet hatte, langfristig in St. Andrews zu bleiben. Im nächsten Semester regte sie an, dass ihm ein Studium der Geografie möglicherweise besser liegen würde als Kunstgeschichte. William wechselte dann auch am Ende seines zweiten Studienjahres das Fach.

»Im ersten Jahr in ein Studentenheim zu ziehen, war ein richtiger Schritt«, bemerkte er später. »Dort habe ich die meisten Freundschaften geknüpft. Auf einen Schlag werden wir alle in einen Topf geworfen – ein ganzer Schwung Menschen in vergleichbaren Situationen – und wir hatten viel Spaß.«

*Die Königin des Laufstegs*

Trotz Williams Zweifel kehrten er und Kate am 9. Januar (ihrem 20. Geburtstag) für den Rest ihres ersten Studienjahres nach St. Andrews zurück. Im April, als sie über den Laufsteg schwebte, hatten sich beide dann eingelebt und an den Studentenalltag gewöhnt, wenn auch beide auf ganz eigene Art.

Mit seinem ersten Auftritt in der Öffentlichkeit seit der Ankunft an der Universität, nachdem William es etwa abgelehnt hatte, an dem renommierten Ball für die Erstsemester teilzunehmen, signalisierte er, dass er die Absicht hatte, sich künftig stärker am Studentenleben zu beteiligen. Kates Gang über den Laufsteg hingegen enthüllte eine kühnere und abenteuerlustigere Seite der bislang so sittsamen jungen Dame.

Ihr gewachsenes Selbstvertrauen zeigte sich außerdem in ihrem energischen Vorgehen mit Blick auf den umstrittenen Kate Kennedy Club, eine Eliteorganisation für männliche Studenten nach dem Vorbild des elitären Bullingdon Club von Oxford. Der Club ist scharf kritisiert worden, weil er sexistisch und generell chauvinistisch sei. Der stets umsichtige William lehnte vorerst die Mitgliedschaft ab, Kate hingegen gründete eine Konkurrenzorganisation: den Lumsden Club nur für Studentinnen. Sie haben sich zum Ziel gesetzt, die Beziehung zwischen »Bürgerschaft und Studentenschaft« zu verbessern. Der nach Louisa Lumsden (im 19. Jahrhundert eine bekannte Persönlichkeit von St. Andrews, die später in Anerkennung ihrer Verdienste für die Bildung von Frauen zur *Dame* ernannt wurde) benannte Club wollte die bildenden Künste fördern und über eine Reihe von Veranstaltungen wie Cocktailpartys im Laufe des Jahres Spenden für Frauenorganisationen sammeln.

Nach und nach folgte William Kates Rat und beteiligte sich stärker am Studentenleben. Man sah die beiden häufig in Ma Bells, der Bar im Untergeschoss des St. Andrews Golf Hotel, bei einem Drink miteinander plaudern. Das Hotel liegt ganz in der

Nähe der Universität oberhalb der Küste. Die meist nur »Yah Yah Bells« genannte Bar, weil sich hier dem Vernehmen nach die Elite der Universität traf, war abends meist brechend voll mit Studenten, die zu der Musik des einheimischen DJs tanzten. Sehr beliebt waren ferner das Gin House, einige Straßen weiter in der South Street, und Broons, das nicht weit vom Wohnheim in der North Street lag. Gelegentlich gingen William und seine Freunde in das Byre Theatre in der Abbey Street am anderen Ende der Stadt, das der ideale Ort für einen anonymen Abend war. »Alle glauben, ich würde Bier trinken, aber eigentlich mag ich Cider«, bemerkte Prinz William in einem offiziellen Interview, das er während seiner Studienzeit gab – als Teil der Strategie, um die Presse in Schach zu halten.

Außerdem trieb William wieder Sport, trat in den Sportclub der Universität ein, spielte Rugby und sonntags Fußball und wurde in das Wasserballteam von St. Andrews aufgenommen. Als leidenschaftlicher Wasserskifahrer und Surfer sah man ihn häufig in der Nordsee auf den Wellen reiten, im Schlepptau eines Motorboots auf Skiern oder, bei rauem Seegang, auf einem riesigen gelben, aufblasbaren Schlauch, der wie eine Banane aussah. Er fing an, morgens auf dem Deich zu laufen, um sich fit zu halten und die negativen Nebenwirkungen der studentischen Ernährung in Grenzen zu halten. Er hatte nicht nur eine Vorliebe für Mahlzeiten zum Mitnehmen und Fast Food entwickelt, sondern wurde auch häufig beim Kauf von Süßigkeiten im Burns Sweet Shop in der Market Street oder bei Woolworth an dem Stand gesehen, wo man seine eigene Mischung zusammenstellen konnte.

Am Ende des ersten Studienjahrs hatte sich Kate mit dem übernächsten Kandidaten in der Thronfolge so gut angefreundet, dass sie eingeladen wurde, gemeinsam mit ihm und zwei ihrer engsten Freunde eine Wohnung in der Stadtmitte zu mie-

*Die Königin des Laufstegs*

ten. Eine neue, selbstbewusste Kate verließ St. Andrews zu den Sommerferien.

Aber trotz ihrer Aufnahme in den Kreis der Königsfamilie musste die 20-jährige Studentin noch ihre Studiengebühren bezahlen. Sie wurde von der hochklassigen Cateringfirma Snatch angestellt, um bei einem gesellschaftlichen Großereignis der Saison, der Henley Royal Regatta, Drinks zu servieren, und bekam dafür 5,25 Pfund die Stunde. »Kate ist eine ausgezeichnete Bardame«, erzählte der Besitzer Rory Laing der Presse. »Wir stellten sie bei der Henley Royal Regatta ein und hoffen, dass sie auch nach Cowes kommt, um hier an unserer Snatch-Bar zu bedienen. Da wir nur ehemalige Schüler aus Privatschulen anstellen, passt sie hervorragend zu unserem Profil. Sie ist ein hübsches Mädchen und bekommt immer reichlich Trinkgeld.«

In jenem Sommer bewies Kate eine einzigartige Fähigkeit, zwei völlig verschiedene Aspekte ihres Lebens auszubalancieren: Gefährtin des Prinzen und hart arbeitende Studentin. Dabei legte sie die Mischung aus Kultiviertheit und Schlichtheit des Mädchens von nebenan an den Tag, die ihr Markenzeichen werden sollte.

# Kapitel 16

## Königlicher Mitbewohner

Kate Middleton sah in einem atemberaubenden Kleid im Stil der 1920er-Jahre wie die Schönheitskönigin eines Balls aus. Sie gab in einem Pavillon auf dem Grundstück ihrer Eltern eine Party als Nachfeier ihres 21. Geburtstags. Immer wieder nippte sie an einem Glas Champagner, begrüßte neu ankommende Gäste und plauderte mit Freunden aus dem Marlborough College und der St. Andrews University. Alle waren, genau wie sie, im Stil jener turbulenten Epoche gekleidet und hielten nach Prinz William, dem Ehrengast, Ausschau.

Das Paar lebte zwar bereits seit einem Jahr zusammen in einer Wohnung in der Universitätsstadt, doch erst der Auftritt Williams bei Kates Party im Juni 2003 (fünf Monate nach ihrem eigentlichen Geburtstag) unterstrich, wie nahe sich die beiden inzwischen standen. Er kam spät und ging nach dem Dinner bald wieder, bevor der Tanz begann. William fuhr nach Highgrove zurück, um seine eigene Party zum Übergang ins Erwachsenenleben eine Woche später vorzubereiten.

Die Kommentatoren haben Spekulationen angestellt, dass Kates Geburtstagsparty womöglich der Beginn einer Romanze war, welche die ganze Nation seit Jahren in Atem hält. Aber nur ganz enge Freunde des Paares wissen wirklich, wann aus ihrer Freundschaft Liebe wurde.

## Prinzessin Kate

Erste Gerüchte über das Wesen der Beziehung zwischen William und Kate kursierten bereits nach den Frühlingsferien 2002, gegen Ende ihres ersten Jahres in St. Andrews, als William bekannt gab, dass er die Absicht habe, aus dem Wohnheim auszuziehen und mit drei Freunden, darunter Kate, eine Wohnung zu mieten. Zu diesem Zeitpunkt taten Kate und William alle Anspielungen auf eine heimliche Liaison mit einem Lachen ab, und sie betonten stets, dass sie »lediglich gute Freunde« seien, obwohl William damals ebenso jung und ungebunden war wie Kate. Ihre Beziehung zu Rupert Finch stand kurz vor dem Ende – ihre Affäre mit William hingegen kurz vor dem Anfang.

William und Kate taten sich mit Fergus Boyd, dem Sohn eines Anwalts aus dem Dorf Broughton Gifford in Wiltshire, und Olivia Bleasdale zusammen, die ebenfalls Kunstgeschichte studierte. Die vier fanden eine Wohnung in einer überaus beliebten Straße der Stadt.

Fergus, der wohl engste Freund Williams an der Universität, hatte sich mit dem Prinzen auf den Rugbyfeldern von Eton angefreundet und studierte jetzt wie er Geografie in St. Andrews. Er war genau wie Kate in der Modenschau für einen wohltätigen Zweck über den Laufsteg stolziert und hatte im Sommer ihren damaligen Freund Rupert mit dem Kricketteam nach Südafrika begleitet. Der heutige Finanzberater bei Smith & Williamson hat das königliche Paar stets vor unziemlicher Neugier geschützt; er zählt zu den wenigen Menschen, die wissen, ob aus ihrer Freundschaft schon im Lauf des zweiten Studienjahres eine Liebesbeziehung wurde. Kaum waren Kate und William in eine Wohnung gezogen, kursierten natürlich ständig Gerüchte, dass die beiden mehr als Freunde seien. Irgendwann hielt der Buckingham Palace es sogar für angebracht, zu dementieren, dass sie »zusammenlebten«, was ausdrücken sollte, dass sie nicht das Schlafzimmer teilten.

Kates Urgroßvater Charlie Goldsmith (vordere Reihe links) während des Ersten Weltkriegs.

Kates Großvater Ronald Goldsmith (ganz vorne) mit (v. l. n. r.) seinem Schwager Henry „Titch" Jones, seiner Schwägerin Emma Goldsmith, seiner Schwester Ede Jones, seinem Bruder Charlie Goldsmith, seiner Mutter Edith Goldsmith und seiner Schwester Joyce Plummer.

Kates Großtanten, die Schwestern von Ronald Goldsmith (v. l. n. r.): Hetty, Ede mit Joyce auf dem Arm, und Alice.

Kates Großeltern Dorothy Harrison und Ronald Goldsmith an ihrem Hochzeitstag am 8. August 1953, vor der Holy Trinity Church in Southall.

Kates Urururgroßvater Frank Lupton.

Kates Urgroßmutter Olive Lupton.

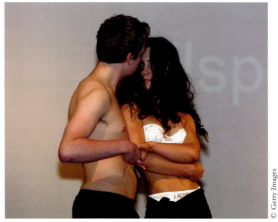

Kate und Fergus Boyd bei der »Don't Walk«-Modenschau für einen wohltätigen Zweck in St. Andrews, 2002.

Kate auf dem Laufsteg in St. Andrews.

Kate auf der Hochzeit von Hugh van Cutsem und Rose Astor im Juni 2005 – dem ersten öffentlichkeitswirksamen sozialen Ereignis, das sie und Prinz William gemeinsam besuchten.

Kate bei Ihrer Abschlussfeier in St. Andrews, 2005.

Der erste Kuss von Kate und William in der Öffentlichkeit, Klosters, 2006.

Kate beim Cheltenham Gold Cup, 2006.

Kate in einem Kleid von BCBG Max Azria beim Boodles Boxing Ball, 2006.

»The Look of Love«: Kate und William sehen sich verliebt an, als sie ihren Lieblingsclub Boujis verlassen, 2006.

Kate mit ihrem Vater bei Williams Abschluss von Sandhurst im Dezember 2006.

Kate und William beim Cheltenham Festival 2007, kurz vor ihrer Trennung.

Kate (dritte Reihe, ganz rechts) und William (erste Reihe, Mitte) beim Konzert für Diana im Juli 2007.

Kate und Chelsy Davy auf der Hochzeit von Peter Phillips und Autumn Kelly im Mai 2008.

Kate in einem Kleid des Labels Issa beim Boodles Boxing Ball, 2008.

Kate sieht bei Prinz Williams Aufnahme in den Hosenbandorden im Juni 2008 zu.

*Königlicher Mitbewohner*

Der Aufenthalt Williams in St. Andrews wirkte sich spürbar auf den Wohnungsmarkt aus, weil reiche, amerikanische Studenten, die in die Küstenstadt kamen, bereit waren, Wuchermieten zu zahlen, um einen Blick auf ihr Idol zu erhaschen. Die Mieten waren vergleichbar mit denen in London, und es sind etliche Fälle überliefert, in denen Studenten im Schlafsack vor den Maklerbüros übernachteten, damit sie die ersten in der Schlange für eine Wohnung waren.

Über ihre guten Beziehungen gelang es den gut betuchten Freunden, sich eine Maisonette-Wohnung in einem Reihenhaus zu sichern. Die vier Freunde zogen vor Beginn des Herbstsemesters am 23. September 2002 in die Wohnung im Herzen der Altstadt. Es war der ideale Ort, um sich nach einem Tag an der Universität zu entspannen. Die Wohnungsgenossen wechselten sich beim Kochen ab, eine Aufgabe, die William schwerfiel, obwohl er in Eton Kochunterricht gehabt hatte. »Ich koche ziemlich regelmäßig für sie, und sie kochen für mich«, sagte er in einem Interview am Ende des Studienjahres, »allerdings ist es schon eine Weile her, dass wir bei uns zu Abend gegessen haben, weil alle kurz vor dem Examen stehen und richtig hart arbeiten. Ich habe ein paar sehr gute Köche bei mir im Haus, aber ich selbst bin absolut nutzlos, wie meine Paella-Kreation, die vor einiger Zeit in Eton gefilmt wurde, bewies. Meist gibt es Huhn, Currygerichte oder Nudeln. Aber wir gehen auch oft essen – worauf wir eben Lust haben.«

Alles in allem fielen die vier Studenten kaum auf, gingen oder fuhren mit dem Rad zu den Vorlesungen, kauften bei Safeway ein und verbrachten die Abende zu Hause. Sie hörten sich Williams Rhythm & Blues an oder ließen Fergus' Jazz aus den Boxen dröhnen. Unter der Woche ging der Prinz selten aus – außer zu den Vorlesungen oder in die Bibliothek –, nur am Mittwochnachmittag trieb er Sport. Und am Donnerstagabend trainierten

William, der zum Kapitän der Wasserballmannschaft gewählt worden war, und Fergus zwei Stunden lang im Swimmingpool der St. Leonards School.

Zum Leben in einer Wohngemeinschaft sagte er einmal: »Ich gehe oft einkaufen – ich genieße es geradezu. Ich kann mich regelrecht dabei vergessen, einfach Vorräte einzukaufen, wissen Sie. Ich kaufe viele Sachen, und dann gehe ich nach Hause und sehe, dass all die Sachen, die ich gerade eingekauft habe, kaum in meinen Kühlschrank passen... Wir kommen alle ganz gut zurecht und machten am Anfang einen Dienstplan, aber natürlich brach irgendwann völliges Chaos aus. Jeder hilft dem anderen aus, wo er kann. Ich gebe mir Mühe, den anderen zu helfen, und sie tun dasselbe für mich, aber in der Regel sorgt jeder für sich selbst.«

Der einzige Hinweis auf den berühmtesten Bewohner der Stadt und seine Mitbewohner war die Tatsache, dass rund um die Uhr ein Kleinbus mit verdunkelten Fenstern vor dem Grundstück stand, Polizisten auf der Straße patrouillierten und Videokameras die Wohnung überwachten. Einheimische nannten die Gegend die am zweitbesten bewachte Straße nach Downing Street, dem Wohnsitz des Premierministers und des Schatzkanzlers. Sicherheitsbeamte begleiteten William auf den Campus und warteten auf ihn in der Döner-Bude ein paar Häuser weiter in derselben Straße.

Nicht lange nach dem Umzug in St. Andrews kauften Kates Eltern Ende November 2002 eine Wohnung mitten in Chelsea. Der Zeitpunkt war vielleicht reiner Zufall, aber das bedeutete, dass ihre Tochter künftig in London Partys veranstalten konnte. Knapp eine Woche danach verbrachte Kate ihr erstes Wochenende auf einer Jagd, zu der William auf die Wood Farm in Sandringham, Norfolk, eingeladen hatte. Sie war eine von sechs Mädchen und zehn Jungen (einschließlich des Prinzen), die sich

## Königlicher Mitbewohner

in eine Jagdhütte mit sechs Betten quetschten. Wie die Schlafgelegenheiten aufgeteilt wurden, ist nicht bekannt, was die Spekulationen um die Freundschaft zwischen William und Kate nur noch anheizte. Unter den Gästen waren auch Olivia Bleasdale und Virginia Fraser, die in der Vorlesungszeit in derselben Straße wie Kate und William wohnten, sowie Natalie Hicks-Lobbecke, die von ihren Freunden Nats genannt wurde. Die Tochter eines Offiziers studierte an der Bristol University. Zu verschiedenen Zeitpunkten hatte man alle diese Mädchen einmal mit dem Prinzen in Verbindung gebracht.

In Sandringham House selbst, knapp zwei Kilometer von der Jagdhütte entfernt, war Williams Vater der Gastgeber einer eher gesetzteren Veranstaltung im Gutshaus der Königin. Unter den Gästen von Prinz Charles fanden sich die Königin von Dänemark, die schon früh ging, weil sie Rückenschmerzen hatte, das Patenkind der Königin Sir Nicholas Bacon, ein Rechtsanwalt, dem Tausende von Hektar Land in Norfolk gehören und der sich genau wie Charles sehr für Gartenarbeit interessiert, der konservative Abgeordnete Nicholas Soames, Jolyon Connell, der Herausgeber des Nachrichtenmagazins *The Week*, und der Grundbesitzer Lord Cavendish.

Es gibt keine Anzeichen dafür, dass Kate (oder ein anderer Gast Williams an jenem Wochenende) Prinz Charles begegnete, obwohl er mit einer Cateringfirma in Sandringham einen opulenten Service für die Gäste seines Sohnes organisierte. Es sollte jedoch nicht mehr lange dauern, bis Kate dem Vater ihres Mitbewohners vorgestellt wurde.

Fünf Monate später, am 3. Mai 2003, schien die Beziehung zwischen William und Kate bereits erheblich weiter gediehen, als sie auf den alljährlichen Maiball gingen, der auf der Kinkell Farm in der Grafschaft Fife stattfand. Organisiert hatte die Veranstaltung der wohlbekannte Kate Kennedy Club, dem inzwischen auch William beigetreten war. Nachdem sie für Karten zu der Benefizveranstaltung ein ordentliches Sümmchen ausgegeben hatten, verbrachten sie die meiste Zeit auf dem Ball in einer Ecke mit den engsten Freunden. Anschließend kursierten prompt Gerüchte, dass die beiden nur Augen füreinander gehabt hätten.

Ein paar Wochen danach sah sich Kate ein Turnier im 7er-Rugby (sieben Spieler pro Mannschaft) an, das von dem Pub The Gin House gesponsert wurde. Wenn man danach urteilte, wie begeistert Kate sein Team von der Seitenlinie aus anfeuerte – das der Konkurrenzkneipe West Port Bar –, dann wirkte sie eher wie eine Freundin in der Warteschleife als eine Mitbewohnerin. In den Pausen, wenn Williams Mannschaft nicht spielte, lagen die beiden Seite an Seite in der Frühlingssonne, vergaßen ins Gespräch vertieft die Umgebung und fühlten sich in der Gesellschaft des anderen offenkundig so wohl, dass weitere Gerüchte aufkamen, ihre Beziehung habe inzwischen eine neue Ebene erreicht. Nach dem Turnier bekam der Zweitplatzierte (Williams Team) als Trostpreis drei Kisten Lagerbier. Dann ging die ganze Mannschaft in die West Port Bar, wo sie ordentlich zechten und die Sieger feierten. Spendabel, wie er war, gab William nicht nur eine Runde aus.

Das Ende des Frühjahrssemesters rückte näher, und damit auch das Ende des zweiten Jahres der beiden an der renommierten Universität. Nach den Abschlussprüfungen zogen Kate und William aus ihrer Wohnung aus und freuten sich auf den langen Sommer. Aber sie blieben nicht lange getrennt.

Kate war zwar schon im Januar 21 geworden, aber sie und William feierten beide ihren Geburtstag in jenem idyllischen Sommer des Jahres 2003. Während Kates Party jedoch eher eine private Veranstaltung war, im engen Freundeskreis einschließlich Prinz William, war das Fest des Enkels der Königin natürlich

## Königlicher Mitbewohner

ein viel größeres und öffentliches Ereignis, zu dem die meisten Angehörigen der Königsfamilie sowie etliche Berühmtheiten kamen. Das von dem Kammerdiener des Prinzen von Wales Michael Fawcett veranstaltete Fest fand am 21. Juni 2003, Williams richtigem Geburtstag, auf Schloss Windsor statt. Das älteste und größte bewohnte Schloss auf der ganzen Welt wurde in einen afrikanischen Urwald verwandelt, in dem zwei riesige Elefantenmodelle die Gäste überragten. Ihre Rüssel waren so ineinander verschlungen, dass sie einen Durchgang zur Tanzfläche bildeten. Die Wände waren mit Tierfellen dekoriert, ein riesiger Giraffenkopf prangte stolz über der langen, goldenen Bar, die sich durch den ganzen Saal schlängelte, und die Maske eines afrikanischen Stammes beherrschte die gegenüberliegende Wand. 300 Gäste, alle verkleidet, tanzten zu dem Sound von Shakarimba, einer sechsköpfigen Band aus Botswana, und William brachte sich so richtig in Schwung, indem er auf die Bühne sprang und trommelte. Unter den Gästen waren seine Onkel, Graf Spencer und Prinz Andrew, beide als Großwildjäger verkleidet, der Komiker Rowan Atkinson und der Polospieler Luke Tomlinson. Williams Großmutter sah bezaubernd aus als Königin von Swasiland: ein weißes Abendkleid, afrikanischer Kopfschmuck und ein riesiger Pelzmantel. Sein Vater hingegen trug Safarikleidung und einen Jagdhut, seine Cousinen Beatrice und Eugenie steckten in passenden Kostümen aus Leopardenfell.
Die St.-Andrews-Clique kam in einem zerbeulten, weißen Van, der mit Luftballons und Glitzerschmuck dekoriert war. Doch Kates Auftritt wurde in den Medien kaum eines Wortes gewürdigt, weil er von zwei Ereignissen überschattet wurde. Das erste war die Verhaftung des Eindringlings Aaron Barschak, eines selbst ernannten »Terroristenkomikers«. Dem Mann war es gelungen, auf das Gelände zu klettern und sich als Osama bin Laden verkleidet unter die Gäste zu mischen. Er spazierte

schnurstracks auf die Bühne im Tanzsaal und nahm dem Prinzen einfach das Mikrofon aus der Hand, als er sich gerade bei der Königin und Prinz Charles für die Party bedankte. Während William ganz ruhig blieb, wurde Barschak aus dem Saal geführt und verhaftet, es wurde jedoch keine Anklage erhoben.

Das zweite Ereignis war die Anwesenheit von Jessica »Jecca« Craig, der Tochter eines wohlhabenden Umweltschützers, von der man damals gemeinhin annahm, dass sie Williams erste echte Freundin gewesen sei. Er war Jecca nähergekommen, als er in seinem Sabbatjahr zwei Jahre zuvor das über 18 000 Quadratkilometer große Tierschutzreservat ihrer Familie in den Bergen Kenias besucht hatte. Es kursierten sogar Gerüchte, dass sie eine »Scheinverlobung« gefeiert hätten – aber nur die beiden wussten, ob sie immer noch etwas füreinander empfanden, als Jessica zu seiner Afrika-Party nach Großbritannien flog.

Wie dem auch sei, der Prinz schien großen Wert darauf zu legen, alle Gerüchte über ihre Verbindung zu dementieren und zu beweisen, dass er noch Single war. Er gab eine öffentliche Erklärung ab, die Prinz Charles ausdrücklich gebilligt hatte, und bestritt die unterstellte Liebesbeziehung zu Jecca. Es war das erste und einzige Mal, dass sich das Königshaus zu einem solchen Schritt hinreißen ließ. Die Erklärung wurde allgemein als Schuss vor den Bug gewertet, mit dem Ziel, die intensiven Spekulationen in den Medien einzudämmen. Die Medien gerieten außer Rand und Band, nachdem Jeccas damaliger Freund Henry Ropner erst in letzter Minute zu der Party eingeladen wurde.

Aber William dementierte nicht nur eine Beziehung zu Jecca – er bestritt, überhaupt eine Freundin zu haben. In einem Interview zu seinem Geburtstag erklärte er: »Es gibt viele Spekulationen um jedes einzelne Mädchen, mit dem ich zusammen bin, und das macht mich nach einer Weile richtig wütend, vor allem weil es für die Mädchen eine absolute Belastung ist. Diese

*Königlicher Mitbewohner*

armen Frauen, die ich entweder nur zufällig getroffen habe oder die mit mir befreundet sind, werden plötzlich ins Rampenlicht gestellt, und bei ihren Eltern läuft das Telefon heiß und dergleichen mehr. Ich halte das für ziemlich unfair ihnen gegenüber, wirklich. Ich bin daran gewöhnt, weil es in letzter Zeit ziemlich oft passiert. Aber für sie ist es sehr schwer, und das gefällt mir ganz und gar nicht.«
»Wenn ich eine Frau mag, und sie mich auch, was selten vorkommt, dann gehe ich mit ihr aus. Aber gleichzeitig möchte ich sie nicht in peinliche Situationen bringen, weil viele Menschen zum einen nicht begreifen, was damit verbunden ist, mich zu kennen – und zweitens, wenn sie meine Freundin wäre, welche Aufregung das vermutlich auslösen würde.«
In jenem Sommer teilte der Prinz also der ganzen Welt mit, dass er Single war, aber es sollte nicht lange dauern, bis sich die Medien auf Kate konzentrierten. Schon bald zeichnete sich ab, dass eine ernste neue Affäre begonnen hatte.

# Kapitel 17

# Kalte Hände, warm ums Herz

In einer roten Fleeceweste und schwarzen Skihose stand Kate Middleton neben Prinz William am Skilift in Klosters und wurde den Pistenhang hochgezogen – Klosters, jener exklusive Urlaubsort in den Schweizer Alpen, in dem die Königsfamilie am liebsten Skiurlaub macht. Der Aufenthalt bewies unbestreitbar, dass sie das Herz des begehrtesten Junggesellen von ganz Großbritannien erobert hatte.

Nach monatelangen Spekulationen um ihre Affäre wurde das Paar, beide inzwischen 21 Jahre alt, endlich von dem Fotografen Jason Fraser erwischt, jenem Mann, der auch den berühmten Kuss von Prinzessin Diana und Dodi Fayed auf einer Jacht im Mittelmeer festgehalten hatte. Die Aufnahmen des zärtlichen Moments am 31. März 2004 wurden in dem Boulevardblatt *The Sun* veröffentlicht. Mitarbeiter in Clarence House, dem privaten Büro des Prinzen von Wales, waren empört, weil sie mit den Medien die Absprache getroffen hatten, dem Prinzen während seiner Zeit an der Universität eine gewisse Privatsphäre zu gewähren.

Das Paar im dritten Studienjahr in St. Andrews war vier Tage zuvor von London Heathrow nach Zürich geflogen, am Anfang der Frühjahrsferien, um mit den engsten Freunden eine Woche lang Ski zu fahren. Zu dem Kreis zählten Harry Legge-Bourke,

der ältere Bruder von Tiggy, dem ehemaligen, königlichen Kindermädchen, Guy Pelly, ein ehemaliger Student am Cirencester Agricultural College, sowie der Freund der Familie William van Cutsem und seine Freundin Katie James. Bei allen konnte man sich darauf verlassen, dass sie ein Geheimnis nicht ausplauderten.
Tagsüber machte die Gruppe die Skipisten unsicher, abends nutzten sie das Après-Ski-Angebot des Ortes. Einen Abend verbrachten sie etwa in einer Karaoke-Bar, wo William selbst ans Mikrofon ging, an einem anderen aßen sie gemeinsam mit Prinz Charles und seinen regelmäßigen Skipartnern Charlie und Patty Palmer-Tomkinson in einem Bergrestaurant zu Abend.

Williams und Kates Skiurlaub setzte den ausufernden Spekulationen über die Intimität ihrer Freundschaft ein Ende. Die Mutmaßungen hatten wie beschrieben schon 18 Monate zuvor begonnen, als sie am Anfang des zweiten Studienjahres mit zwei anderen Studenten in die gemeinsame Wohnung gezogen waren, und hatten seither wahrlich bizarre Züge angenommen.
Der Beginn des dritten Jahres in St. Andrews war mit Sicherheit eine schwere Zeit für Kate, weil sie den Tod ihres Großvaters mütterlicherseits – Ronald Goldsmith – betrauerte, der schon seit einiger Zeit im Rollstuhl gesessen hatte. Er hatte an einem Herzklappenfehler gelitten. Von Kates Großeltern starb er als Erster im Alter von 72 Jahren, sein Herz hörte am 10. September 2003 in dem Landhaus in Pangbourne, Berkshire, das er mit seiner Frau Dorothy teilte, auf zu schlagen.
Bei der Rückkehr nach Schottland in jenem Herbst beschlossen Kate, William und Fergus, aus dem Stadtzentrum in ein Bauernhaus außerhalb von St. Andrews zu ziehen, wo sich William und

## Kalte Hände, warm ums Herz

Kate, die beide die Natur liebten, wohler fühlten. Zu Beginn des Herbstsemesters am 29. September 2003 zogen die vier Wohnungsgenossen in das Balgove House auf dem Gut Strathtyrum. Dort blieben sie bis zum Ende ihres Studiums.

Im Vorfeld des Umzugs sagte William: »Die meisten Menschen ziehen früher oder später um, und das war auch immer meine Absicht. In meinem dritten Jahr habe ich weniger Vorlesungen und muss nicht so viel Zeit an der Universität verbringen, deshalb dachte ich: Wie wäre es, wo ganz anders hinzuziehen? Ich glaube, in meinem Innern bin ich ein Naturliebhaber. Ich mag den Puls der Städte und gehe gern mit Freunden aus, trinke mit ihnen einen und so – das macht Spaß. Aber gleichzeitig brauche ich Platz und Freiheit.«

Das Landhaus, das in einem welligen Gelände voller Orchideen und Fuchsienbüsche lag, war ein geradezu idyllischer Ort, wie geschaffen für das Werben um eine Frau. Das Haus lag nicht nur sehr diskret, sondern es war auch absolut sicher. Als die Gruppe einzog, hatte der Palast 1,5 Millionen Pfund investiert, um nach dem Vorfall auf Williams Geburtstagsparty eine weitere blamable Sicherheitspanne zu vermeiden. Ein benachbartes Landhaus wurde als Zentrum der Sicherheitsmaßnahmen ausgesucht, und etliche Sicherheitsbeamte wurden angestellt, um rund um die Uhr eine Überwachung des Landhauses zu gewährleisten. Das Landhaus war darüber hinaus bombensicher, und es wurden Videokameras und Alarmknöpfe für den Notfall installiert, die direkt mit lokalen Polizeiwachen und dem Buckingham Palace verbunden waren.

In der verstärkten Privatsphäre und Freiheit ihres neuen, ländlicheren Heims hatten William und Kate Gelegenheit, ihre keimende Zuneigung fernab neugieriger Blicke wachsen zu lassen – bei Angehörigen der Königsfamilie, insbesondere beim jungen Prinzen, war das eher die Ausnahme. Als offiziell bestätigt wurde, dass die beiden ein Paar waren, hieß es in den ersten Meldungen, sie seien seit Weihnachten zusammen, allerdings sprach manches dafür, dass sie im vorigen Sommer anfingen, miteinander auszugehen, etwa um die Zeit ihrer Geburtstagspartys.

Wie dem auch sei, beide wahrten gegenüber dem anderen äußerste Zurückhaltung, als wollten sie ihre Affäre geheim halten. Augenscheinlich hatten sie miteinander vereinbart, ihre Zuneigung nicht in der Öffentlichkeit zu zeigen. Sie verließen morgens das Haus getrennt und hielten nie Händchen, wenn sie unterwegs waren. Sie verheimlichten der Außenwelt völlig, welchen Charakter ihre Beziehung inzwischen angenommen hatte, indem sie romantische Abende zu Hause verbrachten, sich in Birkhall verabredeten (einem Gutshaus mit 14 Schlafräumen am Ufer des Muick, nicht weit von Balmoral, das Prinz Charles von der Königinmutter geerbt hatte) und die Wochenenden in Highgrove verbrachten. Dort begegnete Kate zum ersten Mal dem Vater ihres Freundes. Das Paar fuhr meist in Williams schwarzem VW Golf übers Wochenende zur Jagd dorthin.

Den ersten Hinweis, dass sich ihre Beziehung verändert hatte, gab es paar Wochen vor ihrem Skiurlaub, als sie an der Middleton-Jagd in North Yorkshire teilnahmen und William Kate seinen Freunden als seine »Freundin« vorstellte. Binnen weniger Wochen wusste ganz Großbritannien, dass sie zusammen waren.

Als William und Kate aus der Schweiz heimkehrten, begann wieder der gewohnte Alltag, ungeachtet der Tatsache, dass ihre Beziehung nunmehr aufmerksam von der Öffentlichkeit verfolgt wurde. Getreu ihrer Art blieben sie in ihrem Landhaus eingeigelt und wagten sich selten gemeinsam heraus, wenn ihre Privatsphäre bedroht war.

*Kalte Hände, warm ums Herz*

Genau genommen waren sie sogar vorsichtiger als je zuvor. Während Kate im Jahr zuvor noch von der Seitenlinie aus zugesehen hatte, wie William beim jährlichen 7er-Rugby-Turnier der Stadt mitspielte, hielt sie sich 2004 zurück. Sie kam nicht zum Spielfeld, um ihn anzufeuern, als er für ihre ehemalige Stammkneipe, die West Port Bar, spielte – eines von einem Dutzend Teams, die an dem Turnier teilnahmen. Studenten und Einwohner waren in Scharen gekommen, um sich die Spiele anzuschauen, die von den einheimischen Wirten organisiert wurden. Die Mehrheit wollte zweifellos zusehen, wie sich der Prinz in seinem Trikot mit der Nummer 4 aufwärmte und an der Seite seines Mitbewohners Fergus Boyd spielte. Der als Auswechselspieler aufgestellte William musste einige harte Tacklings einstecken und brachte einen seiner Gegenspieler im Kampf um den Ball zu Fall, aber das Team verlor dennoch zwei der drei Spiele. Erst am Abend, bei der Nachfeier im St. Andrews Golf Hotel tauchte Kate auf, um ihren Freund zu bemitleiden. Das Paar küsste sich zum ersten Mal vor anderen, aber weit und breit war kein Fotograf zu sehen.

Ein paar Wochen später zogen William und Kate für den jährlichen Maiball Abendgarderobe an. Der Ball fand wiederum in der Kinkell Farm statt, hatte aber dieses Jahr das Motto »Heilige und Sünder«. Wie im vorigen Jahr hatte das königliche Paar einen VIP-Pass für die Wohltätigkeitsveranstaltung, damit sie dem einfachen Volk aus dem Weg gehen konnten. »William bekam aus Sicherheitsgründen einen Pass mit Zugang zu allen Bereichen«, räumte der Vorsitzende des Kate Kennedy Clubs Alex Walsh ein.

Die Diskretion des Paares war geradezu bewundernswert. Der Fotograf Zygmunt Sikorski-Mazur, ein ehemaliger Anwalt, machte Schnappschüsse von Williams engerem Kreis für Zeitschriften wie den *Tatler* und *Harpers & Queen*. Er erwischte ihren

*Prinzessin Kate*

Mitbewohner Fergus Boyd und die guten Freundinnen Olivia Bleasdale und Bryony Daniels, aber es gelang ihm nie, das Paar aufzunehmen. »Sie waren ein faszinierender Haufen«, berichtet der 60-jährige Zygmunt. »Sie waren stets sehr liebenswürdig und hilfsbereit bei meiner fotografischen Tätigkeit. Wie bei allen jungen Menschen in der gleichen Situation ging es bei ihnen oft hoch her, aber sie schienen stets zu wissen, wo die Grenzen waren, die man nicht überschreiten durfte. Sie waren fast ausnahmslos sehr gut erzogene Sprösslinge aus einigen der angesehensten Familien des Landes.«

»Es ist erstaunlich, wenn ich mir überlege, dass es mir nie gelang, Kate zu fotografieren, geschweige denn William. Man kann nicht sagen, dass sie einen gezielt daran gehindert hätten. Ich glaube einfach, dass sie ein sehr gutes Nachrichtennetz hatten und ihr Leben an der Universität die meiste Zeit hinter einem Schleier der Diskretion verbringen wollten.«

»Wenn man die Genehmigung, an gesellschaftlichen Ereignissen wie großen Bällen Bilder zu machen, bekommen will«, erklärt Zygmunt, »sind wochenlange Verhandlungen nötig, und es war natürlich kein Geheimnis, dass die Presse bei diesen Ereignissen anwesend war. Das hieß, dass William und Kate einen großen Bogen um sie machten. Aber ich hörte oft, dass sie bei Anlässen auftraten, zu denen ich nicht ging, oder dass sie ziemlich spät kamen, wenn ich schon wieder abgezogen war.«

»Ich sah das Paar einmal, in Begleitung von Fergus, als sie in einem Pub im Stadtzentrum einen Drink nahmen, kurioserweise ausgerechnet dort, wo ich mich mit einem Reporter verabredet hatte, bevor wir beide zum Herbstball von 2004 gingen. Die drei sahen wie ganz normale Studenten aus, als sie da in aller Seelenruhe an ihrem Drink nippten und sich angeregt unterhielten, zweifellos über ihre Studienfächer. Es ist kein Wunder, dass sie nicht zu der Abendveranstaltung gingen.«

## Kalte Hände, warm ums Herz

Jules Knight, der mit William Geschichte und Philosophie studierte und im zweiten Jahr Tür an Tür mit Kate und William wohnte, gehörte diesem engeren Kreis an. »Will und ich waren nicht gerade für unseren Fleiß bekannt«, sagte er später in einem Interview mit der *Daily Mail.* »Wir waren die Einzigen im Philosophiekurs und spielten während der Vorlesung Tic Tac Toe und ärgerten uns gegenseitig.«
»Ich weiß noch, wie er einmal in seinem Haus eine Party gab und der Feueralarm losheulte. Will musste den Hauptschalter umlegen, um die Sirene abzustellen, und damit schaltete er auch die versteckten Kameras ab. Urplötzlich waren wir alle von Sicherheitsleuten umstellt.«
Jules half in diesem Jahr bei der Organisation des Maiballs und war auch mit Kate befreundet. Er singt heute Bariton in dem Quartett *Blake* für klassische Musik. »Kate ist ein nettes, bescheidenes Mädchen«, fügte er hinzu. »Ich glaube kaum, dass irgendjemand von uns ahnte, dass sie einmal zu den meistfotografierten Frauen der Welt zählen würde ... Kate erhob nie den Anspruch, königlich zu sein – sie war einfach ein ganz normales Mädchen.« Er wies auch auf einen anderen Punkt hin: »Wir befanden uns in St. Andrews alle in einer sicheren Umgebung. Es gab keine Eindringlinge. Kate und Will konnten einen trinken und Händchen halten, und keiner verzog eine Miene.«
Der Maiball war der letzte Festakt, bevor die Studenten sich hinter die Bücher klemmten und für die Prüfungen büffeln mussten, die am 17. Mai 2004 begannen. Wenige Wochen später fingen schon die Sommerferien an. Gewissermaßen zum Auftakt verkleideten sich die Verliebten zu der Kostümparty eines Kommilitonen als Rhett Butler und Scarlett O'Hara, das unglückliche Liebespaar aus *Vom Winde verweht*.
Die Beziehung zwischen William und Kate war kaum aufgeblüht, als manche bereits mutmaßten, sie sei wieder verwelkt.

## Prinzessin Kate

Der Auslöser waren Gerüchte in königlichen Kreisen, dass der Prinz vorhabe, den Sommer in Afrika zu verbringen und seinen Schwarm der Teenagerjahre, Jecca Craig, zu besuchen, statt einen romantischen Urlaub mit seiner Freundin zu machen. Am Ende entschied Kate offenbar das »Duell der Rivalinnen«, wie die Boulevardpresse titelte, für sich, als William beschloss, zum ersten Mal seit drei Jahren nicht nach Lewa Downs zu reisen, das Wildreservat in den Bergen im Norden Kenias der Familie Craig. Ob er die Reise wirklich ernsthaft geplant hatte, werden wir wohl nie erfahren. Natürlich macht William, genau wie sein Vater, in der Regel das, was er will, und nach einem gefassten Entschluss hätte er kaum seine Meinung geändert, weder auf Druck der Medien noch seiner Freundin.

Gegen Ende Juli flogen William und Kate in einer Gruppe von acht Freunden auf die sonnenverwöhnte Insel Rodrigues. Die gemeinhin als »Cinderella« der Maskarenen bezeichnete friedliche Vulkaninsel ist von wunderschönen Korallenriffen und bezaubernden Lagunen umgeben. Die nur 18 Kilometer lange und elf Kilometer breite Insel hat viele abgeschiedene Strände und unberührte Wälder, und sie ist die Heimat des seltenen Rodrigues-Flughundes. Der Prinz hatte die Insel in seinem Sabbatjahr zum ersten Mal besucht. Jetzt kehrte er vier Jahre später mit der Frau zurück, die sein Herz erobert hatte. Das Paar quartierte sich in einem Gästehaus für 25 Pfund pro Nacht ein, wo sie früh schlafen gingen und zeitig aufstanden. Während Kate fleißig Sonnenbäder nahm, ging William Tauchen oder schnorchelte im klaren blauen Wasser. Manchmal fuhr er auf einem gemieteten Motorrad an der Küste entlang.

William und Kate verbrachten zum ersten Mal die Sommerferien zusammen, ein Initiationsritual für jede neue Beziehung. Die Tatsache, dass sie beschlossen, in einer Gruppe zu verreisen statt zu zweit, ließ manchen Kommentator mutmaßen, dass

*Kalte Hände, warm ums Herz*

William eventuell nicht so sehr an Kate hing wie sie an ihm. Allerdings ist es nicht ungewöhnlich, dass Studenten, vor allem solche, die sich mehr als einen Urlaub leisten können, in Gruppen verreisen.

Nur wenige Tage nach der Rückkehr wurden die beiden getrennt, weil William nach Nashville flog, um die Amerikanerin Anna Sloan zu besuchen. Ob er mit Kates Segen abreiste, kann man nur vermuten, aber auf jeden Fall machte sie gute Miene zu den wachsenden Spekulationen, dass ihre Beziehung in einer Krise sei.

Anna ist die Tochter des verstorbenen Anwalts und Geschäftsmanns George Sloan. Der erfolgreiche Amateurjockey, der 1969 am Grand-National-Rennen teilgenommen hatte, starb 2001 im Alter von 62 Jahren, nachdem er sich bei einem tragischen Unfall auf dem über 140 Quadratkilometer großen Grundstück der Familie angeschossen hatte. Viele gingen davon aus, dass die begeisterte Reiterin Anna dem Prinzen durch die gemeinsame Erfahrung, ein Elternteil zu verlieren, nähergekommen sei. Sie hatte ihn zu einem Besuch auf dem weitläufigen Grundstück eingeladen, das, komplett mit Swimmingpool, mitten in den Hügeln von Tennessee lag. William gehörte einer 15-köpfigen Gesellschaft an, die eine Woche in dem Dorf Leiper's Fork verbrachte, aber Kate war dem Vernehmen nach nicht eingeladen.

Bei dem Trip wurde William eine Art Touristenattraktion, obwohl die Region als »Hollywood des Südens« bezeichnet wird und William möglichst seine Privatsphäre wahren wollte. Die Einheimischen erkannten ihn, wo er auch hinging: Wenn er in dem Nobelladen Abercrombie & Fitch einkaufte, wenn er zum Frühstück im Gasthaus Country Boy Pfannkuchen, Schinken und Ei aß und wenn er Bier beim Puckett's Grocery Store holte. »Er hatte ein paar Freunde bei sich und sah einfach wie ein normaler Mensch aus«, sagte der Besitzer Billy Raynor den Reportern. »Ich sagte zu ihm: ›Wollt ihr das wirklich alles trinken?‹ Sie lachten nur und sagten, das gehe schon in Ordnung. Ein kleines Kind arbeitete gerade hier und trug das gleiche Shirt wie er, und William machte eine Bemerkung dazu. Er zahlte die Rechnung in bar, und dann fuhren sie ab.«

Die Gruppe speiste auch bei Sperry's, einem Restaurant in Nashville, das mit Stichen von Fuchsjagden in England und Wappenschilden dekoriert war. Sie leerten an dem Abend mehr als zwölf Flaschen des Hausweins und teilten nach dem Mahl die Rechnung in Höhe von 330 Pfund. Der Prinz erregte einiges Aufsehen, etliche Gäste starrten ihn unverhohlen an, wie er sich durch ein Filet mignon, eingerollt in Schinken und gefüllt mit Blauschimmelkäse, kämpfte, mit Rahmspinat als Beilage. »Ständig gingen die Leute auf die Toilette, damit sie Gelegenheit hatten, an ihm vorbeizugehen«, erinnert sich die Bardame LuAnn Reid. »Stammkunden riefen ihre Töchter und Enkelinnen an, damit sie kamen und ihn bestaunten. Es kamen so viele Mädchen herein, dass Sperry's fast schon ein Teenietreff wurde.«

Während ihr Freund es sich in Amerika gut gehen ließ, hielt sich Kate bedeckt und ignorierte den Klatsch um seine Flirts mit anderen Frauen. Es blieb ihr nicht viel anderes übrig, wenn sie mit dem reiselustigen Prinzen zusammen sein wollte.

Nach der Rückkehr aus den Vereinigten Staaten entführte William seine sehnsüchtig wartende Freundin zu einem romantischen Aufenthalt auf dem Gut Birkhall. Sie hatten dort schon viele Wochenenden verbracht, aber man geht gemeinhin davon aus, dass zum ersten Mal auch Prinz Charles und Camilla Parker Bowles mit von der Partie waren.

Der Aufenthalt in den Highlands war gewissermaßen als Entschädigung gedacht für eine weitere zwangsläufige Trennung, bevor das Paar nach St. Andrews zurückkehrte. Meldungen

*Kalte Hände, warm ums Herz*

zufolge war Kate sehr unglücklich, als ihr Freund wieder mit sechs Freunden in Richtung Mittelmeer abflog, zu einer Kreuzfahrt auf einer Luxusjacht der Familie Latsis. Das war Williams vierter Urlaub in ebenso vielen Monaten, aber Kate hatte keine andere Wahl, als die Tatsache zu akzeptieren. Sie wurde nicht zu der fünftägigen Tour der Männerclique um die Ionischen Inseln eingeladen, zu der William angeblich eine weibliche Besatzung angeheuert hatte, ein Schritt, den man durchaus als kalkulierte Brüskierung Kates werten kann. Andererseits wollte der Prinz vielleicht einfach eine Art Tarnmanöver durchführen, weil er sehr darauf bedacht war, seine Beziehung zu Kate vor der Öffentlichkeit zu verbergen.

# Kapitel 18

## Das Ende des Studentenlebens

Bei einem Mittagessen während ihres gemeinsamen Skiurlaubs in Klosters setzte sich Kate Middleton lässig auf Prinz Williams Knie, unterhielt sich angeregt mit Prinz Charles und lachte und scherzte mit Prinz Harry. Sie hätte sich nichts Wirkungsvolleres ausdenken können, um die Gerüchte zu zerstreuen, dass ihre Beziehung mit Prinz William zu scheitern drohte. Vielmehr machte sie auf diese Weise aller Welt klar, dass ihre Beziehung mit Charles' ältestem Sohn die alles entscheidende Billigung der Familie fand.

Das war am 30. März 2005, fast ein Jahr nachdem sich Kate und William unabsichtlich auf einem Skilift im schweizerischen Skiort zusammen hatten fotografieren lassen und so ihre Liebesbeziehung zum ersten Mal öffentlich gemacht hatten. Und nun, nachdem sich eine Woge von Spekulationen über ihre gemeinsame Zukunft aufgebaut hatte, tauschte das normalerweise publicityscheue Paar offen Zärtlichkeiten aus und bewies damit gleichzeitig, dass ihre Beziehung immer noch in den richtigen Bahnen verlief.

Kates Anwesenheit bei einem Familienurlaub schien ein Zeichen zu sein, dass ihre Beziehung zu Prinz William immer ernsthafter wurde; zugleich war das ein Hinweis darauf, dass sie nicht planten, nach dem Abschluss ihres Studiums getrennte Wege zu gehen.

*Prinzessin Kate*

Das hübsche schweizerische Dorf Klosters liegt acht Kilometer von Davos und eineinhalb Fahrstunden vom Flughafen Zürich entfernt. Den Ort hatte sich die königliche Familie für ihren Skiurlaub auserwählt. Eine Hauptseilbahn, die zur Spitze des Gotschnagrat führt, wurde »Prince of Wales« genannt. Charles besucht den Skiort schon seit seiner Heirat mit Prinzessin Diana im Jahre 1981. Klosters ist der königlichen Familie aber auch in trauriger Erinnerung: Hier kam der Königliche Stallmeister Major Hugh Lindsay im März 1988 bei einem Lawinenabgang ums Leben. Bei jenem Skiurlaub wurde Prinz Charles auch von Charles Palmer-Tomkinson begleitet, einem früheren olympischen Slalom- und Abfahrtsfahrer, der ihn in jüngeren Tagen beim Skifahren trainiert hatte, und dessen Frau Patty, die bei dem Lawinenunglück verletzt wurde und mit Major Lindsay zum Krankenhaus in Davos geflogen werden musste.
Während seines Skiurlaubs im Jahr 2005 allerdings blickte Prinz Charles vermutlich kaum in die Vergangenheit, sondern in die Zukunft: Er verbrachte hier mit seinen beiden Söhnen die letzten Wochen als Junggeselle, bevor er Camilla Parker Bowles heiratete. Die zukünftige Herzogin von Cornwall leidet unter Höhenangst und hat nie Ski fahren gelernt; sie war deshalb in England geblieben, um die letzten Details bei den Vorbereitungen für die Hochzeit zu regeln.
Kate gehörte zur königlichen Gruppe; Harrys Freundin Chelsy Davy hatte jedoch auf eine Teilnahme verzichtet und war in Südafrika geblieben. An ihrer Stelle hatte Harry seinen engen Freund Guy Pelly eingeladen, dem schon früher immer wieder vorgehalten worden war, den jungen Prinzen auf Abwege zu führen. Schon am ersten Tag der Reise bewies die damals 23-jährige Kate, wie locker sie sich in die königliche Familie einzufügen verstand. Beim Mittagessen saß sie neben Prinz Charles, unterhielt sich tagsüber angeregt mit ihm und fuhr auch mit ihm

*Das Ende des Studentenlebens*

in derselben Gondel. Es war das erste Mal im Leben der Kunstgeschichtsstudentin, dass sie gemeinsam mit dem Thronfolger fotografiert wurde, aber auch das schien sie völlig gelassen hinzunehmen und bewies dabei eine Reife, die weit über ihre Jahre hinausging.

Obwohl sie sich offenbar miteinander sehr wohl fühlten, hatten Kate und William schon seit ihrem dritten Jahr an der Universität stets versucht, ihre Romanze geheim zu halten und in der Öffentlichkeit eine gewisse Distanz zu wahren. Einmal wurde beobachtet, dass William seiner Gruppe ein paar Schritte vorausging, während Kate mit den übrigen Freunden mit ein paar Schritten Abstand folgte – vielleicht wollte das Paar ganz bewusst ein Signal setzen, dass es nicht vorhatte, sich in jeder gemeinsam verbrachten Minute von der Presse und den Paparazzi beobachten zu lassen.

Am Abend besuchten sie die Casa Antica, Prinzessin Dianas Lieblingsnachtclub. Wegen ihrer Besuche in dem Club war der Prinzessin der Spitzname »Disco-Queen von Klosters« angehängt worden. William und Henry tranken Bier und tanzten, während sich ihr exhibitionistisch veranlagter Freund Guy bis auf die seidenen Boxershorts entkleidete und im Club herumlief. Die Atmosphäre war so entspannt, dass William dem Königshaus-Korrespondenten der Tageszeitung *The Sun* ein spontanes Interview gab und dabei ein paar Worte äußerte, die ihn noch viele Jahre danach verfolgen sollten. Als er gefragt wurde, ob er seine Freundin heiraten wolle, erwiderte er: »Schauen Sie, ich bin doch erst 22, verdammt. Ich bin zu jung, um schon zu heiraten. Ich will gar nicht heiraten, bis ich mindestens 28 bin, vielleicht auch 30.«

Doch sowohl Williams Einlassung als auch Guys Auftritt im Club wurden schon am nächsten Tag von einem weiteren Ereignis in den Schatten gestellt. Bei einem Fototermin auf den

# Prinzessin Kate

Skihängen bewies Prinz Charles wieder einmal sein Geschick, genau wie sein Vater in jedes denkbare Fettnäpfchen zu treten. Bevor ihm klar wurde, dass die zu seinen Füßen im Schnee aufgebauten Mikrophone schon eingeschaltet waren, murmelte er seinen Söhnen mit leichtem Aufstöhnen zu: »Ich hasse das!«, um dann auch noch den Königshaus-Korrespondenten der BBC, Nicholas Witchell, persönlich zu beleidigen: »Ich kann diesen Typen nicht ausstehen! Ich meine, der ist doch wirklich schrecklich, der Mann.«

Für die Mitarbeiter des Prinzen entwickelten sich diese Kommentare zu einem PR-Albtraum. Schon die bevorstehende Hochzeit war durch viel Kritik belastet, wie auch durch eine Reihe von Kontroversen über den Ort, die Legalität der Hochzeit an sich, die Entscheidung der Königin, nicht daran teilzunehmen, und schließlich auch durch die Frage, welche Rolle Camilla übernehmen solle, wenn Charles erst einmal König würde. Sein Stab hatte deshalb eine Pressekonferenz einberufen, um einen gewissen Ausgleich für die negative Publicity zu schaffen. Witchell hatte bei der Pressekonferenz die völlig harmlose Frage an die Prinzen gerichtet, was sie in Bezug auf die Hochzeit ihres Vaters empfanden. Williams Antwort – »Sehr glücklich, freuen uns sehr. Wird ein wunderbarer Tag« – folgten Charles' höchst unglückliche Bemerkungen über den BBC-Reporter. Die Journalisten, die den Ausbruch des Thronerben verfolgt hatten, schrieben ihn seiner Verärgerung über die Presse im Allgemeinen zu, die am Vortag Paparazzi-Fotos von Kate und William gebracht hatten, die er als Bruch der Vereinbarung ansah, die Privatsphäre des Prinzen während seines Studiums zu respektieren. Man nimmt auch an, dass Charles' Abneigung gegenüber Witchell auf frühere Ereignisse zurückging, etwa eine BBC-Sendung, in der dieser Reporter Charles' extravagante Urlaube mit denen seines Großonkels Edward, des Herzogs von Windsor,

*Das Ende des Studentenlebens*

verglichen hatte. Charles könnte ferner Witchells Nachruf auf Prinzessin Margaret missbilligt haben wie auch einen Bericht, dass Prinz Harry Drogen genommen habe.

Bevor Kate und William zu ihrem Skiurlaub in Klosters aufbrechen konnten – sechs Wochen vor ihren Abschlussprüfungen in St. Andrews –, hatten die beiden Studenten endlose Spekulationen über ihre Romanze ertragen müssen, sowohl in den Zeitungen als auch im Internet. Kurioserweise hatte man vor ihrer Reise nach Klosters wissen wollen, ob sie ein Paar seien; danach erging man sich in ständigen Vermutungen, ob sie sich bald trennen würden.

Die Gerüchte begannen, als Prinz William während ihrer dreimonatigen Sommerferien zweimal ohne seine Freundin in Urlaub fuhr, und erreichten ihren Höhepunkt am 25. September 2004. Zwei Tage bevor beide für das letzte Studienjahr nach St. Andrews zurückkehren sollten, erschien Kate nicht zur Hochzeit der früheren Debütantin Davina Duckworth-Chad, 25, mit Tom Barber, 31, dem Sohn eines Barons und ehemaligen Eton-Schülers.

Davina ist eine entfernte Cousine der Prinzen. Sie hatte einmal in einem eng anliegenden Gummikleid für die Webseite des Magazins *Country Life* posiert, was ihr prompt Spottnamen im Internet eingebracht hatte. Sie ist die Tochter des Großgrundbesitzers Anthony Duckworth-Chad, des ehemaligen High Sheriff von Norfolk, und seiner Frau Elizabeth, und wuchs auf dem Familienlandsitz Pynkney Hall in Norfolk auf. Sie hat zwei ältere Brüder, William und James. Letzterer sollte später Offizier der Coldstream Guards (eines der fünf Leibregimenter der Königin) und Königlicher Stallmeister werden. Die Presse vermutete eine Affäre zwischen Davina und Prinz William, als sie im Sommer 1999 zu einer zehntägigen Mittelmeerkreuzfahrt mit der königlichen Familie eingeladen wurde, zusammen mit ihrer früheren Mitschülerin in Marlborough, Emilia d'Erlanger. Sie studierte Kunstgeschichte, hielt aber auch nach ihrem Abgang von der Universität Bristol stets Kontakt zu den Prinzen. Nach dem Studium begann sie in einer Galerie im Londoner West End zu arbeiten, die Lady Helen Taylors Ehemann Tim gehörte. Jetzt hatte sie William und Harry zu ihrer Hochzeit eingeladen, die in der Kirche St. Mary in West Raynham, Norfolk, stattfand. Die beiden Prinzen kamen in einem Minibus vorgefahren und trafen mit ihrem Onkel Graf Spencer zusammen. Der Graf ist ein Cousin von Davinas Mutter Elizabeth, die 35 Jahre zuvor, bei der Hochzeit von Prinzessin Diana deren Brautjungfer war.

Fünf Wochen später, am 6. November, gab es weiteren Anlass zu Spekulationen über den Zustand der Beziehung zwischen Kate und William. An diesem Tag fand die Society-Hochzeit des Jahres statt – Prinz Charles' Patenkind Edward van Cutsem, 31, ehelichte die 23-jährige Lady Tamara Grosvenor, Tochter des Herzogs von Westminster. Auch dieses Mal erschien Kate nicht an Williams Arm zur Feier. Unglücklicherweise beobachtete man auch noch eine alte Flamme des Prinzen, Jecca Craig, damals Studentin am University College London, wie sie gerade in die Kathedrale von Chester schlüpfte. Sie trug ein auffälliges braunes Wildlederkleid mit türkisfarbenen Bändern, zu dem sie einen Buschhut im australischen Stil aufgesetzt hatte. Kate wiederum war nirgends zu sehen. Jeccas Anwesenheit heizte die Vermutungen erneut an, dass William womöglich doch noch in sie verliebt sei. Auch die Tatsache, dass sie eine alte Freundin des Bräutigams und früher einmal mit seinem jüngeren Bruder Nicholas ausgegangen war und dass sie sich außerdem bei der

*Das Ende des Studentenlebens*

Hochzeit sehr im Hintergrund hielt, änderte nichts daran. Sie blieb auch auf Distanz, als die königlichen Gäste zum Empfang abfuhren, der in Eaton Hall, dem großartigen Landsitz des Herzogs von Westminster, abgehalten wurde.

Den Beobachtern war offenbar nicht bewusst, dass Kate nicht nur durch das Protokoll daran gehindert worden wäre, mit ihrem königlichen Freund zur Hochzeit zu kommen, sondern auch durch die begrenzte Zahl der Eingeladenen. Die Sitzordnung dieser High-Society-Hochzeit, der auch die Königin und Prinz Philip beiwohnten, hatte sich ohnehin für Natalia, die Herzogin von Westminster, zum Albtraum entwickelt – nach ihren Worten war es, als müsse sie »durch Sirup waten«. William und Harry waren enge Freunde der vier Van-Cutsem-Brüder Edward, Hugh, 30, Nicholas, 27 und William, 25, und hatten sich bereit erklärt, als Zeremonienmeister mitzuwirken. Sie trugen Fräcke und rosa Rosenknospen im Kragenknopfloch. Prinz Charles, der den Vater der Jungen in Cambridge kennengelernt hatte, war nach offizieller Erklärung deshalb abwesend, weil er die Familien der Soldaten besuchen musste, die beim Black-Watch-Regiment im Irak dienten. Viele Zeitungen berichteten allerdings, er habe das Ereignis erst boykottiert, als bekannt geworden war, dass seine Begleiterin Camilla Parker Bowles der königlichen Gruppe nicht angehören sollte. Stattdessen wollte man ihr einen Platz mehrere Reihen hinter Charles zuweisen. Außerdem sollte sie im Gegensatz zu den anderen VIPs, die die Kathedrale durch das große Westtor betreten würden, mit dem Rest der Gäste einen Seiteneingang benutzen. Berichten zufolge hatte Charles dies als nicht akzeptable Herabsetzung aufgefasst.

Sein Sohn jedoch genoss die Feierlichkeiten, ob nun mit oder ohne Freundin, plauderte angeregt mit anderen Gästen, schaute das prächtige Feuerwerk an und dinierte mit Muscheln und Garnelen, Rinderfilet und Petits-Fours, bis er schließlich den

Empfang um 5.30 Uhr verließ, gleichzeitig mit Braut und Bräutigam.

Kates Abwesenheit bei den beiden wichtigsten Society-Hochzeiten des Jahres war für die Klatschkolumnen ein gefundenes Fressen. Schon spekulierten sie darüber, dass sich Prinz William eingeengt fühle, dass sich Risse in ihrer Beziehung zeigten und dass sich das Paar probeweise trennen wolle. Aber im Leben dieses komplexen jungen Mannes ist nichts so, wie es auf den ersten Blick erscheinen mag. William ist ohnehin überzeugt, dass sein Privatleben die Öffentlichkeit nichts angehe. Manche Königshausbeobachter spekulierten folgerichtig, Kate könne auch deshalb den Prominenten-Hochzeiten ferngeblieben sein, um die Leute in die Irre zu führen.

Jedenfalls hatte das Paar drei Tage zuvor an einer privaten Dinnerparty in Schottland teilgenommen, bei der anwesenden Freunden nicht aufgefallen war, dass etwas nicht in Ordnung sein könnte. Zwei Wochen später, am 14. November, nachdem William zum ersten Mal mit der Königin am Kenotaph in London an der Gedenkfeier für die Gefallenen der beiden Weltkriege teilgenommen hatte, verbrachte das Paar den Abend in Highgrove, um Charles 56. Geburtstag zu feiern – was man wohl kaum als Indiz interpretieren kann, dass ihre Beziehung zu scheitern drohte.

Tatsächlich begann mit dem neuen Jahr eine Zeit der Gemeinsamkeit, die der Welt ein klares Signal setzte, dass in ihrer Beziehung alles in den richtigen Bahnen verlief. Am 22. Januar 2005 brachen sie zu einem Wochenende in der Abgeschiedenheit von Birkhall auf, und Ende Februar verbrachten sie ein weiteres langes Wochenende im schweizerischen Bergort Verbier, der früher einmal der Lieblingsskiort von Prinz Andrew, der Herzogin von York und ihrem gemeinsamen Freund, dem Playboy und Motorsportmillionär Paddy McNally gewesen war. Dort mie-

## Das Ende des Studentenlebens

teten Kate und William mit sechs Freunden ein Chalet, fuhren tagsüber Ski, gingen abends zum Essen aus und verfolgten das Carling-Cup-Finale, ein Pokalwettbewerb im englischen Fußball, in einem örtlichen Pub. Am Samstagabend statteten sie dem berühmten Farm Nightclub einen Besuch ab. In den Glanzzeiten des Lokals waren auf der Bar Flaschen mit teurem Wodka aufgereiht, die die Namen der Stammgäste trugen. Obwohl sie es im Allgemeinen vermieden, Zärtlichkeiten in der Öffentlichkeit auszutauschen, wichen die beiden Studenten einander kaum von der Seite, wedelten immer gemeinsam die Pisten hinunter und küssten sich verstohlen, wenn sie sich unbeobachtet glaubten. Kates galanter Freund trug ihr sogar die Ski.
Auch einen Monat später legte das königliche Liebespaar ein ähnlich zurückhaltendes Benehmen an den Tag, als sie sich am Abend vor dem Abflug nach Klosters Prinz Harry und einigen Freunden anschlossen, die zum Sugar Hut Nightclub in Fulham fuhren. Der Club liegt im Südwesten Londons, befindet sich in einer spärlich beleuchteten umgebauten Kirche in der North End Road und gilt als »romantischer Hotspot für Liebende«. Damals war der Club mit seiner Bar und dem preisgekrönten Thai-Restaurant das Lieblingsrevier von Berühmtheiten und Angehörigen des Königshauses. Die Gäste ruhten auf üppigen Sitzen und nippten an ihren Cocktails. Heute allerdings genießt das Lokal nicht mehr dasselbe Prestige. Damals lauerten Paparazzi vor dem Eingang, um Fotos der Stars zu schießen, aber Kate und William taten alles, um nicht gemeinsam abgelichtet zu werden. Zuerst fuhr William mit Prinz Harry ab. Kate erschien zehn Minuten später, Arm in Arm mit einer Freundin, und stieg in ein anderes Auto. Es war eine außergewöhnliche Demonstration der Vorsicht, vor allem wenn man bedenkt, dass das Paar kaum 24 Stunden später in Klosters vor den Augen von Prinz Charles ganz offen seine gegenseitige Zuneigung zur Schau stellte.

Obwohl sich Kate also dem Skiurlaub der Königsfamilie anschloss, der allgemein als Charles' letzte Junggesellenwoche bezeichnet wurde, lud man sie aus protokollarischen Gründen nicht zur königlichen Hochzeit am 9. April 2005 ein. Stattdessen büffelte sie für ihre Abschlussprüfung, die fünf Wochen später beginnen sollte. Für die 23-jährige Studentin muss es eine aufreibende Zeit gewesen sein, nachdem sie fast drei Jahre lang mit dem Prinzen zusammengelebt hatte. In wenigen Monaten würden beide ihre Abschlüsse machen, und danach würde ihr Leben nie mehr so sein wie früher.

Kate und William schlossen ihre Prüfungen am 25. Mai ab, gemeinsam mit ihrem Mitbewohner Fergus, und spazierten danach am Ufer von Castle Sands entlang, um sich ein wenig den Erinnerungen an ihre Studienzeit hinzugeben. Es war der erste Abend eines ganzen Monats, den sie mit Feiern verbrachten und der mit dem lang ersehnten Abschlussball am 24. Juni seinen Höhepunkt und sein Ende finden sollte – drei Tage nach Williams 23. Geburtstag. Doch noch vor dem Abschlussball stand für Kate und William ein weiterer wichtiger Termin im Kalender.

Die Hochzeit von Hugh van Cutsem, 30, mit Rose Astor, der 25-jährigen Tochter eines Großgrundbesitzers, fand am 4. Juni statt und war das erste Society-Ereignis, an dem Kate und William gemeinsam teilnahmen. Damit zeigten sie, wie sehr ihre Beziehung in den sieben Monaten seit der Heirat von Edward, dem älteren Bruder des Bräutigams, aufgeblüht war. Die Hochzeit fand in der idyllischen Szenerie der Kirche St. John the Baptist im Cotswolds-Städtchen Burford statt – eine Kirche, die Simon Jenkins in seinem Buch *England's Thousand Best Churches* als »Königin von Oxfordshire« bezeichnet hat.

Kate trug ein cremefarbenes Jackett, einen schwarzen Rock und einen schwarzen Hut und fühlte sich so selbstsicher, dass sie die

## Das Ende des Studentenlebens

Kirche allein betrat, während ihr königlicher Freund, der als Zeremonienmeister fungierte, den anderen Gästen, darunter Jecca Craig (die in einem Poncho und Cowboyhut erschienen war), die Plätze in den Kirchenbänken zuwies. Schon im Vorfeld hatte es einige Spekulationen gegeben, wie sich die beiden Rivalinnen der Liebe verhalten würden, wenn sie sich von Angesicht zu Angesicht gegenüberstünden. Doch es war keineswegs das erste Mal, dass sich die beiden Frauen in einem Raum aufhielten, denn sie waren beide Gäste bei Williams 21. Geburtstag gewesen und waren sich auch schon zuvor begegnet.

Danach begaben sich die Neuvermählten zu ihrem großen Festzelt im Park von Astor, der in der Nähe von Bruern liegt. William und Kate fuhren mit Freunden auf einen Abschlussdrink zum sechs Kilometer entfernten King's Head Inn im Dorf Bledington, einem Gasthof aus dem 16. Jahrhundert. Dort verbrachten sie die Nacht, wodurch William in die Fußstapfen von Prinz Ruprecht von der Pfalz, Herzog von Cumberland, trat, der angeblich 1646 vor der Schlacht von Stow hier genächtigt hatte. Nach einem englischen Frühstück verließ das Paar, lässig in Jeans gekleidet, den Pub durch einen Seitenausgang und fuhr in Williams schwarzem VW Golf davon, gefolgt von zwei Leibwächtern.

Das nächste gesellschaftliche Ereignis im Terminkalender fand am 18. Juni statt: der prestigeträchtige Argentine Cup, eines der Highlights der Polosaison. Hier zeigte Kate, was sehr selten geschah, ihrem Freund öffentlich ihre Zuneigung: Sie hielt seine Hand und streichelte sein Bein. Das geschah fünf Tage vor ihrer Abschlussfeier, bei der die Augen der Welt auf sie gerichtet sein würden.

Kate und William machten ihren Abschluss an der St.-Andrews-Universität am 23. Juni 2005. Wie keine Abschlussfeier an der Universität zuvor stand diese Zeremonie im Fokus der Öffentlichkeit. Vier Jahre lang hatten sie hier gemeinsam studiert und drei davon in einer Wohnung zusammengelebt. An der Feier nahmen auch die Königin und Prinz Philip teil – die noch nie zuvor an der Abschlussfeier eines Familienmitglieds teilgenommen hatten –, sowie Kates Eltern und Williams Vater und Stiefmutter. Die beiden Absolventen standen im Mittelpunkt des Interesses, als sie ihre Zertifikate entgegennahmen (beide hatten die zweitbesten Abschlussnoten erreicht).

In den schwarzen Talaren, die sie angeblich für 29,50 Pfund gemietet hatten, zogen die beiden Absolventen gemeinsam in die Younger Hall ein, jeder Zoll ein königliches Paar, obwohl sie dann fünf Reihen entfernt voneinander sitzen mussten. Kate, die unter dem Talar einen kurzen schwarzen Rock und hochhackige Schuhe trug, erhielt ihre Abschlussurkunde zuerst; William musste weitere 80 Absolventen ausharren, bis er an die Reihe kam.

Der Prinz war zu nervös, um durch das Auditorium nach vorn zu gehen. Stattdessen betrat er die Bühne durch eine Seitentür und näherte sich mit gesenktem Kopf dem Rednerpult. Dort berührte der Kanzler, Sir Kenneth Dover, Williams Kopf mit dem scharlachroten Hut aus dem 17. Jahrhundert, auf dem ein Fragment der Hose des Reformators John Knox eingenäht war. Der Pedell der Universität, James Douglas, bedeckte dann den Kopf des Prinzen mit der Kapuze seines Talars.

Danach küsste William seine Großmutter, die ein primelgelbes Kleid trug, und nahm die Glückwünsche seines Vaters entgegen, bevor er sich auf die Suche nach seiner Freundin machte. Sie gehörte zu den wenigen Auserwählten, die sich nach der Zeremonie auf dem Universitätsrasen unter die königlichen Gäste mischen durften. Allerdings unterhielt sie sich nicht mit einem Mitglied der königlichen Familie, sondern blieb zusammen mit Carole und Michael auf dem St. Salvator's Quadrangle diskret im Hintergrund.

## *Das Ende des Studentenlebens*

In seiner Rede bei der Abschlussfeier der Absolventen des Jahrgangs 2005 erklärte der Vizekanzler der Universität Dr. Brian Lang: »Sie haben hier Freunde fürs Leben gefunden. Und wie jedes Jahr sage ich unseren Absolventen: ›Vielleicht haben Sie Ihren Mann oder Ihre Frau gefunden.‹ Unser Titel als führende Eheanbahnungsuniversität Großbritanniens ist ein Beleg für all das, was hier in St. Andrews gut ist, und so verlassen wir uns auch heute auf Sie, dass Sie hinausgehen und sich mehren – aber in dem positiven Sinne, den ich Ihnen schon früher ans Herz gelegt habe.«

Und diese Empfindung hallte in den Gedanken der ganzen Nation wieder, die sich nun darauf richteten, abermals eine königliche Hochzeit erleben zu dürfen.

# Kapitel 19

## Die wirkliche Welt

Prinz William und seine Freundin Kate Middleton saßen auf der Veranda eines abgelegenen Hotels in Afrika, 24 Kilometer nördlich des Äquators. Das Hotel stand auf dem Stammesgebiet der kriegerischen Massai an den Ausläufern des Mount-Kenya-Massivs mit seinem schneebedeckten Gipfel. Sie nippten an ihren Cocktails und genossen die prächtige Aussicht.

Es war ihr erstes Zusammensein seit der Abschlussfeier der Universität. Das Paar genoss die kurze romantische Zeit des Sonnenuntergangs im exklusiven Il Ngwesi, einer preisgekrönten Öko-Lodge. Man schrieb den 17. Juli 2005, drei Wochen nach Williams erster, allein absolvierter offizieller Überseereise – ein kurzer Trip nach Neuseeland. Dieser Abend beendete alle Spekulationen, denen zufolge das Paar nach dem Abschluss des Studiums und dem Eintritt in die »wirkliche Welt« allmählich auseinanderdriften würde.

Außer Kate war auch Williams engster Freundeskreis mit von der Partie, darunter der frühere Eton-Schüler Thomas van Straubenzee, ein Neffe von Prinzessin Dianas Kindheitsfreund Willie. Thomas kannte den Prinzen seit ihrer gemeinsamen Zeit in Ludgrove, einer exklusiven Privatschule in Berkshire. Die Clique stieß gleich zu Beginn von Williams Aufenthalt im Lewa Wildlife Conservancy zu ihm. Das Schutzgebiet gehört Jecca

Craigs Eltern, und William wollte dort einen Monat lang mitarbeiten.

An diesem Morgen hatte William auf der Farm gearbeitet. Seine Freunde hatten unterdessen stundenlang Gelegenheit gehabt, den Busch zu erkunden, während sie zur Öko-Lodge hinaufzogen, die in den Mukogodo-Hügeln in 1800 Metern Höhe am Ufer des Ngare Ndare River lag. Von hier aus ging der Blick weit nach Nordkenia hinein. William und Jecca kamen noch vor Einbruch der Nacht am Lodge an und genossen die Cocktails und das Essen vom Grill.

Es war bereits das dritte Mal, dass sich William auf dem Landbesitz aufhielt, aber es war das erste Mal, dass er Kate in das Land mitnahm, in das er sich während seines Sabbatjahres zwischen Schule und Universität im Jahr 2001 verliebt hatte. Die Tatsache, dass er seine Freundin nach Lewa Downs eingeladen hatte, setzte endlich allen Vermutungen über seine Gefühle für seine Kindheitsliebe Jecca ein Ende. Sowohl Kate als auch William waren jetzt mit Jecca und ihrem neuen Begleiter, dem Hotelbesitzer Hugh Crossley, befreundet. Crossley war der Sohn eines Grundbesitzers aus Norfolk, mit dem sie zusammen war, seit er sich auf der Familienranch der Craigs von einem Unfall beim Bergsteigen am Mount Kenya erholt hatte.

Jecca stammt aus einer wohlhabenden britischen Familie, die nach dem Ersten Weltkrieg nach Kenia ausgewandert war. Die Familie hatte sich 1922 auf einer Viehranch in Lewa Downs niedergelassen und damit begonnen, Luxussafaris für Afrika-Touristen anzubieten. Die Craigs waren überzeugte Naturschützer und gründeten 1983 das Ngare-Sergio-Reservat, um das Spitzmaulnashorn vor Wilderern zu schützen. Daraus entwickelte sich bald das Lewa Wildlife Conservancy, ein nichtkommerzielles Tierschutzreservat. Die Hauptgebäude befinden sich innerhalb des rund 110 Kilometer langen, mit Solarenergie be-

*Die wirkliche Welt*

triebenen Elektrozauns; die Anlage wird von bewaffneten Rangern bewacht. Im Reservat wimmelt es vor seltenen Tierarten, darunter auch das akut vom Aussterben bedrohte Grevyzebra. Jeccas Eltern Ian und Jane waren schon während Williams Sabbatjahr seine Gastgeber gewesen. Er betrachtete sie als eine Art »Zweitfamilie«. Jeccas Onkel William und ihre Tante Emma wohnten ebenfalls auf der Ranch, wo sie einen kolonialen Lebensstil genossen, der eines Prinzen würdig war. Unter der Bezeichnung Lewa Wilderness Trails vermieteten sie auf ihrem Gelände acht luxuriöse Bungalows mit offenem Kamin und Veranda. Die Gäste können auch einen Salzwasser-Pool benutzen, ferner einen Tennisplatz und die Reitställe, sie können aber auch einfach auf dem Gelände herumfahren, mit einem professionellen Führer Buschwanderungen unternehmen, mit einem echten Massai-Krieger joggen oder Reitausflüge zu Pferd oder auf dem Kamel unternehmen.

Doch William war nicht zum Vergnügen dorthin gereist, sondern um von Jeccas Familie etwas über Tier- und Naturschutz zu lernen. Der Arbeit auf der Farm widmete der Prinz den größten Teil seines Aufenthalts, fand aber auch Gelegenheit, den lange hinausgeschobenen Urlaub nach dem Abschluss des Studiums mit den Freunden zu verbringen. Er hatte die Öko-Lodge als Unterkunft für sich und seine Freunde für etwa 2000 Pfund gemietet, mit allem, was dazugehört, darunter auch ein prächtiger Pool, der aussah, als würde sich sein Wasser in die tiefer liegende Wildnis ergießen. Kate und Williams Cottage hatte ein Doppelbett auf Rollen, sodass die königlichen Turteltäubchen im Freien schlafen konnten, nur ein Moskitonetz und den Sternenhimmel über sich. Der Aufenthalt muss ein wunderbares Erlebnis für die jungen Leute gewesen sein, die wohl Schwierigkeiten hatten, sich für eine der vielen möglichen Aktivitäten zu entscheiden. Sie konnten mit einheimischen Führern dem Fluss folgen, im Allradfahrzeug durch den ganzen Besitz fahren und nach Wild Ausschau halten, eine Pavian-Kolonie oder die Spitzmaulnashörner besuchen – oder sich einfach in der Öko-Lodge entspannen.

Zum ersten Mal, seit Kate und William St. Andrews hinter sich gelassen hatten, bot sich ihnen bei dem Urlaub in Afrika die Gelegenheit, ein wenig Zeit miteinander zu verbringen. Bestimmt wollten sie jede Minute genießen – weit entfernt vom Stress und den Ansprüchen, die in England täglich an sie gestellt wurden, und weit entfernt von dem Sturm der Spekulationen über ihre Zukunft.

Kate und William hatten die kleine Universitätsstadt, die für sie eine Art Schutzgebiet gewesen war, nach dem Abschlussball am Freitag, den 25. Juni 2005, verlassen. Sie wussten, dass ihr Leben nie mehr sein würde wie zuvor. Die Freiheiten, die sie in den vergangenen drei Jahren genossen hatten, würden sie nun nicht mehr haben. Für den jungen Prinzen und seine Freundin war dies eine entscheidende Zeit, denn nun mussten sie beide darüber nachdenken, was sie nach dem Erwerb ihrer Abschlüsse anfangen sollten.

Doch bevor sie sich dieser Aufgabe zuwandten, genossen sie noch einmal eine Nacht mit einer unbeschwerten Studentenparty. Sie suchten dafür den Privatclub Boujis auf, dessen Mitgliedschaft der Oberschicht vorbehalten ist. Der Club ist das bevorzugte Jagdrevier junger Sprösslinge des Königshauses, der Aristokratie und der feinen Gesellschaft, aber gelegentlich lassen sich dort auch Neureiche, Sportberühmtheiten oder Hollywoodstars blicken. So ließen sich zum Beispiel die Schauspieler Ben Stiller und Owen Wilson durch einen Not-

*Die wirkliche Welt*

ausgang aus dem Club schmuggeln, um den Paparazzi aus dem Weg zu gehen, nur um draußen feststellen zu müssen, dass ihr Fahrer nicht aufzufinden war. Und dort lieferten sich die Spieler der englischen Cricket-Nationalmannschaft, darunter Freddie Flintoff und Kevin Pietersen, nach dem Gewinn des Ashes-Länderkampfs 2005 einen 32 Stunden währenden Saufmarathon. Aber die berühmtesten Kunden des Clubs sind noch immer William und Harry, denen die Exklusivität und Diskretion des Clubs besonders attraktiv erscheinen. Boujis liegt in der Thurloe Street in South Kensington, nur ein paar Türen von dem Apartment entfernt, in dem Prinzessin Diana vor ihrer Hochzeit mit Prinz Charles wohnte. Ohne höchst seriöse Beziehungen gelangt man nicht einmal bis zu seiner Haustür, was den großen Vorteil hat, dass der Club frei von Seifenoper-Starlets oder Gespielinnen von Fußballstars ist. Die Türsteher würden niemals den Paparazzi Tipps geben, weshalb die Fotografen oftmals lange durch die Gegend kreuzen müssen, bis sie einen Leibwächter des Königshauses ausmachen. Im Club können sich die Prinzen außerdem in den exklusiven Brown Room zurückziehen, wenn ihnen der Sinn nach einer eher privaten Party steht. Das Motto des Clubs lautet: »Die Regeln sind gebrochen«, und der Hausdrink des Clubs wird Crack Baby genannt, ein Cocktail aus Wodka, Passionsfruchtsaft, Chambord und Champagner, der in Reagenzgläsern serviert wird. Kate steht im Club bereits in dem Ruf, bei Drinks sehr zurückhaltend zu sein. Sie trinkt nur sehr geringe Mengen und überprüft vor dem Verlassen des Clubs immer ihr Make-up, bevor sie den wartenden Paparazzi vor die Kameras tritt.

Im Jahr 2005 wurde der Club von Jake Parkinson-Smith geleitet, dem Enkel des extravaganten Modefotografen Norman Parkinson. (Später wurde er gefeuert, nachdem er wegen Kokainbesitzes verwarnt worden war, wurde jedoch bald darauf wieder eingestellt.) »Die Prinzen sind ganz normale, nette Jungs«, sagte er einmal in einem seltenen Moment der Indiskretion. »Sie erinnern mich sehr an meine eigenen Freunde. Sie fühlen sich hier sicher, wenn sie ihre Freunde um sich haben – Guy Pelly, Freddie Windsor. Wer halt so zum alten britischen Adel gehört. Sie alle kennen sich, waren gemeinsam in Eton und spielen zusammen Polo, deshalb läuft das alles ganz entspannt und fröhlich ab.«

William und Kate tauchten im Club zusammen mit Guy Pelly in den frühen Morgenstunden des 28. Juni auf. Seit dem Abschlussball waren zwei Tage vergangen. Sie gingen unverzüglich auf die winzige Tanzfläche neben der neonbeleuchteten Bar. Mit ihrer typischen Diskretion verließen sie den Club ein paar Stunden später getrennt; Kate verschwand zuerst in einem bereits wartenden BMW, erst danach gingen William und Guy.

Wenige Stunden später war Kate wieder zu Hause, während sich der Prinz auf dem Weg nach Neuseeland befand. William reiste zusammen mit seinem erst kürzlich berufenen Privatsekretär Jamie Lowther-Pinkerton, einem früheren SAS-Offizier, und Thomas van Straubenzee. Das Trio kam mit einem Linienflug an und wurde am Flughafen von der neuseeländischen Premierministerin Helen Clark willkommen geheißen.

Im Alter von neun Monaten war William zum ersten Mal mit seinen Eltern in Neuseeland gewesen; jetzt, 22 Jahre später, besuchte er das Land im Südpazifik als offizieller Repräsentant der Königin anlässlich des 60-jährigen Jubiläums des Kriegsendes. Er traf mit Kriegsveteranen zusammen und legte zwei Kränze nieder: am 3. Juli am Nationalen Kriegerdenkmal in Wellington und eine Woche später am Kenotaph in Auckland. Er besuchte auch einen Wettkampf der British Lions, die sich

*Die wirkliche Welt*

auf einer Neuseelandtour befanden, und musste mitansehen, wie sie gegen die All Blacks verloren. Dann flog er nach Afrika, wo er mit Kate zusammentraf.

Kate Middleton kehrte aus Afrika zurück und fand sich mit einer der schwersten Herausforderungen ihres Lebens konfrontiert: Wie sollte sie ihr Leben außerhalb der eng begrenzten Welt der Universität gestalten? Wie konnte sie ihre eigene Rolle im Leben finden, während sie gleichzeitig mit dem Thronerben ausging? Während Williams gesamtes Leben durchgeplant schien – obwohl er das nicht gern zugab –, standen in Kates Terminkalender höchstens ein paar gesellschaftliche Verpflichtungen. Sie sah sich nicht nur dem logistischen Albtraum gegenüber, einen passenden Job für eine Prinzessin im Wartestand zu finden, sondern sie musste auch außerhalb des Schutzes der »Firma« die Etikette wahren.

Das erwies sich für die junge Frau als außergewöhnlich schwierige Aufgabe, die ihre Kommilitoninnen sich wohl kaum hätten vorstellen können. Doch Kate bewältigte sie mit ihrer charakteristischen Souveränität. Entsprechend ihrem Ruf, immer die Etikette zu wahren, verbrachte sie die meiste Zeit im Schoß ihrer Familie, der sie sehr nahesteht. Ihre Schwester Pippa, gerade 21 geworden, hatte die Hälfte ihres Englischstudiums in Edinburgh hinter sich gebracht; ihr Bruder James, 18, war gerade von der Eliteschule Marlborough abgegangen. Kate behielt die Ruhe, lächelte für die Fotografen und ignorierte im Übrigen das Geschwätz, wonach ihre Beziehung zum Prinzen nicht mehr lange Bestand haben würde.

Kate verhielt sich so diskret, dass sie kaum außerhalb des Hauses zu sehen war, während sich William auf der anderen Seite des Globus befand. Ausgenommen waren lediglich alltägliche Aktivitäten, etwa im örtlichen Supermarkt einzukaufen oder mit ihrer Mutter bei Peter Jones zu shoppen, dem Kaufhaus, das für die Sloane Rangers und den Chelsea-Set zu einem neuen Einkaufsparadies geworden war. Ihr einziger größerer Ausgang führte zum Festival of British Eventing und entzündete noch mehr Spekulationen, dieses Mal über eine angeblich unmittelbar bevorstehende Verlobung, weil das Ereignis in Gatcombe Park, Prinzessin Annes Landgut, stattfand. Doch Kates Auftritt – sie trug den Stetson, den sie auf der Safari in Afrika getragen hatte – konnte wohl kaum als bedeutsam gewertet werden, da auch die Öffentlichkeit Zugang zu dem Reitturnier hatte und das Ereignis bei Kates Landclique ohnehin sehr beliebt war.

Nach wenigen Wochen war sie mit William wieder vereint, nachdem er von Kenia zurückgekommen war, um sich dem äußerst harten Auswahlprozess der Royal Military Academy Sandhurst zu unterziehen, der in den Westbury Barracks in Wiltshire durchgeführt wurde. Der Prinz bestand sowohl die physischen als auch die technischen Tests mühelos.

Danach konnten sie sich wieder in den gesellschaftlichen Trubel stürzen. Den Abend des 24. August 2005 verbrachte das Paar im Purple, einem höhlenartigen Nachtclub mit einer tieferliegenden Tanzfläche und zwei höher liegenden Bars an den beiden Enden des Saals. Im Club dröhnte pochende House-Musik. Er hatte zwar nicht die Exklusivität des Boujis, dafür aber den entscheidenden Vorteil, dass sich die königlichen Prinzen auf dem Privatgelände des Chelsea Football Club verstecken konnten, ein echtes Handicap für die Paparazzi. William und Harry hatten den Club im September 2003 entdeckt. Damals hatten sie eine Geburtstagsparty der TV-Moderatorin Natalie Pinkham besucht, der Tochter eines Millionärs aus Northamptonshire. Fotos, die am selben Abend aufgenommen worden waren, sollten später einen Sturm der Kritik auslösen, als eine Zeitung drei Jahre danach Bilder veröffentlichte, die Harry und Natalie küssend zeigten, sodass fälschlicherweise impliziert wurde, er habe Chelsy Davy betrogen.

Im Jahr 2005 zogen Kate und William wiederum die Aufmerksamkeit auf sich, obwohl sie nicht dasselbe Ausmaß an kontroversen Diskussionen auslösten. Sie verbrachten einen Abend mit Freunden im Collection, einer prächtigen Bar mit Restaurant, die sich in einem alten Lagerhaus im schicken Brompton Triangle in Chelsea befand. Das Gebäude hatte früher einmal eine Porsche-Werkstatt beherbergt, danach einen Conran-Möbelladen und eine Katherine-Hamnett-Boutique. Das Restaurant war für seine Eingangshalle berühmt – sie bestand aus einem fast 30 Meter langen Laufsteg, den der Stararchitekt Sir Norman Foster entworfen hatte – und für seine lange Bar. Im Club fanden nicht nur Partys des British Fashion Award statt, sondern auch des exklusiven Juweliers Cartier und der Popstars Beyoncé und Prince. Generell war der Club zu einem beliebten Treffpunkt der Berühmtheiten und der Mitglieder des Königshauses geworden.

Nach ein paar Drinks – William blieb beim Rotwein, während Kate an ihren Margaritas nippte – zogen sie zum Purple weiter, wo das Paar endlich einmal ein wenig aus sich herausging. Nachdem sie eine Weile im VIP-Raum verbracht hatten, gingen sie zur Tanzfläche. William trank Sambuca, plauderte mit dem DJ und forderte ihn auf, ein paar Tracks für seine Freundin laufen zu lassen, darunter den Hit von Rapper DMX, »Shakedown«, den Tanzhit »I Like the Way You Move« von BodyRockers und schließlich Starsailors »Fall to the Floor«. Gegen 1.30 Uhr erschien das Paar schließlich in recht lädiertem Zustand. Aber dieses fidele Studentenleben konnte nicht mehr lange weitergehen.

*Prinzessin Kate*

Im folgenden Monat verfolgte Kate tapfer, wie ihr Freund durch das ganze Land reiste, denn William musste sich auf seine Rolle als arbeitendes Mitglied der Königsfamilie vorbereiten. Seine nächste öffentliche Verpflichtung am 3. September führte ihn zusammen mit der Königin und Prinz Philip zu den Highland Games in Braemar, einem idyllischen Dörfchen in Aberdeenshire. William saß in der königlichen Loge und plauderte mit seinen Großeltern, während sie das Tauziehen, die Highlandtänze und die Veteranenparade verfolgten und den Dudelsäcken und Trommeln des 1. Bataillons The Highlanders und der Gordon Highlanders Regimental Association lauschten. Im Gegensatz zu William beschäftigte sich seine Freundin damit, in der Kensington High Street einzukaufen, wo sie beobachtet wurde, wie sie in Topshop und Miss Sixty ging.

Vier Wochen später, am 30. September, ließ William Kate schon wieder alleine zurück, um im Pub Chain Locker in Falmouth seinen Freund Oliver Hicks zu feiern, der gerade mit einer Solo-Atlantiküberquerung einen neuen Rekord aufgestellt hatte. Der Harrowschüler Hicks, 23, hatte während der zurückliegenden 124 Tage die 6500 Kilometer von Nordamerika zu den Scilly-Inseln in einem sieben Meter langen Boot zurückgelegt – der erste Mensch, der allein in östlicher Richtung über den Atlantik gerudert war, und zugleich auch der jüngste, der jemals allein über einen Ozean gerudert war. »Es gab jede Menge Händeschütteln am Landungssteg, als ich anlegte«, erzählte Oliver. »Richard Branson, mein Sponsor, besprühte mich mit Champagner. Und Willy kam auch und zog mir die Kapuze über die Augen, und dann trugen sie mich zum Pub.«

Wie Oliver erklärte, habe Kate nur aus einem einzigen Grund ihren Prinzen nicht begleitet – William habe sie vor dem Gedränge schützen wollen. »Sie sind beisammen«, erklärte er der Presse. »Ich habe das Wochenende mit ihnen verbracht. Der

*Die wirkliche Welt*

Grund, warum sie ihre Beziehung nicht schon längst öffentlich gemacht haben, liegt darin, dass sie nicht ständig mit Fragen gelöchert werden wollen.«

Und tatsächlich tauchte Kate am nächsten Abend an Williams Seite bei einem formellen Wohlfahrtsball auf, den das Institut für Krebsforschung für rund 400 wichtige Persönlichkeiten im Banqueting House in Whitehall zum Eintrittspreis von 80 Pfund pro Person organisiert hatte. Und wieder löste das Paar ein Feuerwerk von Spekulationen aus, weil sie bei diesem Ball an verschiedenen Tischen saßen. Und dies, obwohl das Verhalten bei einem solchen Ereignis als normale Etikette gelten konnte und nicht als Zeichen für eine brüchig werdende Beziehung. Der Prinz wurde allerdings auch deshalb kritisiert, weil er Kate weitgehend ignoriert hatte – er tanzte nur ein einziges Mal mit ihr und flirtete mit anderen Mädchen. Allerdings ist es in diesen Kreisen ganz normal, sich durch den Raum zu arbeiten, obwohl es vielleicht auch in etwas dezenterer Form hätte geschehen können.

Auf jeden Fall war ihre gemeinsame Zeit nur von kurzer Dauer. Drei Tage später musste William zum ersten seiner drei Einsätze antreten, durch die ihm Arbeitserfahrungen vermittelt werden sollten, um ihn auf seine Pflichten vorzubereiten. Kate sollte dabei entdecken, welche Herausforderung und Widersprüchlichkeit ihre eigene Rolle als Freundin eines zukünftigen Königs einschloss.

Williams erster Job als arbeitendes Mitglied der königlichen Familie begann am 4. Oktober 2005, als er in Chatsworth ankam, dem Wohnsitz des Herzogpaars von Devonshire, einem der großartigsten Herrenhäuser Großbritanniens. Die folgenden zwei Wochen verbrachte er im Peak District und lernte, ein 14 000 Hektar großes herrschaftliches Anwesen zu leiten, wobei er sogar hinter der Kulisse in der preisgekrönten Metzgerei des Schlosses arbeitete. Bekleidet mit der traditionellen Metzgerschürze und dem Strohhut wog er gemeinsam mit den anderen Arbeitern schwere Tierhälften ab. Allerdings wohnten er und seine beiden Leibwächter in sehr viel luxuriöseren Räumlichkeiten als seine Arbeitskollegen – man hatte ihn im Jagdturm aus dem 16. Jahrhundert untergebracht, von dem aus man einen prächtigen Rundblick über den von Capability Brown entworfenen Park genießen konnte. Der Turm war ursprünglich für sommerliche Bankette gebaut worden, sodass die Ladys ihre Männer vom Turm aus bei der Jagd beobachten konnten. Der auf einem 100 Meter hohen Hügel stehende Turm war erst Anfang des Jahres gründlich renoviert worden und sollte an zahlende Gäste vermietet werden. William allerdings wurde die Miete – 900 Pfund pro Woche – erlassen. Für den Prinzen, der die Liebe zur Natur von seinem Vater geerbt und schon immer den Wunsch verspürt hatte, ein »Gentleman Farmer« zu werden, war dieser erste Einsatz ein Traumjob. Das Gästebuch unterzeichnete er mit »Will, Gloucestershire« und schrieb: »Wunderbar, hier zu wohnen – aber auf die Treppe sollten Sie sich nicht wagen, wenn Sie etwas getrunken haben!«

Nachdem William die Gummistiefel ausgezogen hatte, zog er einen Nadelstreifenanzug an – die nächste Phase seines Joberkundungsprogramms begann. Seine Aufgabe bestand darin, den Bankiers bei der Hongkong and Shanghai Banking Corporation (HSBC) über die Schulter zu schauen. Er verbrachte eine Woche in der für Investitionen aus dem Wohltätigkeitssektor zuständigen Geschäftseinheit der Bank in der St. James's Street, nur eine Ecke von Clarence House entfernt, danach fuhr er zur Niederlassung des Investitionszweigs der Bank in Canary Wharf. Auch verbrachte er einige Zeit bei der Bank of England, um sich darüber kundig zu machen, wie dort der Zinssatz festgesetzt wird, und besuchte die Londoner Börse, Lloyd's of London, die Financial Services Authority und die Rechtsanwaltskanzlei der Königin, Farrer & Co.

*Die wirkliche Welt*

Seine dritte und letzte Arbeitserkundung erfolgte beim Valley Mountain Rescue Team der Royal Air Force in Anglesey, Nordwales. Hier verbrachte er zwei Wochen und erlernte die Lebensrettungstechniken. Er nahm dabei an einer Proberettung teil. Dazu gehörte, dass er sich über eine 60 Meter hohe Felswand abseilen, gleichzeitig aber auch ein Ende einer Tragbahre halten musste, auf der ein Gegenstand lag, der dem Gewicht eines verletzten Bergsteigers entsprach. Doch dann geriet er erneut in eine Kontroverse, weil er sich in einem Hawk-Düsenjäger mit 1000 Kilometern pro Stunde von Anglesey zur Luftwaffen-Basis Lyneham in Wiltshire fliegen ließ, nur um die Armeestiefel abzuholen, die er für seinen Eintritt in Sandhurst noch einlaufen wollte.

Kate fiel es schwerer als ihrem Freund, ihren Platz im Leben nach dem Studium zu finden. Berichte, wonach sie wieder mit Prinz William zusammenlebte, bei der Königin zum Essen eingeladen worden sei und generell auf das Leben in der Königsfamilie vorbereitet werde, waren weit von der Wahrheit entfernt. Obwohl ihr Palastmitarbeiter inoffizielle Ratschläge für den Umgang mit den Medien erteilten, erhielt sie nur dann Personenschutz und VIP-Behandlung, wenn sie an Prinz Williams Arm erschien. Die übrige Zeit musste sie selbst mit allem fertigwerden, was einer schwierigen Gratwanderung zwischen dem Leben als königliche Begleiterin und ihrem Leben fernab des Königshauses gleichkam.

Während William abwesend war, flatterte Kate zwischen dem von Glyzinien überwucherten Elternhaus in Berkshire und deren Wohnung in Chelsea im Südwesten Londons hin und her, doch waren keine Anzeichen zu erkennen, dass sie einen Vollzeitjob anstrebte. Tatsächlich jedoch arbeitete sie hinter den Kulissen an der Gründung einer Internetfirma, mit der sie Kinderkleidung entwerfen und verkaufen wollte. Schließlich ließ sie die Idee wieder fallen; es erschien ihr zu schwierig, die kleine Firma in Gang zu bringen. Doch ließ ihr diese Beschäftigung genug freie Zeit zu shoppen und

*Prinzessin Kate*

Fitnessstudios zu besuchen, sodass sie allmählich in den Ruf geriet, eben doch nichts weiter als eine Prinzessin im Wartestand zu sein. Bei einem dieser Einkaufsbummel, auf dem sie von ihrer Mutter Carole begleitet wurde, begegnete Kate zum ersten Mal einer Designerin, die ihr helfen konnte, aus ihrer Schale auszubrechen. Wie die meisten Mädchen aus gutem Hause, die aus den ländlichen Grafschaften um London stammten, hatte Kate bis zu diesem Zeitpunkt einen Kleidungsstil bevorzugt, den man als »Modern Sloane[3]« bezeichnen kann: Sie trug Bootcut-Jeans, Cowboyhüte, Tweedstoffe im Country-Stil, geblümte Kleider und Röcke und Pfennigabsätze. Doch nachdem sie beim Spirit of Christmas Fair in Olympia Katherine Hooker kennengelernt hatte, durchlief Kate eine sanfte Verwandlung. Hooker war eine frühere Filmset-Designerin, zu deren Klienten Models wie Jerry Hall und deren Tochter Lizzie Jagger gehörten. Obwohl Kate nicht über Nacht zur Modeikone wurde, wirkte sie doch allmählich ein wenig modebewusster. »Kate sah meinen Stand und kam zu mir«, sagte Katherine später. »Seither hat sie meinen Laden sehr oft besucht, manchmal mit ihrer Mutter, manchmal allein. Sie ist recht souverän, sehr bodenständig und normal.«
Doch obwohl Kate in mancher Hinsicht an Selbstvertrauen gewonnen hatte, lag immer noch ein langer Weg vor ihr. Die Regenbogenpresse taufte sie »Waity Katie« (was man mit »Wartende Katie« übersetzen könnte), und als man sie in einem Bus der Linie 19 fotografierte, verglich man sie sofort mit der jungen Prinzessin Diana, die damals genau wie Kate unbekümmert in der Hauptstadt lebte, bevor sie den Prinzen von Wales heiratete. Aber es gab zwei wesentliche Unterschiede: Diana arbeitete als Kindergärtnerin, bevor sie sich verlobte, und sie trug bereits einen Ring am Finger, als sie vor die Augen der Öffentlichkeit trat.

---

[3] Diese Bezeichnung bezieht sich auf Sloane Square, eine schicke Londoner Gegend.

# Kapitel 20

## »The Look of Love ...«

Dick gegen den Winterwind vermummt, erschien Kate Middleton zum ersten Mal offiziell in der Öffentlichkeit. Sie wohnte Prinz Williams prunkvoller Verabschiedungsparade in der Royal Military Academy in Sandhurst bei. Kate trug einen roten Mantel, einen breitkrempigen Hut und dazu passende Stiefel. Die damals 24-jährige strahlte, als Leutnant Wales an ihr vorbeiparadierte und seine Offiziersurkunde erhielt, nachdem er eine 44 Wochen dauernde Ausbildung abgeschlossen hatte.

Kates Anwesenheit bei der Zeremonie am 15. Dezember 2006 markierte eine bedeutsame Veränderung in der Beziehung des Paares, seit die beiden vor 18 Monaten das Studium abgeschlossen hatten. Obwohl sie nicht zusammen mit Williams Vater, Großmutter und anderen Familienmitgliedern auf dem königlichen Podium saß, wurde ihre Anwesenheit doch als bedeutsam angesehen und heizte die Spekulationen wieder an, dass eine Verlobung unmittelbar bevorstehe. Tatsächlich herrschte bei der Parade ein so fieberhaftes Interesse an Kates Anwesenheit, dass der Fernsehsender ITN nicht einmal davor zurückscheute, einen Lippenleser zu engagieren, der berichtete, die Freundin des Prinzen habe den Vorbeimarsch ihres Geliebten mit den Worten kommentiert: »Ich liebe die Uniform. Sie sieht so sexy aus.«

# *Prinzessin Kate*

Kate und ihre Eltern Michael und Carole sowie der Privatsekretär des Prinzen, Jamie Lowther-Pinkerton, waren unter den Letzten, die ihre Plätze auf den Rängen einnahmen. Die vier saßen in der ersten Reihe, neben Thomas van Straubenzee und zwei Paten des Prinzen, dem exilierten König Konstantin von Griechenland und Norton Knatchbull, Baron Bradbourne. Als die Nationalhymne gespielt wurde, stand Kate mit vor dem Körper geschlossenen Händen, während die Königin und der Herzog von Edinburgh, der Prinz von Wales und die Herzogin von Cornwall ihre Plätze auf dem königlichen Podium einnahmen.

Williams Einheit hatte die begehrte Ehre errungen, zum Sovereign's Platoon ernannt zu werden, und nun durfte sein Zug bei der Zeremonie das Banner der Königin tragen. Neun Wochen hatte der intensiv geführte Wettkampf zwischen den neun Zügen gedauert, doch dann hatte Williams Einheit den Sieg errungen. Der Wettkampf umfasste eine Reihe von Disziplinen, darunter ein Schießwettkampf und ein Baumstammrennen gegen die Zeit. Der Prinz begleitete das Banner der Königin und führte daher ein Gewehr statt eines Degens; außerdem trug er eine rote Schärpe über der Uniform. Damit hob er sich von den übrigen Soldaten ab. Kate konnte beobachten, wie die Königin mit dem Kommandanten der Akademie, Generalmajor Peter Person, die Formation der 233 Kadetten abschritt. Vor ihrem Enkel, der am Ende seines Zuges stand, blieb Königin Elizabeth einen kurzen Augenblick lang stehen, um ihn zu begrüßen.

In ihrer Rede erklärte die Königin: »Ich meine hier jeden Einzelnen von euch, wenn ich sage, dass ihr ganz besondere Menschen seid. Von euch wird sehr viel erwartet. Ihr werdet mutig, aber selbstlos sein müssen, Führer, aber auch fürsorglich, selbstbewusst, aber auch empfindsam – und all das werdet ihr in den gefährlichsten Situationen überall auf der Welt sein müssen, damit euch Männer und Frauen in jeder denkbaren Situation

## »The Look of Love ...«

folgen und auf eure Urteile absolut sicher vertrauen können. Das sind ganz besondere Attribute, aber die Menschen, die ihr befehligen werdet, und auch euer Land, werden nichts weniger von euch erwarten.«

In dieser Nacht, als das Feuerwerk den Himmel erhellte und die Champagnerkorken knallten, nahm William an einem letzten Sandhurst-Ritual teil: Er riss das Band ab, das die Sterne an seiner Uniform bedeckte. Bis Weihnachten waren es nur noch wenige Tage, und Prinz William blickte in eine glänzende Zukunft. Nun wollte die Welt wissen, ob Kate diese Zukunft teilen sollte.

Der zukünftige Oberkommandierende der britischen Streitkräfte hatte am 8. Januar 2006 seine Offiziersausbildung in der Royal Military Academy Sandhurst angetreten. Es war der Tag vor Kates 24. Geburtstag, und er hatte sich von seiner Freundin am Abend zuvor liebevoll verabschiedet. Erst vier Tage zuvor hatten die Turteltäubchen zum ersten Mal jede Vorsicht in den Wind geschlagen, sich in aller Öffentlichkeit geküsst und damit bekundet, wie nahe sie sich nun standen. Dieser Kuss wurde zum Wendepunkt der öffentlichen Wahrnehmung ihrer Beziehung. Zuvor lief nur immer das Gerücht um, dass diese Beziehung auf der Kippe stehe; nun konzentrierten sich die Spekulationen auf die Frage, wann die beiden heiraten würden.

Kate und William begrüßten das neue Jahr in einem Cottage auf dem Landsitz Sandringham, bevor sie am folgenden Tag in die Schweiz flogen. Ihnen war bewusst, dass ihnen bald eine Trennung bevorsteht, die länger dauern würde als je zuvor in ihrer Beziehung. Sie mieden die Bars, Restaurants und Hotels in Klosters und blieben diskret im Chalet eines Freundes, wo sie die meiste Zeit allein verbrachten. Das öffentliche Signal ihrer Zuneigung erfolgte am dritten Tag aus einer momentanen Unachtsamkeit heraus, nachdem sie sich am Morgen an den schwarzen Abfahrten versucht hatten. Als sie abseits der Piste die Casanna Alp hinunterwedelten, hielten sie kurz an und gönnten sich eine rührende Umarmung.

Am darauffolgenden Tag flogen sie nach Hause, damit sich William auf seine militärische Ausbildung vorbereiten konnte. Aber Kate hatte eine Überraschung für ihn bereit: eine Abschiedsparty. Um den Prinzen stilvoll zu verabschieden, hatte sie 40 seiner besten Freunde eingeladen. Im Londoner Apartment des Prinzen im Clarence House trank man noch Champagner, dann zog die Gruppe zum Kilo Kitchen & Bar, einem französischen Bistro in Mayfair. Es waren nur noch drei Tage, bis William abreisen musste, und das Paar würde für fünf Wochen getrennt sein.

Der Offizierskadett Wales folgte damit der militärischen Tradition der königlichen Familie. In jüngerer Zeit hatte Prinz Charles sowohl in der Royal Air Force als auch in der Marine gedient, während Prinz Andrew als Hubschrauberpilot sogar aktiv an einem Einsatz im Falklandkrieg teilgenommen hatte. Prinz William kam zusammen mit seinem Vater bei strömendem Regen in der Akademie an und wurde vom damaligen Kommandanten der Akademie, Generalmajor Andrew Ritchie, begrüßt. Nach der Einschreibung kam er wieder aus dem Old College, einem Gebäude der Akademie, heraus. Er trug ein rotes Namensschild und winkte seinem Vater zum Abschied zu. Dann stieß der neue Kadett in seinem Schlafsaal zu seinen Kameraden und packte seine Sachen aus, darunter eine blaue Trainingsuniform, eine olivfarbene Kasernenuniform und die Trainingskleidung.

Die Elite-Militärschule war nach dem Zweiten Weltkrieg gegründet worden mit dem Ziel, die reguläre Ausbildung der Armee-offiziere zu reformieren. Sie ersetzte zwei veraltete Ein-

## »The Look of Love ...«

richtungen, das Royal Military College in Sandhurst und die Royal Military Academy in Woolwich, die Offiziersanwärter ausgebildet hatten. Williams Name stand nun auf einer langen Liste berühmter Rekruten der Akademie, darunter der verstorbene König Hussein von Jordanien, die Sultane von Brunei und Oman, Prinz Michael von Kent und Sir Winston Churchill, wie auch sein jüngerer Bruder Harry, der nun seinen dritten Ausbildungsabschnitt in Sandhurst begann.

William war einer von 270 Kadetten, zu denen auch Alexander Perkins, der Urenkel von Sir Winston Churchill, gehörte. Die folgenden fünf Wochen schlief er in einem kleinen Schlafsaal, wusch sich im Gemeinschaftswaschraum und bemühte sich, das zu überleben, was neue Rekruten die »Hölle auf Erden« nannten. Von den neuen Kadetten brachen 37 die Ausbildung schon im ersten Jahr ab. Die Kadetten durften die Basis nicht verlassen und hatten nur eingeschränkten Zugang zu Telefonen. Man erwartete von ihnen, dass sie ihre Wäsche selbst wuschen, ihre Hemden selbst bügelten und ihre schwarzen Militärstiefel polierten. Jeden Morgen standen sie bei Tagesanbruch auf, um ein intensives Training und endlose Inspektionen hinter sich zu bringen. Sie wurden für den Umgang mit Waffen ausgebildet, ursprünglich Gewehre des Typs SA80 im Kaliber 5,56 Millimeter, später auch leichte 51-Millimeter-Granaten, leichte Waffen zur Unterstützung und Browning-Pistolen im Kaliber 9 Millimeter.

Generalmajor Ritchie hatte betont, dass der Zweite der britischen Thronfolge keine Sonderbehandlung erhalten dürfe: »Ich kann Ihnen versichern, dass er genauso behandelt wird wie jeder andere Kadett. Alle werden nach ihren Verdiensten beurteilt. Es wird keine Ausnahmen geben. Morgen wird er sehr früh aufstehen und sich dann in den militärischen Trainingsablauf einfügen. Es wird ein ernsthaftes Trainingsprogramm mit Blick auf Fitness und Taktik sein. Die Kadetten werden lernen müssen, wie es sich anfühlt, müde und hungrig zu sein, um später ihre Soldaten in Situationen auf der ganzen Welt führen zu können, die ihnen das Äußerste abverlangen werden.«

Am Wochenende vor dem Valentinstag waren Kate und William wieder vereint. Sie trafen sich auf Highgrove, einem von Prinz Charles' Landsitzen. Leider wurde ihr romantisches Stelldichein durch einen Drogenskandal gestört, in den einer ihrer Lieblingspubs verwickelt war.

Das junge Paar saß mit Williams Cousins Zara und Peter Phillips und seinem engen Freund Guy Pelly im Tunnel House Inn bei einem Drink. Das Tunnel House Inn ist ein Landgasthof im Dorf Coates, das in den Cotswolds liegt. Pelly, ein ehemaliger Student des Cirencester Agricultural College, wurde dabei heimlich beim Cannabis-Rauchen gefilmt. Schon früher hatte man ihn fälschlicherweise beschuldigt, Prinz Harry zu der Droge verführt zu haben. Pelly behauptete jedoch, die Sache im Pub sei arrangiert gewesen – ein hübsches Mädchen habe ihm eine normal aussehende Zigarette weitergereicht. Zwar wurden keine Vermutungen geäußert, dass auch William oder Kate Drogen genommen haben könnten, aber es wurden doch Fragen über Williams Umgang gestellt. Beide reisten am Sonntagabend aus Gloucestershire ab; William kehrte nach Sandhurst zurück, wo am nächsten Tag eine Inspektion der Ausrüstung bevorstand, Kate kehrte in ihren Zufluchtsort, ihr Elternhaus, zurück.

Einen Monat später, am 17. März, bewies Kate, wie ernsthaft ihre Beziehung inzwischen geworden war: Sie erschien beim Cheltenham Gold Cup – einem der Highlights des Pferderennsports – ohne Prinz William, der in seiner Kaserne in Sandhurst bleiben musste. Kate trug einen Mantel von Katherine Hooker, dazu eine Nerzmütze, eine Kombination, die recht kontrovers diskutiert wurde, und wirkte allmählich wirklich wie eine königliche Prinzessin. Nachdem sie den Vormittag damit verbracht hatte, die Rennpferde zu begutachten, speiste sie familiär mit Prinz Charles und der Herzogin von Cornwall.

Das war das erste Mal, dass Kate ohne die beruhigende Anwesenheit ihres Soldatenfreundes in der Öffentlichkeit gemeinsam mit den Eheleuten auftrat, die später ihre Schwiegereltern werden sollten. Doch sie wirkte in ihrer Gegenwart völlig entspannt. Nach dem Essen schloss sie sich Camillas Kindern an – Tom und seiner Frau Sara sowie Laura mit ihrem Verlobten Harry Lopes. Gemeinsam genossen sie die Rennen des Nachmittags und verfolgten, wie Camilla zum ersten Mal dem Sieger den Gold Cup überreichte. Das Siegerpferd hieß War of Attrition (»Zermürbungskrieg«) und wurde von Conor O'Dwyer geritten.

Der Ausflug erwies sich für Kate als spektakulärer PR-Coup, denn sie war von der königlichen Familie nicht zum Pferderennen eingeladen worden, sondern hatte sich auf eigene Faust auf den Weg gemacht. Nachdem sie jedoch von den Fotografen förmlich gejagt worden war, hatte man sie schließlich auf die königliche Tribüne eingeladen.

Am folgenden Tag traf sich Kate mit Prinz William im Edelinternat Eton College. William nutzte ein freies Wochenende für ein »Eton Field Game« (eine Mischung aus Rugby und Fußball), das zwischen Ehemaligen in seinem alten Internat ausgetragen wurde. Sie erschien mit einer Freundin zum Match und schlenderte zu ihm hinüber, um ihn vor allen Augen zu umarmen. Nachdem sie ihm einen Kuss gegeben hatte, zerzauste sie ihm das schütter werdende Haar. Auf diese Zärtlichkeit reagierte der Prinz normalerweise recht empfindlich, da er die kahler werdende Stelle durch längeres Haar zu überdecken versucht hatte, bis er sich in Sandhurst das Haar sehr kurz hatte schneiden lassen müssen. In Eton schien William nichts gegen den Zärtlichkeitsbeweis seiner Freundin in aller Öffentlichkeit zu haben. Nach weniger als einem Monat verbrachte das Paar den Urlaub gemeinsam auf der Karibikinsel Mustique und entfachte damit erneut Spekulationen über eine bald bevorstehende Verlobung. Nach dreimonatigem Training begannen für Prinz William am 12. April die Osterferien; am selben Tag wurde sein jüngerer Bruder Harry als voll ausgebildeter Offizier aus der Akademie verabschiedet. Das bedeutete, dass der zukünftige König seinen jüngeren Bruder während der nächsten acht Monate in der Öffentlichkeit militärisch grüßen musste, bis er selbst Offizier wurde. An diesem Abend hatten die Brüder daher Anlass für eine Doppelfeier, obwohl diesmal eher William der Partylöwe war und nicht sein Bruder. Während Harry den Abend mit Chelsy verbrachte, die aus Südafrika zu ihrem ersten königlichen Termin eingeflogen war, durfte William Kate nicht zu der Party einladen, da er selbst nur Gast und nicht Gastgeber war.

Statt mit seiner Freundin feierte William daher an der Bar und wurde den Berichten zufolge »recht munter« – er fluchte und wurde ausfällig, zog sich dann aber in seine Unterkunft zurück, wo er für den Rest des Abends weitertrank. Am nächsten Abend traf er endlich wieder mit seiner Freundin im Boujis zusammen, wo die königliche Clique eine Zeche machte, die auf rund 2500 Pfund geschätzt wurde. Das erschien vielen Beobachtern übertrieben und löste entsprechende Kritik aus.

Doch zwei Wochen später legte William sein bestes Benehmen an den Tag, als er nach Mustique flog, um mit seiner Freundin eine Woche Urlaub zu verbringen. Aber auch daran entzündeten sich die unvermeidlichen Spekulationen, dass er kurz davor stehe, die entscheidende Frage zu stellen. Die winzige, nur 566 Hektar große Insel liegt an nördlichen Ende der Grenadinen, 30 Kilometer südlich von St. Vincent und war schon ein beliebter Schlupfwinkel der Royals gewesen, bevor Prinzessin Margaret in den 1960er-Jahren zum ersten Mal hier gewesen war. Colin Tennant, inzwischen zum Lord Glenconner erhoben, hatte ihr

## »The Look of Love ...«

anlässlich ihrer Hochzeit mit Lord Snowdon ein Grundstück auf der Insel geschenkt. Margaret hatte den legendären Bühnenbildner Oliver Messel beauftragt, eine luxuriöse Villa zu entwerfen, die sie Les Jolies Eaux nannte. Hier hatte die Prinzessin auch ihre legendäre Affäre mit dem Gartengestalter Roddy Llewellyn, der 17 Jahre jünger war als sie, und hier hielt ihr Sohn Vicomte Linley um die Hand von Serena Stanhope an. Seit den 1960er-Jahren ist die Insel ein Spiel- und Tummelplatz der Superreichen und Berühmtheiten: Die Rocklegenden Mick Jagger und David Bowie besitzen hier Häuser, und Noel Gallagher und Kate Moss sind Stammgäste im legendären Nachtclub Basil's Bar.

Prinz William und seine Freundin wohnten in einer Villa, die Belle und John Robinson gehörte, den Multimillionären und Eigentümern der Modehauskette Jigsaw and Kew. Die Robinsons selbst bewohnen mit ihren fünf Kindern eine ehemalige Jagdhütte, die einmal Sir Walter Raleigh gehörte und auf dem Land in Wiltshire liegt. Unter ihren engsten Freunden sind Schauspieler wie Natasha McElhone und Richard E. Grant. Die Robinsons kannten das junge Pärchen nicht, vermieteten ihnen aber das luxuriöse Anwesen, das normalerweise 8000 Pfund pro Woche kostet, gegen eine Spende an das Krankenhaus von St. Vincent. Die steinerne Villa liegt auf den Klippen hoch über dem Macaroni-Strand. Sie bietet alle Annehmlichkeiten, die sich das Paar nur wünschen konnte – fünf Schlafzimmer, einen Swimmingpool, ein Zimmermädchen, einen Gärtner und einen Koch, ganz zu schweigen von einer spektakulären Aussicht über die postkartenschönen karibischen Strände der Insel, die azurblaue See und die Vulkanberge. Kate flog vom Londoner Flughafen Heathrow (wo sie als VIP behandelt wurde) auf die Insel Barbados und von dort mit einem Privatjet zur Insel. Sie kam am 26. April in der Villa an. William, der in Sandhurst einen Segelkurs absolvierte, flog ihr zwei Tage später nach.

Die beiden verbrachten die Woche damit, mit Freunden Volleyball zu spielen und forderten die örtliche Jugend zu einem Frisbee-Match heraus. In Basil's Bar and Firefly tranken die beiden Piña Colada und Wodka mit Cranberrysaft; sie kreuzten mit einem Katamaran auf dem Meer und spielten Tennis mit dessen Eigentümer, Sir Richard Branson (dessen Tochter Holly mit William befreundet ist), und kehrten schließlich am 6. Mai nach Hause zurück, um am nächsten Tag an der Hochzeit von Williams Stiefschwester Laura Parker Bowles teilzunehmen.

Obwohl das Paar schon eine Society-Hochzeit gemeinsam besucht hatte, war es doch das erste Mal, dass Kate zu einer Familienhochzeit eingeladen wurde. Ihre Teilnahme an Lauras Hochzeit mit Harry Lopes, einem früheren Eton-Schüler und ehemaligen Calvin-Klein-Model, der auch der Enkel des verstorbenen Lord Astor of Hever war, machte deutlich, in welchem Maße Kate bereits in die Königsfamilie integriert worden war. Noch im Jahr zuvor hatte sie eine Einladung zur Teilnahme an der Hochzeit von Lauras Bruder Tom mit der Modejournalistin Sara Buys (die für das Magazin *Harpers & Queen* arbeitete) abgelehnt, weil sie befürchtete, dass das Interesse der Medien an ihr dem Hochzeitspaar den großen Tag verderben würde.

Nun jedoch, da Kate und William zur Hochzeit vor der Kirche St. Cyriac in Lacock, Wiltshire, vorfuhren, drehte sich das Gespräch vor allem darum, dass sie damit wohl einen weiteren Schritt hin zu einer königlichen Verlobung getan hätten. Tatsächlich nahmen sie nach der Hochzeitsfeier auch am Empfang in Camillas früherem Wohnsitz Ray Mill House teil.

William kehrte danach nach Sandhurst zurück, wo der dritte Abschnitt seiner Ausbildung begann. Kate blieb weiterhin im gesellschaftlichen Leben präsent, zeigte aber wenig Neigung, sich einen Job zu suchen. Einer ihrer ersten Termine war in der Woche nach Lauras Hochzeit, als sie an der Eröffnung einer

## »The Look of Love ...«

Boutique namens The Shop at Bluebird teilnahm. Der Laden befand sich unter Terence Conrans exclusivem Restaurant in einer umgebauten Garage, in der einst Donald Campbells Bluebird gestanden hatte, ein Fahrzeug, das den Weltrekord für Landfahrzeuge aufgestellt hatte. Kate nahm mit ihrer jüngeren Schwester Pippa an der Eröffnung teil, unterhielt sich angeregt mit Leuten aus der Modebranche und unterstützte damit die Eigentümer der Boutique, jenes Paar, das ihr und William ihre Villa überlassen hatte: Belle und John Robinson. Jetzt konnte es nicht mehr lange dauern, bis die bei der Party anwesenden Modeleute auf eine neue junge Aspirantin aufmerksam wurden.

Beim Boodles Boxing Ball, der am 3. Juni im Royal Lancaster Hotel stattfand, enthüllte Kate zum ersten Mal ihr wahres Potential als Designer-Modepuppe. Der Ball wurde von Charlie Gilkes organisiert, einem Studenten der Universität Edinburgh, der mit Kate und William befreundet war, und wurde zugunsten der Wohltätigkeitsorganisation Sparks durchgeführt, die sich der Förderung der kindermedizinischen Forschung verschrieben hatte. Kate trug ein atemberaubendes türkisfarbenes Kleid des amerikanischen Designers BCBG Max Azria, das sie im Kaufhaus Harvey Nichols für 354 Pfund erworben hatte, und erregte damit zum ersten Mal die Aufmerksamkeit der Modejournalisten. Kate wohnte auch dem Champagnerempfang bei (100 Pfund für den Abend) und verfolgte nach dem Abendessen den Amateurboxkampf, bei dem William ihren gemeinsamen Freund Hugh »Hunter« van Cutsem unterstützte, der gegen den Immobilienfachmann und Boxing-Blue-Gewinner (Cambridge) Huw »The Welsh Whirlwind« (»Der walisische Wirbelwind«) Williams antrat.

Nach diesem glamourösen Abend kehrte William nach Sandhurst zurück, während Kate sich wieder allein dem Trubel des gesellschaftlichen Lebens stellen musste. Am 23. Juni, während er an einem militärischen Training in Wales teilnahm, besuchte sie eine Party im The Roof Gardens in Kensington, zu der Sir Richard Branson zur Feier der Eröffnung des Tennisturniers von Wimbledon eingeladen hatte. Kate stieß zu einer Clique, zu der auch Sir Richards Tochter Holly gehörte, tanzte am Abend mit Guy Pelly und plauderte mit der Tennisspielerin Maria Sharapova. Ungefähr um diese Zeit erregte Kate zum ersten Mal auch das Interesse des amerikanischen VIP-Magazins *People*, in dem ihr Kleidungsstil wohlwollend mit dem von Prinzessin Diana verglichen wurde. Der Untertitel lautete: »Kates Stil erreicht königliches Niveau.« Im Hinblick auf Modefragen war sie nun endlich angekommen.

Leider litten Kates Großmütter um diese Zeit an Krebs und hatten nicht mehr lange zu leben. Caroles verwitwete Mutter Dorothy starb zuerst, am 21. Juli, drei Jahre nach ihrem geliebten Ehemann. Carole saß am Sterbebett ihrer 71-jährigen Mutter im Royal Marsden-Hospital in Reading, als die alte Frau ihren viermonatigen Kampf gegen den Lungenkrebs verlor.

In einem Versuch, seine Freundin aufzumuntern, entführte William sie Anfang September auf die Ferieninsel Ibiza. Gemeinsam mit Freunden charterten sie eine Jacht und verbrachten eine Woche mit Partys in der Sonne. Nach dieser einwöchigen Pause durfte das Paar noch eine letzte Nacht »downtown« genießen, bevor William wieder zu seinem dritten und letzten Ausbildungsabschnitt nach Sandhurst zurückkehrte. Aber diese eine Nacht am Freitag, den 8. September 2006, versetzte die Medien in wildeste Spekulationen über eine bevorstehende königliche Hochzeit. Dabei hatte der Abend völlig harmlos begonnen. Kate und William fuhren vor ihrem Lieblingsclub Boujis vor, betraten ihn aber getrennt, um nicht von der wartenden Presse zusammen fotografiert zu werden. Doch um 3.30 Uhr, als sie den Club wieder verließen, gaben sie ihr normales Katz-und-Maus-Spiel auf. Stattdessen bugsierte William seine Freundin

*»The Look of Love ... «*

durch die dicht stehenden Paparazzi zu ihrem Range Rover, wo sie sich kichernd auf den Rücksitz fallen ließen. Die Fotos dieses Ereignisses zeigen ein Paar, das sich anlächelt – möglicherweise die ausdrucksvollsten Fotos, die bisher von ihnen geschossen worden waren. Der zärtliche Blick, den sie wechselten, wurde – wohl in Anspielung auf Madonnas gleichnamigen Hit – als »The Look of Love« bezeichnet, und ihre offensichtliche Zuneigung nahmen die Kommentatoren mit einiger Erleichterung zur Kenntnis, denn angeblich bestehe nun eine echte Liebesbeziehung. Williams Liebesglück und sein natürliches Verhalten wurden mit der Reaktion seines Vaters verglichen: Als Charles bei seiner Verlobung mit Diana gefragt wurde, ob er in sie verliebt sei, bejahte er zwar, ergänzte jedoch: »Was man so Liebe nennt.«

Doch am Horizont zog bereits eine weitere Wolke auf. Nur zwei Tage nach Williams Rückkehr nach Sundhurst erlag Kates Großmutter mütterlicherseits, Valerie Middleton, im Alter von 82 Jahren einem Lymphom. Sie starb im Countess of Brecknock House Memorial Hospital in Andover, Hampshire. Man schrieb den 13. September 2006, und Kate hatte nun bereits drei ihrer Großeltern verloren.

Inzwischen war Kates Bruder James seiner Schwester Pippa an die Universität Edinburgh gefolgt; Kate jedoch hatte noch immer keine Arbeit gefunden. In einem letzten Versuch, doch noch einen angemessenen Job zu finden, kontaktierte sie Belle Robinson. Belle erkannte Kates Potenzial, ergriff sofort die Gelegenheit und bot ihr einen Job als Einkäuferin für Accessoires bei ihrer Firma Jigsaw an. Hier arbeitete sie vier Tage in der Woche, sodass sie immer noch genug Zeit für William hatte.

»Zum Dank uns gegenüber«, sagte Belle in einem Interview mit dem *Evening Standard*, »unterstützte Kate ein paar unserer Jigsaw-Events. Dann rief sie mich eines Tages an und fragte:

›Kann ich mal mit Ihnen über einen Job sprechen?‹ Sie wollte wirklich einen Job, aber sie brauchte genügend zeitliche Flexibilität für ihre Beziehung zu einem sehr angesehenen Mann und um ihr Leben weiterführen zu können, über das sie nicht selbst bestimmen konnte. In einem anderen Interview mit *The Times* erklärte sie: »Manche glauben, es sei ein Akt der Barmherzigkeit von uns gewesen, aber Kate ist ein kluges Mädchen. Sie richtete ihren Eltern eine Website ein, also dachten wir, dass ihre Fähigkeiten auch für uns nützlich sein könnten.«

Kate fügte sich offenbar sehr gut in die Firma ein und wurde ein beliebtes Teammitglied. In ihrem Interview mit dem *Standard* gab Belle auch einen Einblick, wie Kates Stellung als Freundin des Prinzen ihren Arbeitsalltag beeinflusste: »Es gab Tage, an denen TV-Teams am Tor unserer Zufahrt lauerten. Wir schlugen ihr vor: ›Wollen Sie nicht den Hinterausgang benutzen?‹ Aber sie sagte: ›Ehrlich, sie werden uns jagen, bis sie ihr Foto haben. Es ist besser, ich gehe einfach raus, sie schießen ihr Foto, und dann lassen sie uns in Ruhe.‹ Für eine 26-jährige war sie sehr reif, und ich meine, sie macht das sehr gut, dass sie der Presse nicht schmeichelt, ihr aber auch nicht den Mittelfinger zeigt.«

Ein paar Wochen nach ihrem Arbeitsbeginn bei Jigsaw musste Kate klar geworden sein, wie vorteilhaft die Vereinbarung war, dass sie nur vier Tage in der Woche arbeiten musste. Denn William bat sie, am ersten Wochenende im Dezember an einer Jagdgesellschaft in Sandringham teilzunehmen. An diesem Sonntag, zwei Wochen bevor William aus der Akademie entlassen wurde, schlug Kate alle Bedenken in den Wind und ließ zum ersten Mal zu, auf dem 8000 Hektar großen Landgut der Königin in Norfolk fotografiert zu werden, während sie William beobachtete, der Fasane schoss und tote Vögel in seine Jagdtasche steckte. Die Bilder mochten die Tierschützer auf die Palme treiben,

*»The Look of Love ...«*

zeigten aber auch, wie natürlich sich Kate in die Welt der königlichen Familie einfügte.

Am Ende eines Jahres, welches für das Paar mit einem Kuss auf den Pisten von Klosters begonnen und mit einem Tanz beim Sandhurst Ball geendet hatte, setzte die Buchmacherfirma William Hill die Wettquote für eine mögliche königliche Verlobung von 5:1 auf 2:1 herab – mit anderen Worten: Die Verlobung galt als zunehmend wahrscheinlich. Zum ersten Mal, seit Kate, begleitet von einem Sturm der Spekulation über ihre Zukunft, die Universität verlassen hatte, arbeiteten beide in ihren Jobs – William als Offizier in der Gardekavallerie und Kate in der Modewelt. Doch dunkle Wolken zogen am Horizont auf; das folgende Jahr sollte für Kate und William eine zermürbende Zeit werden.

# Kapitel 21

# Die Trennung

Versteckt hinter den Ziegelmauern ihres stattlichen Elternhauses im Dorf Chapel Row in Berkshire betrauerte Kate Middleton am Abend des 13. April 2007 das Ende ihrer Beziehung zu Prinz William.

Während ihr Exfreund seinen Kummer in Mayfairs neuestem Promitreff, dem Nachtclub Mahiki, heruntersülte, Champagner schlürfte und die legendären Treasure-Chest-Cocktails trank, verbrachte Kate, damals 25 Jahre alt, einen ruhigen und eher gedämpften Abend mit ihrer Familie.

Es war gerade erst eine Woche her, dass Großbritanniens berühmteste Liebesgeschichte geendet hatte – und es sollte noch ein paar Stunden dauern, bis die Neuigkeit von ihrer Trennung die Zeitungskioske erreichte –, und doch hätte das Verhalten der beiden nicht unterschiedlicher sein können, was nur noch einmal zeigte, wie weit sie sich nach ihrer Universitätszeit auseinandergelebt hatten. Kate hatte von William eine Entscheidung gefordert, doch der 24-jährige Offizier, der gerade Sandhurst hinter sich hatte, war noch nicht bereit, sich ins Ehejoch zu fügen.

Die Nachricht von der Trennung war ein Schock für die Öffentlichkeit, die jeden Schritt in ihrer Beziehung seit ihrem ersten Rendezvous an der St. Andrews University vor vier Jahren verfolgt hatte. Eigentlich hatte man allgemein eine Verlobung erwartet, und nur wenige hatten auch nur geahnt, dass die Beziehung dem Ende entgegenging.

Noch vor vier Monaten, Mitte Dezember, hatte alles ganz anders ausgesehen, als Kate und ihre Eltern eingeladen waren, den Abschied des Prinzen von der Royal Military Academy Sandhurst mitzuerleben, eine Zeremonie, die die Middletons sehr gefreut haben muss, denn der Freund ihrer Tochter war ihnen ans Herz gewachsen. Als regelmäßiger Besucher in ihrem Haus fuhr William oft nach Dienstschluss die 53 Kilometer auf der M25, um seine Freundin zu besuchen, und er muss die Zeit genossen haben, die er im engen Kreis ihrer Familie verbrachte, etwas, das er in der eigenen Kindheit kaum so gekannt hatte. Aber alles änderte sich in dem Moment, als er Sandhurst verließ und die nächste Stufe seiner militärischen Laufbahn in Angriff nahm.

Wer genau hinschaute, sah die ersten Risse schon in der Weihnachtszeit, als Kates Eltern beschlossen, für eine Wochenmiete von 4800 Pfund ein Herrenhaus in Schottland für ihre erweiterte Familie zu mieten. Trotz aller Spekulationen war Kate nicht eingeladen worden, Weihnachten mit der königlichen Familie in Sandringham zu verbringen – diese Ehre wird nur Verlobten zuteil. Stattdessen beschlossen die Middletons, William zu Silvester in das georgianische Jordanstone House am Rand von Alyth in Perthshire einzuladen. Das Herrenhaus aus dem 18. Jahrhundert mit seinem weitläufigen Gelände, das dem konservativen Politiker Sir James Duncan und seiner zweiten Ehefrau Lady Beatrice gehört hatte, war zweifellos ein geeignetes Ambiente für einen Prinzen. Vollgestopft mit Antiquitäten und alten Meistern, hat das Haus noch immer die beiden originalen Treppenhäuser (eines für die Bediensteten), eine riesige Küche und Waschküche im Untergeschoss, eine Bibliothek voller seltener Ausgaben und holzgetäfelte Empfangssäle mit gewaltigen Kaminen sowie 13 Schlafzimmer mit Himmelbetten. Doch Wil-

*Die Trennung*

liam, der Weihnachten in Sandringham, 650 Kilometer entfernt, verbracht hatte, tauchte einfach nicht auf.

Erst am folgenden Wochenende sah Kate ihren Freund wieder, in Highgrove, aber selbst das war eher eine Abschiedsparty für William als eine Geburtstagsfeier für Kate. Der künftige König sollte seinem Bruder zu den Blues and Royals folgen, einem der traditionsreichsten britischen Regimenter. Er nahm seine neue Rolle sehr ernst und neckte Harry damit, dass er schneller befördert werden würde, weil er einen Universitätsabschluss vorweisen könne.

Als eines der beiden Regimenter, die die Gardekavallerie bilden (das andere sind die Guards), entstanden die Blues and Royals 1969, als die Royal Horse Guards (bekannt als die Blues nach der Farbe ihrer Uniformen) und die Royal Dragoons, die ihre Ursprünge beide bis ins 17. Jahrhundert zurückverfolgen konnten, zusammengefasst wurden. Diese einzige berittene Kavallerieeinheit in England hat die Aufgabe, die Königin bei zeremoniellen Anlässen zu schützen sowie bei Einsätzen überall in der Welt Dienst zu tun. Das Abzeichen des Regiments – ein Adler auf dem linken Ärmel des blauen Uniformrocks – erinnert an die Eroberung der Adlerstandarte eines napoleonischen Infanteriebataillons bei Waterloo. Die Blues and Royals sind heute in den Combermere Barracks in Windsor stationiert, Ehrenoberst ist Prinzessin Anne.

Kate arbeitete am Morgen des 8. Januar 2007 bei Jigsaw, als sich Leutnant Wales zum Dienst meldete. Ihr war sicher nicht klar, wie sehr sich ihr Leben in den nächsten Monaten ändern würde. Als sie 24 Stunden später in einem schwarz-weißen 40-Pfund-Kleid von Topshop (das daraufhin innerhalb weniger Tage ausverkauft war) aus ihrer Haustür trat, um an ihrem 25. Geburtstag zur Arbeit zu gehen, empfing sie eine ganze Wand von Fotografen, angelockt durch kursierende Gerüchte, dass sie und ihr königlicher Freund bald ihre Verlobung verkünden würden. Zum ersten Mal zeigte sie, dass sie unter dem Druck litt, und zog ein finsteres Gesicht.

Der Tumult der Paparazzi legte Vergleiche mit der Behandlung von Prinzessin Diana in ihren letzten Lebensjahren nahe und ließ die königliche Familie in Aktion treten. Während Kates Anwälte Harbottle & Lewis, die auch Prinz Charles zu ihren Klienten zählen, versuchten, einen Kompromiss mit den Medien auszuhandeln, autorisierte Prinz William seinen Pressesprecher, eine Erklärung für ihn abzugeben. »Prinz William ist sehr unglücklich über die Belästigung seiner Freundin durch die Presse«, sagte er. »Er wünscht sich mehr als alles andere, dass das aufhört. Miss Middleton sollte wie jede andere Privatperson ohne diese Form des Eindringens in die Privatsphäre ihren Alltagsgeschäften nachgehen können. Die Situation erweist sich für alle Beteiligten als unhaltbar.«

Für Kate war es schlimm, dieser überwältigenden Aufmerksamkeit ausgesetzt zu sein. Da sie jetzt in London arbeitete, konnte sie dem Blitzlichtgewitter nicht mehr entgehen, indem sie sich in ihr Elternhaus flüchtete, und sie musste ihre Wohnung jeden Tag verlassen, um zur Arbeit zu fahren. Ohne William an ihrer Seite konnte die Königsfamilie wenig tun, um ihr zu helfen, da sie keinen Anspruch auf einen Schutz durch Scotland Yard hatte, weil sie nicht verlobt waren. Der Druck sollte sich bald als zu groß erweisen.

Zunächst blieb William der galante Freund, er fuhr nach London, um seine Freundin zu besuchen und in der Hauptstadt zu feiern, und Kate machte gute Miene zum bösen Spiel und warf sich in ein atemberaubendes 800 Pfund teueres Glitzerkleid von BCBG Max Azria, um am 1. Februar mit dem Prinzen an einer Party im Mahiki teilzunehmen. Dieser Club unter der Führung des Nightclub-Impresarios Piers Adam und des Clubpromoters

*Die Trennung*

Nick House war im Stil einer polynesischen Strandbar eingerichtet. Kate und William waren jetzt häufig hier, nachdem sie vor Weihnachten einen Abend mit Tom Parker Bowles und seiner Frau Sara in diesem Club verbracht hatten. Williams Freund, der Partylöwe Guy Pelly, fungierte als Vertriebsdirektor, und Henry Conway, der extravagante Sohn des in Ungnade gefallenen Parlamentsmitglieds Derek Conway, leitete in farbenprächtigen Kostümen die Donnerstags-Partys.

Während seiner ersten Wochen in der Kaserne schaffte William es noch zwei Mal, in die Hauptstadt zu kommen, für einen Abend im Boujis – wo er seiner Freundin Berichten zufolge eine antike, mit Diamanten besetzte Puderdose von Van Cleef & Arpels als vorgezogenes Valentinsgeschenk überreichte – und für einen Ausflug nach Twickenham am 10. Februar, um zuzuschauen, wie England Italien in der Six Nations Championship schlug. Er und Kate bejubelten das Comeback des Rugbyhelden Jonny Wilkinson, der alle Rekorde brach, indem er 15 Punkte zum 20:7-Sieg der Mannschaft beisteuerte.

Williams Partynächte mit seiner Freundin wurden allerdings allmählich immer seltener, als er sich in das Leben als Offizier der Gardekavallerie stürzte und das Gefühl genoss, jung, frei und ungebunden zu sein. Hin- und hergerissen zwischen seiner Freundin und den Partys mit seinen Offizierskameraden fiel ihm die Wahl offenbar nicht schwer. Es war eine harte Prüfung für ihre Beziehung. Kate spielte zuerst mit, ging mit ihren Freundinnen am Montag, den 26. Februar, ins Mamilanji, doch ihre Beziehung steckte schon in einer Krise, da sie langsam keine Lust mehr hatte, ihren Freund nur noch in den Zeitungen zu sehen.

Am 4. März entführte William Kate in einem letzten verzweifelten Versuch, ihre Liebe zu retten, auf einen alles entscheidenden Urlaub nach Zermatt am Fuße des Matterhorns, wo sie in einem exklusiven Chalet für 1500 Pfund die Woche logierten. Doch statt allein mit Kate dorthin zu gehen, lud er auch noch ein paar Freunde ein, darunter Thomas van Straubenzee und Guy Pelly, den Mann, der oft als »Hofnarr« der Prinzen beschrieben wird. Nach außen hin sah es so aus, als ob William und Kate – die einen Familienurlaub auf Barbados hatte sausen lassen, um ein paar schöne Stunden mit ihrem Freund zu verbringen – kurz vor einer Verlobung stünden. Sie blieben abends im Chalet, während ihre Freunde die Nachtclubs unsicher machten. Man sah sie eng umschlungen und küssend auf den Pisten. Tatsächlich aber standen die Dinge alles andere als gut, und an eine Verlobung dachten sie damals wohl zuallerletzt.

Zum letzten Mal sah man sie am 13. März 2007 gemeinsam in der Öffentlichkeit, am ersten Tag des National Hunt Festival in Cheltenham, einer Lieblingsveranstaltung der verstorbenen Königinmutter, die selten eines dieser Festivals ausgelassen und sich in ihren letzten Lebensjahren in einem in den Farben ihres Rennstalls bemalten Golfmobil dort bewegt hatte. Kate, die mit William in dessen schwarzen Audi Saloon vorfuhr, schien sich wohlzufühlen, als sie mit Zara Phillips plauderte und in einer Loge des Rennpferdbesitzers Trevor Hemmings Champagner trank. Doch die Körpersprache des Paares war angespannt, und Modejournalisten kritisierten die beiden, weil sie aussähen wie »auf alt gemacht«. Es war Kates erster Fehlgriff in Modedingen und vielleicht ein Zeichen ihrer inneren Anspannung.

Drei Tage später verschwand William im tiefsten Dorset, um im Ausbildungslager des Heeres in Bovington einen zehnwöchigen Kurs als Panzerkommandant anzutreten. Das hielt Kate jedoch nicht davon ab, den Cheltenham Gold Cup ohne ihn zu besuchen. In einem himmelblauen Blazer, braunem Rock und passender Baskenmütze wirkte sie viel entspannter – und modi-

*Die Trennung*

scher – als bei dem Besuch zuvor mit ihrem Prinzen. Bei ihrer Ankunft wurde sie von zwei Polizisten in Zivil empfangen und zu einem vom Queen's Master of the Horse, Lord Vestey, ausgerichteten Essen in den für die königliche Familie abgetrennten Bereich eskortiert. Sie lachte und scherzte mit den Gästen, darunter van Straubenzee, sprang in die Luft, wenn sie einen Sieger richtig getippt hatte, und schlug sich die Hand vor den Mund, wenn sie verlor. Die Tatsache, dass sie an jenem Tag neben Williams Tante Prinzessin Anne und Camillas Exehemann Andrew Parker Bowles in der königlichen Loge erschien, schien eine weitere Bestätigung dafür zu sein, dass Kate kurz davor stand, ein offizielles Mitglied der Königsfamilie zu werden. Aber einige Kommentatoren meinten, sie habe ihr Blatt womöglich überreizt, indem sie dort auftauchte, ein Schritt, der William Gerüchten zufolge ziemlich ärgerte.

Jedenfalls begann die Beziehung aufgrund der ständigen Trennung zu bröckeln, als William in Dorset war. Statt am Wochenende die 210 Kilometer nach London zu fahren, verbrachte William seine Freizeit offenbar lieber mit seinen Offizierskameraden.

Sein erster Abendausflug mit den Blues and Royals – die in Bournemouth, der nächsten größeren Stadt in der Nähe der Kaserne, nur »Booze and Royals«, also »Schnaps und Royals«, hießen – brachte das Fass für Kate zum Überlaufen. Gerüchte darüber, dass er gern einen Blick riskierte, hatte sie immer ignoriert und seine Flirts mit anderen Mädchen hingenommen, doch sein sehr ungezwungenes Auftreten im Elements Nightclub am 22. März hatte unglückliche Folgen. Es gibt zwar keine Hinweise darauf, dass der zukünftige König seine Freundin betrogen hat, aber zwei der Mädchen, deren Bekanntschaft er an jenem Abend machte, verkauften ihre Geschichten an die Boulevardpresse, was für Kate sehr demütigend gewesen sein muss. An jenem Donnerstagabend ließen William und seine Freunde die Sau raus, sie kippten Bier und spülten mit Sambuca nach und flirteten mit den Mädchen im Nachtclub, ohne sich darum zu kümmern, dass sie den Prinzen mit ihren Handys fotografierten.

Ana Ferreira, 18, Studentin der Internationalen Beziehungen, war im Club, als sie hörte, dass William in einem anderen Raum tanzte. Sie ging hin, schaute sich den Auflauf an und posierte für ein Foto mit ihm. Erst später merkte sie, dass der Prinz eine ihrer Brüste berührt hatte. »Es ging das Gerücht um, dass William in einem Teil des Clubs sei, wo sie schmalzige Musik aus den 1980er-Jahren spielten«, erzählte sie *The Sun*, »also gingen wir hin, um uns das anzusehen… Er war von vielen Mädchen umringt und posierte für Fotos. Er legte mir einen Arm um die Schulter und meiner Freundin Cecilia den anderen. Ich war selbst ein bisschen betrunken, aber ich fühlte, wie etwas über meine Brust strich. Ich dachte, das könne ja wohl kaum der zukünftige König gewesen sein, doch nachdem ich jetzt das Bild gesehen habe, überrascht mich sein Lächeln nicht mehr.«

Lisa Agar, eine 19-jährige Schauspielschülerin mit einem Piercing durch die Lippe, behauptete, William habe sie auf ein Podium gezogen, wo sie mit ihm tanzen sollte. »Er sagte so was wie ›Komm schon, zeig uns, wie es geht. Du bist viel zu gut für diesen Laden‹«, erzählte sie dem *Sunday Mirror*. »Er flirtete ziemlich, und ich war ein bisschen schockiert, machte dann aber mit. Er lachte sich halb tot und schwenkte die Arme in der Luft.« Lisa, die ein enges, pinkfarbenes Top, Leggings und High Heels trug, behauptete, dass William Bier mit einem Schuss Sambuca trank. »Ich nenne das Zeug Raketentreibstoff«, fügte sie hinzu, »denn es gibt dir sehr schnell einen gewaltigen Kick und macht dich sturzbesoffen.«

Am frühen Morgen lud Williams Freund sie in die Kaserne ein, um dort weiterzufeiern. »Als ich sagte, ich sei unschlüssig«, erzählte sie, »kam Wills zu mir und fragte: ›Kommst du mit? Es

*Die Trennung*

wird lustig. Komm schon. Wir müssen gehen.«« Ich begleitete sie im Auto eines Freundes zu ihrem Stützpunkt, und dann gingen wir alle in einen Aufenthaltsbereich der Kaserne, wo wir auf einem Ledersessel und Sofas herumlümmelten. Schließlich bin ich nur etwa 20 Minuten geblieben. Komischerweise tat mir William ein bisschen leid, und ich dachte, vielleicht versucht er, sich aufzumuntern.«

Williams Verhalten in jener Nacht war überhaupt nicht ungewöhnlich für einen Soldaten Mitte 20, auch nicht für einen aus der königlichen Familie. Zwei Tage später schlug Prinz Harry über die Stränge und verließ das Boujis nach dem Genuss zu vieler Crack-Baby-Cocktails praktisch auf allen vieren. Der Offizier der Blues and Royals hatte nach einer Woche Manöver mit Freunden, darunter seine frühere Flamme Natalie Pinkham, in dem Club gefeiert und dann beschlossen, die Fotografen auszutricksen, indem er durch den Hinterausgang verschwand. Aus Wut darüber, dass sie ihn ertappten, soll er einen der Paparazzi geschlagen haben, bevor er hinfiel und in der Gosse landete. Seine Begleiter behaupteten allerdings, er habe nur das Gleichgewicht verloren und sei gestolpert.

Kate und William verbrachten am 31. März einen Abend zusammen. Sie aßen im King's Head in Bledington mit ihren Freunden Hugh und Rose van Cutsem, auf deren Hochzeit sie im Sommer zuvor gewesen waren. Inzwischen hatte ihre Beziehung allerdings schon sehr gelitten, und die Trennung nahte.

Ein paar Tage später flog Kate mit ihrer Mutter Carole nach Irland, um privat die Ausstellung einer engen Freundin der Familie, Gemma Billington, zu besuchen. Mutter und Tochter wohnten in Dublin unter ihren Verhältnissen in einem billigen Drei-Sterne-Haus, dem Hotel Quality. Nachdem sie sich Gemmas Gemälde angesehen hatte, plauderte Kate mit dem Schlagzeuger Ben Carrigan und dem Gitarristen Daniel Ryan von der irischen Indie-Rockband The Thrills. Am nächsten Tag besuchte sie die National Gallery of Ireland.

Dass sie bei der Ausstellung in der Urban Retreat Gallery am Hanover Quay aufgetaucht war, brachte Gemma, der 53-jährigen Tochter eines Polizeisergeanten aus der irischen Grafschaft Kerry, gewaltige Publicity. Sie und ihr Mann Tim, 63, ein Landwirt und Rennpferdezüchter, sind enge Freunde der Familie Middleton. Sie leben ganz in ihrer Nähe auf einem 130 Hektar großen Landgut im Dorf Stanford Dingley, wo William und Kate im Dorfpub, dem Boot Inn, schon ein vertrauter Anblick sind. Die sieben Kinder der Billingtons wuchsen mit den Middleton-Geschwistern auf und gingen in dieselbe Schule, Carole und Gemma spielten miteinander Tennis.

»Kate ist ein liebes Mädchen, einfach eines unserer Kinder, das zufällig mit einen Jungen namens William zusammen ist, der zufällig ein Prinz ist«, sagte sie in einem Interview mit dem *Sunday Independent,* mit dem sie für die Ausstellung warb. »Er ist wirklich ein ganz normaler Junge. Ich finde, es ist schwer für sie, aber sie geht gut damit um. Die Middletons sind als Familie sehr eng miteinander verbunden, sie essen zusammen, schauen fern, machen Sport und fahren zusammen in den Urlaub. Es ist komisch, man stellt sich vor, diese Leute seien anders, aber wir alle wursteln uns so durchs Leben. Egal, mit wem man zusammen ist, man muss ihn so nehmen, wie er ist.«

Während Kate Kulturaufenthalt in Irland machte, vergnügte William sich auf ganz andere Weise. Er verbrachte den Abend des 4. April mit einer Gruppe Offizierskameraden von der Gardekavallerie in der Weinbar Bliss in Bournemouth. An jenem Abend war die Bar gestopft voll mit 200 Fans, die den Gitarristen Dan Baker hören wollten. Doch mitten in dem auf zwei Stunden angelegten Auftritt sprang einer von Williams rüpelhaften Freunden auf die Bühne und rief: »Oh bitte, Schluss jetzt mit diesen

*Die Trennung*

Scheißliedern. Der Prinz will Tanzmusik.« Der Sänger, der das Konzert für zehn Minuten unterbrach, bis die Offiziere den Raum verlassen hatten, sagte einer Zeitung: »Ich war entsetzt, als dieser Besoffene auf die Bühne kletterte und mitten in einem Song auf mich zukam. So etwas Unverschämtes habe ich noch nie erlebt. Dieser Auftritt war mir wichtig, ich habe jahrelang geübt in der Hoffnung auf eine solche Chance.«

Für William und Kate war es der Anfang vom Ende. Eine letzte Auseinandersetzung fand statt, als sie sich ein paar Tage später am Osterwochenende trafen. William hatte die Einladung, die Feiertage mit Kates Familie zu verbringen, ausgeschlagen, doch das Paar kam zu einer Aussprache zusammen, und dabei wurde klar, dass ihnen im Leben unterschiedliche Dinge wichtig waren. Während Kate eine gewisse Verbindlichkeit in ihrer Beziehung erwartete, fühlte sich William dazu gedrängt, ihr einen Antrag zu machen. Eigentlich gab es da nur noch einen Ausweg, doch Kate hoffte immer noch, dass William seine Meinung ändern würde.

Gegen Mittag am folgenden Mittwoch wurden alle Hoffnungen auf Versöhnung, die sie vielleicht noch hegte, zunichtegemacht. Angeblich telefonierte sie lange mit William. Dann ging sie vorzeitig von der Arbeit nach Hause und verschwand für den Rest der Woche. Inzwischen hatte William, so hieß es, die Königin auf Schloss Windsor angerufen, kurz bevor sie zu einem Besuch beim Grafen von Carnarvon auf Schloss Highclere aufbrach, um ihr zu berichten, dass seine Beziehung mit Kate beendet sei.

Als William am Freitag, den 13., im Mahiki auftauchte, war die Nachricht von der Trennung des Paares noch nicht publik geworden. Doch der Prinz wusste sehr wohl, dass er am nächsten

Morgen auf allen Titelblättern auftauchen würde, und er wollte offenbar demonstrieren, dass er sich gut amüsierte. Als er mit Freunden eine halbe Stunde vor Mitternacht dort auftauchte, wurde er an einen reservierten Tisch nahe der Tanzfläche geführt, wo die Truppe 1998er Dom Pérignon für 450 Pfund die Flasche trank, bevor sie sich durch die Cocktail-Karte arbeitete, den sogenannten Mahiki Trail, der sich um eine Schatzkarte rankt. Wenn die Gäste alle 18 Cocktails schaffen, werden sie mit der berühmt-berüchtigten Treasure Chest belohnt, einer Mischung aus Brandy und Pfirsichlikör, Limone, Zucker und Champagner.

Irgendwann an diesem Abend soll William angeblich »Ich bin frei!« gebrüllt haben. Als die ersten Takte von »You Can't Always Get What You Want« von den Rolling Stones erklangen, zogen seine Freunde ihn auf die Tanzfläche, doch die gute Laune des Prinzen rutschte langsam ins Weinerlich-Sentimentale ab, und um 3.30 Uhr morgens torkelte er aus dem VIP-Ausgang des Clubs und ließ sich nach Hause fahren. Ein Offizier der königlichen Leibwache bezahlte die Zeche von 4700 Pfund. Nur ein paar Stunden später erfuhr die Welt, dass Großbritanniens begehrtester Junggeselle wieder zu haben war... aber für wie lange?

# Kapitel 22

## Die Versöhnung

Prinz William und Kate Middleton tanzten eng umschlungen und völlig weltvergessen zu »I Like the Way You Move«, ihrem Lieblingssong von den BodyRockers. Sie warfen alle Bedenken über Bord, küssten sich leidenschaftlich auf der Perspex-Tanzfläche im Backstage-Bereich des Wembley-Stadiums und ließen die VIP-Gäste des Konzert für Diana nicht im Zweifel darüber, dass ihre Liebesaffäre wieder aufgelodert war. Nach ihrer Tanzeinlage zogen sie sich in ein verschwiegenes, von Kerzen erleuchtetes und mit Rosenblättern bestreutes Separee zurück und verbrachten dort den Rest des Abends hinter Vorhängen verborgen damit, auf einem weißen Sofa Händchen zu halten, einander Nettigkeiten ins Ohr zu flüstern und Mojitos zu trinken.

Diese öffentliche Zurschaustellung ihrer Zuneigung in den späten Stunden des 1. Juli 2007 – so völlig untypisch für den Prinzen – markierte einen neuen Anfang für das junge Paar, das sich zwölf Wochen zuvor getrennt hatte, weil William sich nicht hatte binden wollen. Es war nur ein paar Stunden her, dass William, 25, mit seinem Bruder Harry, 22, auf die Bühne getreten war, um das Konzert zu eröffnen, einen Tribut an ihre verstorbene Mutter an deren 46. Geburtstag. »An diesem Abend geht es um alles, was unsere Mutter liebte: ihre Musik, ihr Tanzen, ihre Wohltätigkeitsveranstaltungen, ihre Familie und ihre Freunde«, sagte er, bevor er Duran Duran, eine der Lieblingsbands von Diana, ankündigte und den Zuschauern »eine tolle Zeit« wünschte. Mit keinem Wort deutete er an, dass sein Liebesleben wieder in Ordnung war.

William und Kate waren zum ersten Mal wieder zusammen in der Öffentlichkeit erschienen, seit ihre Beziehung in die Brüche gegangen war – schon das hatte zu Spekulationen geführt, dass sie ihre Differenzen beigelegt hätten. Doch sie saßen zwar beide in der königlichen Loge, aber getrennt, zwei Reihen zwischen sich, und sie schauten sich nicht einmal an.

Das Konzert für Diana, bei dem 1,6 Millionen Pfund Spenden zusammenkamen, hatten die Prinzen William und Harry zum Andenken an ihre Mutter zum zehnten Jahrestag ihres Todes bei einem Autounfall im Pont-de-l'Alma-Tunnel in Paris organisiert. Sie hatten 23 Bands und Künstler eingeladen, die zu ihrer eigenen Generation und der ihrer Mutter gehörten, darunter auch das English National Ballet. Die Veranstaltung hatte 15 Millionen Fernsehzuschauer in Großbritannien und 500 Millionen weltweit vor die Bildschirme gelockt. Die Zusammenstellung der Show war ziemlich gewöhnungsbedürftig, aber das schien jene 63 000 Menschen, die jeweils 45 Pfund bezahlt hatten, nicht abzuschrecken. Sie wollten Dianas Lieblingssänger Tom Jones, Bryan Ferry und Duran Duran neben den amerikanischen Hip-Hop-Künstlern Kanye West und P. Diddy und der britischen Soulsängerin Joss Stone auf der Bühne sehen.

Sir Elton John, der zum Andenken an Prinzessin Diana 1997 den Song »Candle in the Wind« geschrieben hatte, eröffnete das Konzert mit seinem Klassiker »Your Song«, bevor er dem Publikum die beiden Prinzen vorstellte. Unter Standing Ovations kamen William und Harry auf die Bühne. »Hello, Wembley!«, rief Harry. Nachdem sie an ihre Mutter erinnert und die

## Die Versöhnung

nächsten Künstler angesagt hatten, nahmen sie in der Königsloge neben ihren Cousinen Beatrice und Eugenie, Zara Phillips und deren Freund Mike Tindall, einem englischen Rugby-Nationalspieler, und anderen Angehörigen der königlichen Familie aus ihrer Generation Platz. Während William Kate, die einen weißen Trenchcoat von Issa trug, geflissentlich übersah, setzte sich Harry neben seine Freundin Chelsy, 21, und gab ihr einen Kuss. Die drei tanzten und klatschten, als Nelly Furtado »Say It Right« schmetterte. Die einzige Andeutung, dass die Beziehung des Paares womöglich wieder gekittet sein könnte, war ein Kameraschwenk auf Kate, die glücklich »Back for Good« von Take That mitsang.

Nach dem Konzert allerdings, bei der 250 000 Pfund teuren After-Show-Party, bei der den Gästen Himbeer- oder Cappuccino-Wodka-Gelee und Austern, Hummer und Krabben gereicht wurden, während Akrobaten und Tänzer sich in Käfigen überall im Raum verausgabten und tropische Fische unter der Tanzfläche aus Acrylglas schwammen, sah das schon ganz anders aus. William und Kate kamen getrennt an und sie gingen getrennt, aber drinnen klebten sie förmlich aneinander. William achtete nicht auf Kate, solange er sich mit Joss Stone unterhielt, doch sobald sie auf die Tanzfläche kam, eilte er zu ihr, umarmte sie und küsste sie auf die Lippen. Den Rest des Abends verbrachten sie zusammen und zeigten der Welt so, dass ihre Beziehung wieder intakt war.

Die Nachricht von der Trennung hatte sich erstmals am Samstag, dem 14. April 2007, verbreitet, drei Tage nach Kates und Williams letztem Telefongespräch, nach dem sie mit dem festen Vorsatz, sich vorerst nicht mehr blicken zu lassen, aus der

*Prinzessin Kate*

Hauptstadt in ihr Elternhaus in Berkshire geflohen war. Ihre beiden Geschwister waren an jenem Wochenende zu Hause – am Sonntag wurde James 20 Jahre alt –, und die Familie schloss die Reihen um sie. Kurioserweise hatte sich auch Pippa, 23, die kurz vor ihren Abschlussprüfungen an der Edinburgh University stand, gerade von ihrem aristokratischen Freund J. J. Jardine Patterson, dem reichen Erben einer Bankiersfamilie aus Hongkong, getrennt, weil auch der sich nicht binden wollte, und so konnten sich die beiden Schwestern gegenseitig trösten.

Doch an James' Geburtstag mussten die Middletons eine Reihe von anonymen Angriffen in den Sonntagszeitungen lesen. Dort hieß es, dass Kate wegen der bürgerlichen Herkunft und des fehlenden Stammbaums ihrer Mutter Carole niemals von der Königsfamilie – und in Williams Adelskreisen – akzeptiert werden würde. Es war ein grausamer Rufmord an einer Familie, die eigentlich die englische Mittelschicht verkörperte, und an einer Frau, die wie viele andere auf dem Lande gern Tennis spielt, reitet und mit dem Golden Retriever der Familie spazieren geht. Mit Rückgriff auf Nancy Mitfords Essay *The English Aristocracy* aus dem Jahr 1954 schrieben die Zeitungen, dass Williams ach so vornehme Freunde angeblich über ihre unfeine Verwendung von Worten wie »toilet« und »pardon« (statt »lavatory« und »what«) spotteten und entsetzt darüber waren, dass sie bei Williams Abschlusszeremonie in Sandhurst Kaugummi kaute. Später kam heraus, dass es ein Nikotinkaugummi war, obwohl dies natürlich für alle, die sie kritisieren wollten, keine Entschuldigung für einen solchen Fauxpas war. Einen weiteren Fauxpas beging Carole angeblich, indem sie die Königin mit den Worten »Pleased to meet you« begrüßte statt mit »Hello, Ma'am« – allerdings war Carole der Königin gar nicht vorgestellt worden.

## *Die Versöhnung*

Der Hof distanzierte sich aus Angst vor einem PR-Desaster sofort von den Berichten und gab der Presse die Schuld an dieser bösartigen Attacke. Doch die königliche Familie ist zuweilen hochnäsig – in Erinnerung ist zum Beispiel eine Äußerung von Lord Charteris, einem Vertrauten der Königin, der die Herzogin von York als »gewöhnlich, gewöhnlich, gewöhnlich, und das war es dann« beschrieb, und von Prinz Charles weiß man, dass er darüber verzweifelte, dass die Menschen nicht mehr »ihren Platz« kennen – es ist also schwer zu beurteilen, wie viel Wahrheit in den Gerüchten steckte.

Jedenfalls war Prinz William so entsetzt über das Gift, das da gegen Carole versprüht wurde, dass er seine Exfreundin anrief, um ihr zu versichern, dass seine Freunde nicht hinter diesem Angriff steckten. Jenes Telefonat, vier Tage nach dem Bruch, sollte sich als erster zögerlicher Schritt zu einer Versöhnung erweisen.

Innerhalb von 24 Stunden, nachdem William in seine Kaserne in Bovington zurückgekehrt war, beschloss auch Kate, dass sie sich der Welt stellen müsse. Die Augen hinter einer Sonnenbrille verborgen, verließ sie um 10.15 Uhr die schützenden Mauern ihres Elternhauses, um sich von James nach London fahren zu lassen. In Jeans – und mit tapferer Miene – machte sie kurz in ihrer Wohnung in Chelsea Halt, um ihren Tennisschläger zu holen, ein Symbol dafür, dass das Leben weitergehen würde. Dann stattete sie ihrem Büro in Kew, Südwestlondon, einen kurzen Besuch ab, um ein paar Papiere abzuholen, bevor sie wieder in ihr Elternhaus zurückkehrte. Ihr trotziger Auftritt an jenem Tag vermittelte der Welt die Botschaft, dass sie sich weigerte, in Selbstmitleid zu versinken.

Kate verbrachte noch ein paar Tage in Berkshire, ignorierte die lautstarken Spekulationen über die Trennung, pflegte ihr gebrochenes Herz und las tröstende Briefe – sie soll über 300 Briefe bekommen haben, selbst aus Australien schrieben ihr die Menschen –, während die Welt darauf wartete, was sie als Nächstes tun würde. Der Publicity-Manager Max Clifford schätzte, dass sie als die einzige Freundin, die je mit einem künftigen König zusammengelebt hatte, über 5 Millionen Pfund mit ihrer Geschichte verdienen könnte – doch es war unter Kates Würde, mit intimen Enthüllungen an die Öffentlichkeit zu gehen.

Am Donnerstag, nach einer Woche Urlaub »aus familiären Gründen«, fühlte sich Kate stark genug, nach London zurückzukehren und ihr altes Leben wieder aufzunehmen. Sie war fest entschlossen, dem Prinzen zu zeigen, was ihm entging. An jenem Abend traf sie, nachdem sie tagsüber gearbeitet hatte, ein paar Freunde im La Bouchée, einem Restaurant in Fulham, bevor sie im Mahiki auftauchte, wo William seinen Kummer sechs Tage zuvor ertränkt hatte.

Das war ein spektakulärer PR-Coup – der erste in einer Reihe von Manövern wie nach einem Drehbuch, das speziell darauf ausgelegt schien, die Aufmerksamkeit des Prinzen zu erregen und ihm zu zeigen, dass sie durchaus allein zurechtkam. In einem ausgeschnittenen 45-Pfund-Minikleid von Lipsy zu langen Stiefeln, die ein Stück Bein unbedeckt ließen, konnte ihr Auftritt in der Bar, wo sie einen Jack Daniel's und Coca-Cola mit Guy Pelly, dem Vertriebsdirektor des Clubs und engen Freund von William, trank, wohl kaum unbemerkt bleiben. Sie verbrachte den größten Teil des Abends auf der Tanzfläche, bevor sie den Club um 2.30 Uhr verließ.

Einer ihrer Tanzpartner an jenem Abend, der Architekt Alex Shirley-Smith, war ganz begeistert von ihr. »Sie spielte mit ihrem Haar und schaute mich so über die Schulter an«, erzählte er der *Daily Mail* später. »Dann hatte sie sich plötzlich rückwärts auf mich zugedreht, sodass sie mit dem Rücken gegen mich lehnte. Sie machte ein paar sehr sexy Bewegungen, und sie sah absolut

*Die Versöhnung*

hinreißend aus. Sie war eine tolle Tänzerin. Dann wurde sie von einem ziemlich betrunkenen Typ weggezogen, der, glaube ich, zu ihren Freunden gehörte. Er dachte wohl, er wäre ihr Retter, doch als er sie wegzog, zwinkerte sie mir zu, und ich wusste, dass sie flirtete.« Er erzählte auch, was später am Abend, als »Unbelievable« von EMF gespielt wurde, passierte: »Wir spürten eine natürliche Anziehungskraft, und Kate machte einen Schritt vorwärts und schaute mich frech an, legte mir die Hände auf die Schultern, und wir sangen das Lied gemeinsam weiter, während wir tanzten.«

Eine Woche später, am 26. Mai, war Kate wieder in der Stadt unterwegs, in Williams altem Lieblingsclub Boujis, und genoss ihr Leben als Single in vollen Zügen. In einem schwarzen Minikleid und Stiefeln traf sie sich mit Freunden in einem Thai-Restaurant in Chelsea, bevor sie im Club weiterfeierte. William wird das wohl kaum entgangen sein.

Eine weitere klischeehafte Reaktion auf eine Trennung besteht darin, Sport zu treiben und abzunehmen, und Kate machte da keine Ausnahme. Doch statt Stunden im Fitnessstudio zu verbringen, schloss sie sich »The Sisterhood« an, einem Team rudernder Frauen, die den Ärmelkanal in einem Drachenboot überqueren und damit Geld für wohltätige Zwecke sammeln wollten. Sie hatten ihre männlichen Rivalen, »The Brotherhood«, herausgefordert, die 34 Kilometer über den Kanal von Dover nach Cap Griz Nez in der Nähe von Calais in einem Rennen zurückzulegen, und hatten seit November trainiert. Kate war eine der beiden Steuerfrauen.

Angeführt von Emma Sayle, 29, die sich einen Ruf als »die vornehmste Swingerin der Stadt« erworben hatte, blieb die Gruppe stets im Fokus der Öffentlichkeit. Emma hatte eine bunte Truppe mit teilweise etwas zweifelhaftem Vorleben eingeladen, sich »The Sisterhood« anzuschließen. Sie selbst, Tochter des frü-

## Prinzessin Kate

heren Diplomaten und Offiziers Guy Sayle, war vier Jahre über Kate in Downe House zur Schule gegangen. Berühmt-berüchtigt geworden war sie als Betriebsleiterin des Swinger-Clubs Fever und als Gründerin der Killing Kittens, eines Unternehmens, das Sexpartys organisiert.

Ihre beste Freundin Amanda Cherry, 29, ebenfalls Mitglied der Crew, verursachte einen gewaltigen Skandal in Downe House, als sie kurz nach dem Abschluss eine Affäre mit ihrem früheren Politik-Tutor Ian Goodridge begann, der über 20 Jahre älter war als sie. Er verließ seine Frau für die 19-Jährige, und die beiden heirateten.

Die rudernden Frauen priesen sich selbst an als »Elitetruppe von Athletinnen, in vieler Hinsicht begabt, mit perfekter Figur und grandiosem Aussehen, auf einer Mission, kühn dorthin zu gehen, wo noch keine Frau zuvor hingekommen ist«, und so zogen die Trainingstage von »The Sisterhood« auf der Themse die Paparazzi magisch an.

Kate war von Alicia Fox-Pitt, 26, einer ihrer ältesten Freundinnen, eingeladen worden, sich der Gruppe anzuschließen. Auch Alicias ältere Schwester Laurella gehörte zum Team. Die Fox-Pitt-Schwestern, die mit Kate in Marlborough gewesen waren, wuchsen auf dem Familienanwesen Knowlton Court in den Außenbezirken von Canterbury im ländlichen Kent auf. Sie sind beide begabte Reiterinnen, doch Alicia versucht den Reitsport mit einem Studium der Tiermedizin unter einen Hut zu bringen, und Laurella ist eine begeisterte Kickboxerin und aufstrebende Schauspielerin.

Die vierte Marlborough-Absolventin in der Mannschaft war Bean Sopwith, 26, die danach Archäologie in Oxford studiert hatte. Als angehende Stuntwoman war sie in Jack Osbournes Fernsehserie *Adrenaline Junkie* aufgetreten. Bean war vier Jahre zuvor bei einem schweren Kletterunfall in Wales 9 Meter tief

## Die Versöhnung

abgestürzt. Sie hätte beinahe eine Hand verloren, doch sie erholte sich nicht nur vollständig von dem Unfall, sondern lernte danach sogar noch Fallschirmspringen.
Kates Beteiligung an diesem Team ließ im Palast die Augenbrauen hochgehen, doch sie genoss einfach nur ihre neue Freiheit. »Wir haben bisher dreimal die Woche trainiert«, kommentierte Emma. »Kate ist überaus fit und sehr stark – wenn sie jetzt am Rest der Trainingstage teilnehmen kann, wird sie mit im Boot sein.«
Etwa zur selben Zeit wurde auch Kates Garderobe immer gepflegter und sie offenbarte ein Stilgefühl, das selbst in der Modebibel *Vogue* nicht fehl am Platz gewesen wäre. Nachdem sie jetzt problemlos in Größe 34 passte und sich regelmäßig im Salon von Celebrity-Stylist Richard Ward – einem Lieblingsfriseur von Tara Palmer-Tomkinson, Isabella Hervey und Lisa Snowdon – frisieren ließ, rangierte sie auf Platz acht auf der Liste der bestgekleideten Frauen im Gesellschaftsmagazin *Tatler*. Geordie Greig, damals Herausgeber der Zeitschrift, sagte zu der Platzierung: »Kate hat nicht den kleinsten Fehler gemacht. Sie wirkt bescheiden und schön, und die Presse mag sie. Ihr Look und ihre Kleidung wirken frisch und unprätentiös. Die perfekte Prinzessin im Wartestand.«
Kate fand auch ein Designerlabel, das ihr besonders gut gefiel: Issa, dessen Jersey-Wickelkleider auch die Hollywoodstarlets Scarlett Johansson und Keira Knightley tragen. Im Studio der Designerin Daniella Issa Helayel in Fulham entdeckte sie das von einem alten Babykleidchen inspirierte Lucky-Kleid mit Puffärmeln und einem kurzen Rock, das sie jetzt offenbar in allen möglichen Farben besitzt, und dort kaufte sie auch ihr Kleid für das Konzert für Diana.
Daniella erklärt immer wieder, dass Kate in keiner offiziellen Verbindung zum Unternehmen steht, obwohl sie natürlich un-

schätzbare Publicity bringt. »Sie ist keine Issa-Botschafterin«, sagte sie, »und sie bekommt all diese Kleider nicht gratis. Wir haben gemeinsame Freunde und wir schätzen uns glücklich, dass ihr die Kleider so gut stehen.«

Ende Mai hatte Kates jüngere Schwester Pippa, die als die umtriebigere der beiden gilt, ihre Abschlussprüfungen hinter sich und zog nach London, wo die beiden Mädchen sofort zu den beliebtesten Gästen der besseren Gesellschaft zählten.
Während Kate den sozialen Aufstieg durch ihre Verbindungen zum Königshaus geschafft hatte, war Pippa in die elitären Countryhouse-Kreise aufgenommen worden. Sie angelte sich den Erben J. J. Jardine Patterson und lebte in einer WG mit dem Sohn des Herzogs von Roxburghe, Ted Innes-Ker, und mit George Percy, dem Erben des Herzogs von Northumberland. Kate und Pippa wurden vom *Tatler* bald die »Sizzler Sisters«, also die zischend heißen Schwestern, genannt. Das Magazin beschrieb sie als »sehr entschlossene« junge Frauen.
Gemeinsam traten die Schwestern erstmals am 15. Mai beim Nobeljuwelier Asprey auf, als der preisgekrönte Autor Simon Sebag Montefiore sie zur Vorstellung seines Buches *Young Stalin*[4] einlud. Dort mischten sie sich unter die illustren Gäste, zu denen auch Simons Schwägerin Tara Palmer-Tomkinson, die Schriftsteller Plum Sykes und William Shawcross, die Nachrichtensprecherin Emily Maitlis und der konservative Parlamentsabgeordnete (und Freund von Prinz Charles) Nicholas Soames zählten. Zwei Tage später sah man Kate mit ihrer kleinen Schwester im Schlepptau wieder auf der Tanzfläche des Boujis. Nach-

---

[4] *Der junge Stalin. Das frühe Leben des Diktators 1878–1917*, Frankfurt am Main: Fischer 2007.

*Die Versöhnung*

dem sie mit den Schauspielerinnen Anna Friel und Mischa Barton gefeiert hatten, verließen sie den Club um 3 Uhr morgens Hand in Hand und legten einen Teil des Heimwegs zu Fuß zurück, wodurch gewährleistet war, dass man sie zusammen fotografierte.

Obwohl Freunde, die sich um William scharten, andeuteten, dass ihn die öffentlichen Auftritte seiner Ex »die Wand hochgehen« ließen, schien sich Kates Taktik auszuzahlen, denn er unternahm erste zögerliche Schritte zu einer Versöhnung. Weil er seine Freundin vermisste und merkte, dass er einen Fehler gemacht hatte, überredete er Kate, sich am 26. Mai mit ihm in seinem Apartment im Clarence House zu treffen – die erste einer ganzen Reihe von Verabredungen, bei denen sie über die Trennung sprachen.

Kate genoss jedoch ihre neue Freiheit und ließ William im Unklaren. Vier Tage später sah man sie bei der Johnny-Cash-Nacht des Mahiki mit verschiedenen durchaus annehmbaren Männern. In einem hauchdünnen roten Top und weiten Hosen erschien sie am Arm von Henry Ropner, Sohn des Schiffsmagnaten Sir John, der in einer 1 Million Pfund teuren Wohnung in Chelsea lebt. Henry, der mit William zur Schule gegangen und mit dessen alter Flamme Jecca Craig befreundet gewesen war, kannte Kate seit seinem Geografiestudium in Edinburgh. Im Club nippte sie an einem Cocktail mit dem treffenden Namen Good-Time-Girl und tanzte mit Jamie Murray Wells, dem Millionär und Gründer von Glasses Direct. Sie verließ den Club mit dem Immobilienmakler Charles Morshead, der William verblüffend ähnlich sieht.

Doch obwohl Kate nachgesagt wurde, dass sie »das Leben voll auskostete«, suchte sie nicht nach einer neuen Liebe. Am 9. Juni erlag sie schließlich wieder Williams Charme – zehn Wochen nachdem sie sich getrennt hatten und zwei Wochen nach dem ersten gemeinsamen Drink –, als sie ihren Exfreund zu einer lauten Kasinoparty in seiner Kaserne begleitete, um das Ende seiner ziemlich strapaziösen Ausbildung zu feiern. Unter dem Motto »Freakin' Naughty« (»Verdammt unartig«) war die Party, komplett mit Hüpfburg und Planschbecken, voll mit Gästen, die sich als lüsterne Nonnen, Ärzte und Krankenschwestern verkleidet hatten, doch William hatte nur Augen für Kate. Nachdem sie den ganzen Abend geplaudert hatten, tanzten sie eng umschlungen miteinander, bevor er ihr mitten im Gedränge einen Kuss gab. Am frühen Morgen brachte er sie zurück in seine private Unterkunft. Aber auch danach ging Kate weiterhin allein auf Partys. Fünf Tage später tanzte sie im Nachtclub Raffles, der sich selbst als »eine der letzten Bastionen der Dekadenz und der Ausschweifung« bezeichnet. Drei Tage später, am 17. Juni, während William mit seiner Familie am Trooping of the Colour teilnahm, flog Kate nach Ibiza, um sich von den vielen gesellschaftlichen Anlässen zu erholen. Sie wohnte mit ein paar Freunden, darunter ihr Bruder James und ihre Schulfreundin Emilia d'Erlanger, die auch mit Prinz William eng befreundet ist, in einer Villa mit fünf Schlafzimmern im Südwesten der Insel. Nach ihrer Ankunft begab sich die Gruppe sofort in die Bar Blue Marlin, ein exklusives Lokal oberhalb der Bucht der Cala Jondal in San José. Auf dieser Reise frischte Kate ihre Bräune auf in Vorbereitung auf das, was sich als das Highlight ihrer gesellschaftlichen Saison erweisen sollte.

Am 30. Juni 2007, dem Tag vor dem Konzert für Diana, überschlugen sich die Spekulationen in Erwartung von Williams und Kates erstem Auftritt in der Öffentlichkeit seit ihrer Trennung. Kate bewahrte ihren legendären kühlen Kopf. Sie ignorierte den

*Die Versöhnung*

Klatsch und warf sich in ein Kleid von Issa, um den Nachmittag in Wimbledon zu verbringen, wo sie – solange der Regen es zuließ – zusah, wie Maria Sharapova, die Gewinnerin von 2004, ihre japanische Gegnerin vom Platz fegte. Am Abend schlich sie sich dann im Schutz der Dunkelheit zu einem letzten heimlichen Rendezvous nach Clarence House und tat dabei alles, um nicht entdeckt zu werden. Nachdem sie ihre Wohnung in Kensington um 21 Uhr verlassen hatte, parkte sie ihren Audi um Mitternacht auf dem Parkplatz eines Hotels in Mayfair und ging den Rest des Weges zu Fuß, um nicht aufzufallen. Eindreiviertel Stunden später holte ein Bediensteter ihr Auto und fuhr es auf das Gelände von Clarence House.

Am nächsten Tag saß Kate seelenruhig in der Königsloge, als ob gar nichts passiert sei. Erst auf der After-Show-Party verriet sich das wiederversöhnte Paar.

# Kapitel 23

## Zurück im Schoß der königlichen Familie

Kate Middleton wirkte in einem elfenbeinfarbenen zweireihigen Mantel und schwarzen Stiefeln sehr elegant. Sie gratulierte ihrem schneidigen Freund, Flugoffizier William Wales, nachdem er von seinem Vater in einer Zeremonie im ältesten Luftwaffencollege der Welt sein Fliegerabzeichen erhalten hatte. Bei ihrem ersten – und bis jetzt berühmtesten – offiziellen Auftreten seit ihrer Versöhnung schritt Kate an der Seite ihres Freundes in Paradeuniform den Flur des Royal Air Force College Cranwell entlang, um an einem Empfang von Charles und Camilla teilzunehmen. Die öffentliche Demonstration der Zusammengehörigkeit am 11. April 2008, ein Jahr nach ihrem Bruch, nährte erneut die Spekulationen, dass eine Verlobung bevorstand. Obwohl Kate im Dezember 2007 zusammen mit ihren Eltern an Williams Abschlussfeier in Sandhurst teilgenommen hatte, war sie dabei nicht mit dem Prinzen fotografiert worden.

Kate, damals 26, war in Begleitung von Prinzessin Dianas Schwester Lady Sarah McCorquodale gekommen und wurde durch einen Hintereingang ins Cranwell geschleust. Zusammen mit Williams Tante verfolgte sie mit strahlendem Lächeln, wie

*Prinzessin Kate*

Prinz Charles, der Anfang der 1970er-Jahre hier selbst seinen Abschluss gemacht hatte, ihrem Freund und 25 weiteren Offizieren ihre Abzeichen verlieh.

Danach folgte William seinem Vater und seiner Stiefmutter, als sie sich trotz des Regenwetters auf die Start- und Landebahn hinauswagten, um sich diverse Flugzeuge anzuschauen, darunter das Chipmunk-T10-Übungsflugzeug, in dem Charles das Fliegen gelernt hatte. Sie merkten kaum, welch heftiger Sturm aufzog.

Nachdem Kate Middleton sich im Juli 2007 bei dem Konzert für Diana wieder mit ihrem Prinzen versöhnt hatte, gehörte sie zu den gefragtesten Partygästen der Saison – ein Bravourstück für ein Mädchen, das man als gesellschaftliche Aufsteigerin abgetan hatte. Das Magazin *Tatler* hatte sie auf einer Liste der bestgekleideten Frauen der Welt auf den achten Platz gesetzt, sie als einen »heiß begehrten« Gast bezeichnet und als »sexy Sirene« beschrieben, die jetzt, da sie Single war, ungeheuer gefragt sei. Kate Middleton galt nun als absolut cool.

Drei Wochen nach dem Konzert war ihr Status gefestigt, als sie eine erlesene goldgefasste Einladung zu einer der exklusivsten Partys der Saison erhielt, dem Geburtstagsbankett zum 60. Geburtstag der Herzogin von Cornwall. Ihre Teilnahme an dem Ball, organisiert von Prinz Charles' Berater Michael Fawcett und Camillas Schwester Annabel Elliot, einer Innenarchitektin, zeigte, dass ihre neu belebte Beziehung zu Prinz William so stark wie eh und je war. Obwohl sie anfangs nicht als Gast vorgesehen war, wurde sie in dem Augenblick, in dem sie und William sich versöhnten, auf die Gästeliste gesetzt.

## Zurück im Schoß der königlichen Familie

In einem langen weißen Abendkleid sah Kate, als sie in den Gärten von Highgrove mit Zara Phillips und Mike Tindall Champagner und Cocktails schlürfte, völlig entspannt und glücklich aus. Prinz Harry und Chelsy Davy konnten nicht an der Party teilnehmen, da sie im Urlaub waren. Doch viele berühmte Persönlichkeiten waren anwesend, darunter die Komiker Joan Rivers und Stephen Fry, Fernsehmoderator Jools Holland, die Schauspieler Judi Dench und Edward Fox, die Schauspielerin Joanna Lumley und ihr Mann, der Dirigent Stephen Barlow, und Schauspieler Timothy West mit seiner Frau Prunella Scales. Nach dem Dinner – einem Drei-Gänge-Menü aus biologisch angebauten Zutaten – eilten Kate und William zur Tanzfläche, und der Prinz flüsterte seiner Freundin den Text des Frank-Sinatra-Songs »It Had to Be You« ins Ohr.

Nachdem Kate wieder in den Schoß der königlichen Familie zurückgekehrt war, war es nur noch eine Frage der Zeit, bis sie aus dem »Sisterhood«-Drachenboot-Team aussteigen würde, mit dem sie so viel Aufsehen erregt hatte. Leider tat sie es kurz vor dem Rennen, das am 24. August stattfand, sodass ihre Teamkolleginnen keinen Ersatz mehr fanden. Dennoch überquerte das Team in einer Rekordzeit den Ärmelkanal und nahm 100 000 Pfund für wohltätige Zwecke ein.

Offensichtlich total verliebt in seine Freundin, entführte William Kate am 16. August zu einem romantischen Urlaub auf der paradiesischen Insel Desroches im Indischen Ozean. Das Paar war seit seinem Skiurlaub in Zermatt im Januar 2006 vor Williams Aufnahme in Sandhurst zum ersten Mal wieder gemeinsam auf Reisen. Im Übrigen war es erst der zweite Urlaub, den sie nur zu zweit verbrachten.

Desroches war der ideale Ort für ein Paar, das allein sein wollte. Nur 50 Menschen leben auf der Insel, die 230 Kilometer südwestlich von Mahé, der Hauptinsel der Seychellen, liegt. Sie eignet sich hervorragend für Taucher und Urlauber, die Sandstrände, Kokosnussplantagen, Korallen und eine üppige Vegetation genießen wollen, und nur eine Handvoll Touristen können hier versorgt werden. William und Kate wohnten in einer Suite in einem von zehn Doppelbungalows im Desroches Island Resort. Die Nacht kostete 500 Pfund, doch die Suite bot Aussicht auf eine Lagune, wo die beiden ihre Tage mit Tauchen, Schnorcheln und Sonnenbaden verbrachten. Abends speisten sie in dem Restaurant des Resorts, mit Blick auf den Ozean, oder gönnten sich ein Picknick unter den Sternen. Nachdem sie am letzten Abend mit Mitgliedern der Belegschaft zu Abend gegessen hatten, erklärte William ihnen: »Wir werden ganz bestimmt wiederkommen, denn wir haben hier einen fantastischen Urlaub verbracht.«

Nach der Rückkehr aus dem Urlaub – eine Woche vor dem zehnten Todestag von Prinzessin Diana – tat das Paar alles, um nicht zusammen gesehen zu werden. Kate nahm nicht am Thanksgiving-Gottesdienst für die verstorbene Prinzessin teil, und sie machten einen großen Bogen um ihre Lieblingstreffpunkte. Doch am 5. Oktober gaben sie schließlich ihre Vorsicht auf. Sie gingen abends ins Boujis und wurden zum ersten Mal seit ihrem Bruch vor einem halben Jahr zusammen fotografiert. Ganz entgegen ihrer sonstigen Taktik, den Paparazzi aus dem Weg zu gehen, verließen sie den Club zusammen und fuhren in Williams Range Rover davon.

Am 11. Oktober wurde das Paar erneut zusammen gesehen, als es für ein langes Wochenende zum Birkhall-Sitz fuhr, um die letzten Tage der Jagdzeit auf Rotwild mit Prinz Charles und der Herzogin von Cornwall zu verbringen. Zwei Tage später sah man Kate in einem Tarnanzug auf dem Heidekrautboden liegen. Sie wurde von Jagdaufsehern im Umgang mit einem Jagdgewehr unterwiesen. Vielleicht hat ihre Anwesenheit bei der Hirschjagd

## Zurück im Schoß der königlichen Familie

an jenem Tag Prinz Williams Herz noch höher für sie schlagen lassen, aber die Tierfreunde gingen auf die Barrikaden. Kate schien auf dem besten Weg zu sein, ein vollwertiges Mitglied der königlichen Familie zu werden.

Als Freundin von Prinz William hatte Kate sich daran gewöhnt, dass die königlichen Pflichten immer oberste Priorität hatten, doch nun erkannte sie, dass sie auch in Bezug auf die militärischen Pflichten die zweite Geige spielte, denn zum zweiten Mal hintereinander würde William an ihrem Geburtstag am 9. Januar nicht da sein. Als künftiger Oberbefehlshaber der British Armed Forces hatte der Prinz keine Wahl. Im Vorjahr hatte er Dienst bei der Gardekavallerie und dieses Jahr war er soeben in die Luftwaffe eingetreten.

Kate feierte ihren 26. Geburtstag mit ihren Eltern Michael und Carole sowie ihrer Schwester Pippa im Tom-Aikens-Restaurant in der Elystan Street, Chelsea. Später gingen sie und Pippa noch zu Kitts, einem todschicken neuen Nachtclub am Sloane Square, im Zentrum des Sloane-Ranger-Gebiets. In den folgenden Monaten sah sie ihren Freund nur selten, da dieser 210 Kilometer von London entfernt, auf dem Luftwaffenstützpunkt Cranwell stationiert war.

William kam am 7. Januar 2008 nach Cranwell, um eine viermonatige Ausbildung als Pilot zu absolvieren, und erfüllte sich damit den Wunsch, in die Fußstapfen seiner Vorfahren zu treten. Die Männer vier aufeinanderfolgender Generationen seiner Familie ließen sich als Piloten der Luftwaffe ausbilden: sein Urgroßvater Prinz Albert, der spätere König George VI., diente als erstes Mitglied der königlichen Familie in der Luftwaffe unmittelbar nach ihrer Gründung. Prinz Philip und Prinz Charles wurden beide zum Hauptmann ernannt (1953 beziehungsweise 1971). Prinz Charles erhielt, genau wie William, sein Fliegerabzeichen von seinem Vater. Seither wurde er befördert und nimmt zurzeit den Rang eines Generals ein. Auch Kates Familie hat Verbindungen zur Luftwaffe. Ihr Großvater Peter Middleton diente im Zweiten Weltkrieg als Pilot und wurde ebenfalls in Cranwell ausgebildet. Der Kommandant der Central Flying School Nick Seward kommentierte Williams Ankunft so: »Flugoffizier Wales wird während seiner Zeit bei uns den Ehrgeiz entwickeln, fliegen zu lernen, und dies wird der Beginn einer lebenslangen Beziehung zur Royal Air Force sein. Während seines Aufenthalts bei uns, bei dem er auch mit anderen Offizieren trainiert, wollen wir dafür sorgen, dass Flugoffizier Wales die Gelegenheit hat, Flieger aller Ränge kennenzulernen, damit er eine möglichst umfassende Vorstellung von der Royal Air Force gewinnt und davon, wie sie sich von dem unterscheidet, was er in der Armee gesehen hat. Nach seinem Training wird Flugoffizier Wales verschiedenen Fronteinheiten zugeteilt werden, einschließlich Kampfunterstützungshubschraubern, Such- und Rettungsdienst, Lufttransport und Kampfflugzeugen, die bei der Royal Air Force in Dienst gestellt sind.«

Für den dreimonatigen Kurs, der speziell auf seine Bedürfnisse zugeschnitten war und ihn eher zu einem kompetenten als einsatzfähigen Flieger machen sollte, trug William den auf den ersten Blick erkennbaren olivgrünen Fliegeroverall mit Reißverschluss und Namensschild, um selbstständig fliegen zu lernen und grundlegende Flugmanöver auszuführen. Er war einer der ersten in seiner Klasse, die acht Tage nach seiner Ankunft in einem propellergetriebenen Trainingsflugzeug Grob G 115E einen Alleinflug unternahmen.

Nach einem Monat in Lincolnshire wurde William zur Royal Air Force Linton-on-Ouse in North Yorkshire versetzt, wo er

*Zurück im Schoß der königlichen Familie*

mit dem schnelleren propellergetriebenen Flugzeug Tucano T1 trainierte, das eine Geschwindigkeit von bis zu 555 Kilometern pro Stunde erreicht. Obwohl er jetzt noch weiter von London entfernt war, legte er gelegentlich am Wochenende die 360-Kilometer-Fahrt zurück, um mit Kate einen gemütlichen Sonntagslunch im Builders Arms, einem Pub mit sehr gutem Restaurant in der Kings Road, zu genießen.
Am 14. März fuhr Kate zum dritten Mal in drei Jahren zum Cheltenham Gold Cup. Ihr Begleiter war Thomas van Straubenzee. Sie jubelten Denman zu, als er seinen Stallgefährten und derzeitigen Champion Kauto Star bei dem berühmten Rennen schlug. Kate war zuletzt vor einem Jahr in Cheltenham gesehen worden, kurz vor ihrem Bruch mit William, und der Unterschied zu damals hätte nicht auffälliger sein können. Diesmal hatte sie die Tweedkleidung gegen einen eng anliegenden marineblauen Regenmantel mit Filzhut eingetauscht.
Zwei Tage später brachen William und Kate zu ihrem vierten Skiurlaub in Klosters auf. Entgegen der königlichen Tradition – Prinz Charles steigt gewöhnlich in der Königssuite im Fünf-Sterne-Hotel Walserhof ab – mieteten sich Kate und William zusammen mit Freunden eine Ferienwohnung hoch oben in den Bergen. Prinz Charles kam im Lauf der Woche nach. In ihrem eleganten weißen Skianorak fuhr Kate souverän im Tiefschnee und wirkte entspannt, als sie dabei fotografiert wurde, wie sie William mit einem Skistock anstupste. Als sie mit einem von Williams Bodyguards auftauchte, wurden Erinnerungen an Prinzessin Diana wach, die während ihres Skiurlaubs mit Charles oft in Begleitung eines Beamten der Stadtpolizei auf der Skipiste gesehen wurde. Eine Gruppe von Fotografen versammelte sich auf einem Felsvorsprung über der Endstation der Gotschna-Seilbahn, um ihre Ankunft zu fotografieren, sodass die Presse die Bilder von Prinz Williams Mutter mit denen seiner Freundin vergleichen konnte.

*Prinzessin Kate*

Nach dem Urlaub wurde William bei Shawbury, in der Nähe von Shrewsbury, Shropshire, stationiert – 275 Kilometer von London entfernt –, wo er zum ersten Mal einen Hubschrauber flog. Dann unterzog er sich der Abschlussprüfung, um sein Flugabzeichen zu erwerben. »William war sehr gut«, sagte sein Fluglehrer, der Kommandant Andy Lovell. »Ich war sehr beeindruckt von seinem fliegerischen Talent. Er besaß eine natürliche Begabung und lernte sehr schnell. Er reagierte gut auf Anweisungen und hatte noch lange nicht die Grenze seiner Leistungsfähigkeit erreicht.« Hauptmann Simon Berry, 26, der im selben Kurs wie William war, fügte hinzu: »William pflegte mit allen Kontakt. Er war ein ganz normaler, sehr umgänglicher junger Mann. Er strengte sich wirklich an. Morgens flog er, dann hatte er zwei Stunden Unterricht an der Flugschule, und abends arbeitete er wie alle anderen auch.«

Später stellte sich jedoch heraus, dass William, dessen Flugausbildungstraining den Projektnamen »Golden Kestrel« (»Goldener Turmfalke«) hatte, doch nicht ganz so »normal« war wie die anderen Offiziere. Stationiert bei Odiham, westlich von Basingstoke in Hampshire, trainierte er in seiner letzten Woche mit der Schwadron 7 und lernte, wie man einen 10 Millionen Pfund teuren Chinook-Hubschrauber flog. Bei seiner Ausbildung siegten die Jugend und die Begeisterung des 25-jährigen Offiziers: Er gönnte sich fünf »Vergnügungsflüge«, die den Steuerzahler 86 434 Pfund kosteten. Obwohl er ständig in Begleitung eines Fluglehrers und einer erfahrenen Crew war und drei der Flüge als offizieller Teil seines Trainings gelten konnten – wobei er Familienwohnsitze als Orientierungspunkte für seine Flugroute benutzte –, nutzte er den Hubschrauber bei zwei weiteren Flügen als Beförderungsmittel zu gesellschaftlichen Anlässen, was ihm harsche Kritik in der Öffentlichkeit einbrachte, die seine Examensfeier zu überschatten drohte.

## Zurück im Schoß der königlichen Familie

William hatte die Flugpläne selbst konzipiert und wollte bei seinem ersten Trainingsflug am Mittwoch, den 2. April, den Familiensitz Highgrove besuchen, wo er seinen Vater überraschen wollte (es ist nicht bekannt, ob Prinz Charles zu der Zeit zu Hause war). Im Rahmen der Ausbildung unternahm er den 170-Kilometer-Flug nach Gloucestershire. Das Verteidigungsministerium behauptete später, dass der Flug, der an Treibstoff, Wartung und Arbeitsstunden 11 985 Pfund kostete, Teil einer »allgemeinen Flugübung« gewesen sei.

Am nächsten Tag schlug William, vielleicht in dem Bestreben, Kate zu imponieren, vor, an ihrem Familiensitz in Berkshire seine Start- und Landefertigkeit zu demonstrieren, da das Verteidigungsministerium routinemäßig andere Gelände aussucht, wenn ihre beiden Rollfelder bei Odiham besetzt sind. Nachdem er von der Polizei und der Familie Middleton die Erlaubnis erhalten hatte, flog er die 20 Kilometer von seiner Basis aus und drehte in 100 Metern Höhe eine Runde über dem Haus, bevor er auf einer Koppel ihres Grundstücks landete. Er stieg nicht aus, sondern startete 20 Sekunden später wieder. Der Flug kostete 8716 Pfund, wurde aber mit dem Argument verteidigt, dass »die Crews von Kampfzonen-Hubschraubern routinemäßig auf Feldern und begrenzten Flächen landen, fernab von ihren Flugplätzen. Dies gilt als wichtiger Teil ihres Einsatztrainings.«

Doch am 4. April strapazierte William die Regeln noch weiter, als er 420 Kilometer nach Hexham Northumberland flog. Während ein anderer Pilot zur Basis zurückflog, flog er weiter nach Kelso, einer Stadt an der schottischen Grenze, um mit Kate an der Hochzeit ihrer engen Freundin Lady Iona Douglas-Home mit dem Bankier Thomas Hewitt teilzunehmen. Die mit 18 522 Pfund kostspieligste von Williams Spritztouren wurde vom Verteidigungsministerium als »legitimer Trainingsflug« gerechtfertigt.

*Prinzessin Kate*

Nachdem William von der Hochzeit zur Basis zurückgekehrt war, musste er ein Niedrigflugtraining absolvieren. Da er seinen Vater und seine Freundin bereits »überrascht« hatte, fiel seine Wahl jetzt auf seine Großmutter. Am Mittwoch, den 9. April, legte er den 410 Kilometer langen Rundflug nach Sandringham in Norfolk zurück. Der Flug kostete 4358 Pfund, doch die Königin war zu diesem Zeitpunkt nicht auf Sandringham.

Zum Glück hatten sich die Nachrichten über diese Flüge noch nicht verbreitet, als er am Abend vor seiner Examensfeier an einem Galadinner zum 90. Jahrestag der Luftwaffe teilnahm. Er trug zum ersten Mal seine Galauniform und traf sich mit Charles und Camilla in der Offiziersmesse in Cranwell, nachdem sie bei Sonnenuntergang eine Flugparade von Spitfires und Hurricans beobachtet hatten.

24 Stunden später nutzte William eine weitere Chinook-Trainingsübung als Vorwand, um mit Harry zur Isle of Wight zu fliegen. Um den Stoßverkehr am Freitagnachmittag zu vermeiden, holte er Prinz Harry bei den Woolwich Barracks ab, bevor sie nach Bembridge flogen, um auf der Insel ein ausgelassenes Wochenende zu verbringen. Die offizielle Begründung für den 8716 Pfund teuren Flug lautete, er habe dem »Training über offenem Wasser« gedient. Aber nebenbei nahmen die Prinzen an der Junggesellenparty ihres Cousins Peter Phillips teil, der einen Monat später Autumn Kelly heiraten würde. Die 24-köpfige Gesellschaft, zu der auch Zara Phillips Freund Mike Tindall gehörte, wohnte in dem Segelort Cowes, wo sie zwei Tage lang die Restaurants und Bars abklapperten. Sie fingen zurückhaltend im Anchor Inn an, einem Pub aus dem 18. Jahrhundert, und wurden im Laufe des Wochenendes immer ausgelassener.

Das Verteidigungsministerium sagte, der Flug habe dazu gedient, William im Niedrigflug zu trainieren, mit dem dichten Luftverkehr über London zu konfrontieren sowie den Flug

## Zurück im Schoß der königlichen Familie

über offenem Wasser und durch tief hängende Wolken und das Landen auf einem geschlossenen Hubschrauberplatz zu üben. Doch als William den Flug antrat, hatte er bereits seine Flugabzeichen erworben, und Dokumente der Luftwaffe zeigten, dass er seine Vorgesetzten über den Grund seines Flugs im Unklaren gelassen hatte.

Einer der Hauptkritikpunkte lautete, dass das Verteidigungsministerium es William trotz der Belastungen in Afghanistan erlaubt hatte, einen seiner 48 Chinooks als persönlichen Flugdienst zu benutzen. Nachdem der Bann gebrochen war, folgte eine Flut von Beschwerden. Einige klagten, das Geld für Williams Ausbildung sei verschleudert worden, da William schließlich niemals Kampfeinsätze fliegen würde, andere kritisierten, dass er in der halben Zeit durch die Ausbildung geschleust worden war.

Der Kampfpilot Jon Lake, ein Luftfahrtsanalyst, sagte damals: »Die Übungsstunden mit dem Chinook-Hubschrauber, die das Militär eine Menge Geld kosten, sind reine Zeitverschwendung. Kein anderer Pilot auf der Trainingsstufe von Prinz William würde die Erlaubnis erhalten, sich irgendwo in der Nähe des linken Sitzes eines Chinook aufzuhalten. Genauso könnte man einem Fahrschüler die Schlüssel zu einem Formel-1-Wagen übergeben, nur weil sein Vater der Besitzer des Rennstalls ist.«

Glenn Torpy, der Oberkommandierende der Luftwaffe, soll wütend über »den Schwachsinn« gewesen sein, William den Flug zur Isle of Wight zu erlauben, und forderte eine ausführliche Erklärung, wie es dazu hatte kommen können. Doch das Verteidigungsministerium entschied, dass es keine Bestrafung geben sollte, da ja gegen keine Regel verstoßen wurde, auch wenn hier eine »gewisse Naivität« im Spiel gewesen sei.

Während William sich beim Junggesellenabschied in Cowes amüsierte, verbrachte Kate schöne Stunden mit ihrer Familie. Am 15. April wurde ihr Bruder James 21, und die ganze Familie ging aus, um seinen Geburtstag zu feiern. Sie begannen den Abend bei Cocoon, einem futuristischen panasiatischen Restaurant in einem ehemaligen Odeon-Kino am Ende der Regent Street. Es gehörte denselben Besitzern wie Boujis, auf dessen Tanzfläche sie schließlich landeten.

Pippa hatte inzwischen eine Anstellung bei der anspruchsvollen Event-Organisationsfirma Table Talk gefunden, die exklusive Partys für Merrill Lynch und Morgan Stanley oder das Juwelierhaus Asprey und das Auktionshaus Christie's organisiert. Das Unternehmen, das 1992 gegründet wurde und für einen von Elton Johns vornehmen White-Tie- und Tiara-Bällen Essen und Trinken geliefert hatte, ergriff die Chance, Kate Middletons Schwester zu engagieren. Mit ihren gesellschaftlichen Kontakten und ihrer Vorliebe für einen exklusiven Lebensstil war sie für diesen Job wie geschaffen.

Auch James hatte die Universität verlassen – er war im vergangenen Sommer nach seinem ersten Jahr von Edinburgh weggezogen, wo er Geowissenschaften und Ökologie studiert hatte – und seine eigene Filiale des Familienunternehmens aufgebaut, die Cake Kit Company, die die Zutaten für ungewöhnliche Kuchen lieferte. Während er sich eine Existenz aufbaute, arbeitete er außerhalb der Büros seiner Eltern, wohnte aber in der Familienvilla. »Ich erkannte, dass dieses akademische Studium nichts für mich war«, erklärte er dem *Tatler*. »Ich wollte mich unters arbeitende Volk mischen. Das hatte ich früh erkannt und gründete meine eigene Backfirma. Meine Eltern hatten mir ihren Geschäftssinn vererbt, und bei mir sollte sich alles ums Backen drehen. Ich hatte sogar einen Großvater mütterlicherseits, Ronald Goldsmith, der während des Kriegs als Bäcker arbeitete. Damit gab es auch einen familiären Hintergrund.«

Zwei Wochen nach James' Geburtstag flog William während seiner letzten Woche bei der Luftwaffe zum ersten Mal an die

## Zurück im Schoß der königlichen Familie

Front nach Afghanistan, von wo er die Leiche des 94. Soldaten, der seit Beginn der Kämpfe im Jahre 2001 getötet worden war, in die Heimat überführen sollte. Der Prinz schloss sich einer Gruppe von Offizieren an, die mit einem Militärtransporter C-17-Globemaster flog, und William verbrachte drei Stunden am Boden, um sich mit Militärangehörigen zu unterhalten.

Die Königin und Prinz Charles hatten den 30-Stunden-Flug gebilligt, der am 27. April über Nacht stattfand und als so riskant angesehen wurde, dass bis zu Williams Rückkehr eine Nachrichtensperre verhängt wurde. Zyniker behaupteten, Berater hätten sich die Sache ausgedacht, um das angeschlagene Image des Prinzen aufzupolieren, doch das Clarence House bestand darauf, dass dieser Flug bereits vor dem Bekanntwerden der Vergnügungsflüge geplant gewesen sei. Am 2. Mai 2008 ging Williams Ausbildung zu Ende. Bevor er zur Royal Navy ging, gönnte er sich einen Monat Ruhe. In dieser Zeit sollte ein anderes Mitglied des Königshauses dafür sorgen, dass William aus der Schusslinie geriet, und eine neue Krise auslösen.

# Kapitel 24

## Aus dem Schatten

Kate Middleton hatte auf einer Bank in der historischen St. George's Chapel auf dem Gelände von Schloss Windsor Platz genommen und erzählte Chelsy Davy einen Witz, als sie an ihrer ersten königlichen Hochzeit im Beisein der Königin teilnahm. Prinz Williams Freundin trug eine blassrosa Jacke, ein schwarzes Issa-Kleid und einen dazu passenden Pillbox-Hut mit einem Schleier. Sie betrat am 17. Mai 2008 die gotische Kapelle anlässlich der Hochzeit von Williams Cousin Peter Phillips mit Autumn Kelly.

Die 26-jährige Brünette war allein gekommen und vertrat ihren Freund bei der ersten Hochzeit eines Enkels der Königin, da William nicht dabei sein konnte, weil dieses Ereignis mit einer anderen, bereits vor längerer Zeit eingegangenen Verpflichtung kollidierte. Er weilte 6500 Kilometer entfernt in den Ausläufern des Mount Kenya, um an einer traditionellen Massai-Vermählungszeremonie von Batian Craig, dem Bruder von Jecca, mit Melissa Duveen teilzunehmen.

Kates Erscheinen bei einem solch bedeutenden Ereignis zeigte, dass sie von der königlichen Familie akzeptiert worden war. Für viele Beobachter war dies ein Hinweis darauf, dass es nur eine Frage der Zeit sei, bis sie eine königliche Braut werde. Ihre Rolle bei der Vermählung sorgte für eine Flut von Zeitungsartikeln mit Spekulationen über eine bevorstehende Verlobung. Die Hochzeit bedeutete auch einen Fortschritt für die Beziehung von Harrys damaliger Freundin Chelsy zur Familie. Zu Beginn des Monats hatte sie ihren ersten offiziellen Auftritt gehabt, als ihrem Freund eine Medaille für seinen Dienst in Afghanistan verliehen wurde. Doch für Chelsy, die in ihrem schwarz-weißen Blumenkleid mit passender Jacke ungewohnt züchtig aussah, war diese Hochzeit das erste Zusammentreffen mit der Königin.

Die Teilnahme der beiden Mädchen an diesem Ereignis wurde jedoch überschattet von einer heftigen Kontroverse über die Vermarktung der königlichen Familie, da die Neuvermählten von dem Magazin *Hello!* 500 000 Pfund für die Berichterstattung von ihrer Hochzeit angenommen hatten. Von William und Harry hieß es, sie seien »zutiefst unglücklich«, weil ihre Freundinnen in der über 59 Seiten langen Reportage eine so wichtige Rolle spielten. Das Magazin schrieb: »Nicht einmal die beiden glamourösen königlichen Freundinnen konnten der Braut an ihrem großen Tag die Show stehlen.« Obwohl die beiden Mädchen durch eine Seitentür in die Kirche geschlüpft waren und den Eingang an den berühmten West Steps vermieden hatten, um die Braut nicht in den Schatten zu stellen, wurden sie 29 Mal fotografiert, wie sie miteinander lachten, auf der Tanzfläche ihr Haar lösten und von Prinz Harry unterhalten wurden. Die beiden Prinzen waren ziemlich verärgert.

Die Heirat von Peter Phillips, dem Enkel der Königin, und Autumn Kelly, der Tochter einer kanadischen Friseurin und eines Elektrohändlers, war vielleicht die prominenteste königliche Verbindung seit der Hochzeit von Prinz Edward und Sophie Wessex am 19. Juni 1999. Prinz Charles hatte sich zwar im Vorjahr mit der Herzogin von Cornwall vermählt, doch nur auf dem Standesamt und nicht im Beisein der Königin.

Die Hochzeit, die von Margaret Hammond (einer ehemaligen Assistentin von Peters Mutter, Prinzessin Anne, die zu diesem Anlass ihre Zurückgezogenheit aufgab) organisiert wurde, fand unter Teilnahme aller wichtigen Mitglieder der königlichen Familie statt, mit Ausnahme von Prinz William. Als sich die beiden beim Montreal Grand Prix 2003 zum ersten Mal begegneten, hatte Autumn keine Ahnung, dass der Mann, mit dem sie sich traf, in der Thronfolge auf Platz elf rangierte. Peter verschwieg ihr seine königliche Herkunft, und sie erfuhr die Wahrheit erst durch eine Fernsehsendung über Prinz William.

Peter, 30, traf um 15.40 Uhr bei der Kapelle ein, 20 Minuten vor seiner Zukünftigen. Er trug einen Cut-Anzug und befand sich in Begleitung seiner beiden Trauzeugen, Andrew Tucker, einem Freund aus Kindheitstagen, und Ben Goss, einem Freund aus Gordonstoun. Autumn trug ein Sassi-Holford-Kleid für 7500 Pfund, eine Tiara, die Prinzessin Anne ihr geliehen hatte, und eine Kette und Ohrringe, die ein Geschenk ihres Bräutigams waren. Sie schritt zu den Klängen von »The Prince of Denmark's March« von Jeremiah Clarke die glatten Stufen hinauf, wobei sie sich »verzweifelt« am Arm ihres Vaters festklammerte. Autumn, die persönliche Assistentin von Sir Michael Parkinson, war früher als Promotiongirl und Schauspielerin tätig gewesen war. Sie kam in Begleitung von sechs Brautjungfern in grünen Vera-Wang-Kleidern, unter ihnen ihre beste Freundin aus Kindheitstagen, Jackie Aubie, und ihre künftige Schwägerin Zara Phillips.

Das Paar wurde von Bischof David Conner getraut, tauschte die Ringe und sprach sein Ehegelübde. Autumn war vom Katholizismus zur Anglikanischen Kirche übergetreten, damit Peter seine Thronrechte nicht aufgeben musste.

Sie verließen die Kapelle um 17 Uhr und fuhren in einer Kutsche zum Frogmore House im Windsor Great Park, Königin Victorias Lieblingsresidenz. Die Königin hatte sie ihnen für ihren Empfang zur Verfügung gestellt, der von Peregrine Armstrong-Jones, dem jüngeren Halbbruder von Lord Snowdon organisiert wurde.

Das jungvermählte Paar und seine 300 Gäste genossen ein Hochzeitsmahl mit Krabben aus Cornwall, die mit Lobsterbutter serviert wurden, gegrilltem walisischen Lammrücken und einer Auswahl von drei Nachspeisen: geschmolzenem Schokoladenfondant mit gesalzener Karamelleiscreme, Kaffee- und Haselnussmousse mit winzigen gezuckerten Donuts oder Beeren in einem Brandyteigmantel. Sie schnitten ihren Hochzeitskuchen, der im Buckingham Palace hergestellt und mit einer kunstvollen Zuckerlilie verziert worden war, mit einem Degen an, der Peter gehörte. Nachdem die Königin und Prinz Philip den Empfang verlassen hatten, zog sich die Hochzeitsgesellschaft in ein festlich erleuchtetes Zelt auf dem Grundstück zurück. Hier tanzte man zu den Klängen einer Bluesband bis in die frühen Morgenstunden.

Es war ein typisches Gesellschaftsereignis, aber eines mit einem Knalleffekt: Das Paar hatte die Rechte der Berichterstattung über die Hochzeit für 500 000 Pfund an das Magazin *Hello!* verkauft, das sich gewöhnlich mehr für die Faxen der Fußballerfrauen und Soap-Opera-Stars interessierte und lästige Fragen zum Status von Mitgliedern der Königshauses stellte, die keine öffentlichen Pflichten hatten und kein Geld aus dem Staatssäckel erhielten, aber von ihren Verbindungen profitierten. Das Paar hatte bereits am Vorabend der Hochzeit in Aston Farm, einem Cottage auf dem Grundstück von Peters Vater, das an den Gatcombe Park in Gloucestershire angrenzt, ein 19 Seiten umfassendes Interview gegeben. Doch dies war erst der erste von zwei Artikeln über die Ehe; der zweite handelte von der Zeremonie selbst.

Dieser Deal rief einen Sturm der Entrüstung hervor, nachdem bekannt wurde, dass Peter die Sache im Voraus mit seiner Mutter diskutiert, es aber versäumt hatte, die Königin zurate zu ziehen, die erst von dem Vertrag erfuhr – der erste in der Geschichte der Monarchie –, nachdem er unterzeichnet worden war. Auch dann war der königlichen Familie das Ausmaß der Berichterstattung des Magazins noch nicht voll bewusst. Diese schloss auch Schnappschüsse der königlichen Familie bei dem Empfang und der Party am Abend mit ein. Die Empörung nahm noch zu, als bekannt wurde, dass die Neuvermählten die Bilder, die in dem Bericht erschienen, genehmigt hatten, darunter etwa ein Dutzend von der Königin, obwohl nicht bekannt ist, ob sie selbst die Genehmigung dazu gegeben oder jemand anderen bevollmächtigt hat, dies an ihrer Stelle zu tun.

Vier Tage nach der königlichen Hochzeit flog Kate nach Mustique, um dort mit William Urlaub zu machen. Gerüchte liefen um, dass dieser Aufenthalt mit einer Verlobung enden werde. Einige Buchmacher hatten damit aufgehört, Wetten auf eine Verlobung anzunehmen. Sie behaupteten, die Hochzeit sei nur noch eine Frage des Wann, nicht des Ob. Die beiden trafen am 21. Mai auf der Karibikinsel ein, fast auf den Tag genau zwei Jahre später, seit sie ein romantisches Wochenende in der Villa der Robinsons' verbracht hatten und ein Jahr, seit sie wieder versöhnt waren. Dieses Mal mieteten sie sich in der exklusiven Villa Alumbrera ein, die pro Nacht 1785 Pfund kostete. Genau wie das Haus der Robinsons war sie in die Klippen gebaut, über dem Macaroni Beach an der Ostküste der Insel. Das zauberhafte Haus, das der Witwe eines schwedischen Bergbaumagnaten gehört und im Magazin *Architectural Digest* abgebildet wurde, ist besonders abgelegen, mit atemberaubendem Meerblick und eigenem Fußweg zum Strand. Das Paar wohnte in einem Zimmer mit eigenem privaten Hof und Außendusche. Das Haus besaß auch einen luxuriösen Swimmingpool, eine Bar, einen Tennisplatz, einen Pavillon und ein Spielzimmer – einfach alles, was sich ein junges Paar wünschen konnte. Doch als sie eine Woche später nach England zurückkehrten, war immer noch keine Rede von einer Verlobung.

Am Montag, den 2. Juni 2008, traf Leutnant William Wales beim Britannia Royal Naval College in Dartmouth ein, um seine zweimonatige Ausbildung bei der Marine anzutreten. Er war der Letzte in einer langen Reihe von Royals, angefangen bei seinem Ururgroßvater George V., die als Kadetten in das College eintraten. Auch sein Urgroßvater George VI. ließ sich dort ausbilden, ebenso der Herzog von Edinburgh, der im Zweiten Weltkrieg auf See diente. Es heißt, er soll die Königin in Dartmouth getroffen haben. Auch Williams Onkel, Prinz Andrew, wurde an dem College ausgebildet, bevor er als Hubschrauberpilot im Falklandkrieg eingesetzt wurde. Sein Vater Charles war ebenfalls dort, bevor er Dienst bei der Royal Navy tat und ein Minensuchboot befehligte.

In den darauffolgenden drei Wochen beschäftigte sich William mit der Geschichte der Kriegsmarine, lernte die Seefahrtskunst, nahm an Übungen der Royal Marine mit Amphibienfahrzeugen teil, war an Bord eines Atom-U-Boots und flog mit allen Hubschraubern der Navy. Bei seiner ersten Übung wurde er darin unterwiesen, ein 15 Meter langes zweimotoriges Patrouillenboot auf dem River Dart zu steuern. Dabei trug er den Kampfanzug der Navy. Er lernte auch, auf dem Hafenübungsschiff *Hindostan*, einem ehemaligen Minenräumer, den Anker zu werfen. Als

*Aus dem Schatten*

er eine Wette verlor, in der er behauptete, es würde ihm auf Anhieb gelingen, wandte er sich an seine sieben Kameraden und zwei Lehrer und sagte: »Dann ist wohl ein Kasten Bier fällig.« Da er jetzt mit Kate fest liiert war, nahm der Prinz jede Gelegenheit wahr, die 360 Kilometer nach London zurückzulegen, um seine Freundin zu besuchen. Damals bei der Gardekavallerie hatte er es vorgezogen, mit seinen Kameraden zu zechen. An seinem ersten freien Wochenende trafen sich William und Kate mit Freunden im Royal Lancaster Hotel zum Boodles Boxing Ball, wo vier Mitglieder des Old Etonians Football Club mit Cambridge-Absolventen Boxkämpfe austrugen, um Geld für die Starlight Foundation aufzutreiben, eine Wohltätigkeitsstiftung, die von der ehemaligen *Dynasty*-Darstellerin Emma Samms ins Leben gerufen worden war, um todkranken Kindern einen letzten Wunsch zu erfüllen. In Abendgarderobe traf sich das königliche Paar mit Harry und Chelsy bei einem Champagnerempfang, zum Dinner und der anschließenden Auktion. Später nahmen sie neben Guy Pelly, Thomas van Straubenzee, Jamie Murray Wells und Jecca Craig am Ring Platz, um sich die Boxkämpfe anzuschauen.

In der ersten Runde trat Jeccas Freund Hugh Crossley, »The Hitman« (»Der Killer«) an, der gegen Bear »The Pain« (»Der Schmerz«) Maclean verlor. Dann trat Williams ehemaliger Klassenkamerad James Meade, »The Badger« (»Der Dachs«), der Sohn des international bekannten Turnierreiters Richard Meade, in den Ring, wurde aber von Al »Bonecrusher« (»Knochenbrecher«) Poulain, einem ehemaligen Stallmeister von Prinz Charles, geschlagen. Kate trug ein hinreißendes pinkfarbenes langes Issa-Kleid mit tiefem Ausschnitt und hielt sich während des Kampfs die Augen zu, während William und Harry in die Luft boxten und ihre Help-for-Heroes-Manschetten sehen ließen, mit denen sie eine Wohltätigkeitsorganisation unterstützen, die verwundeten Soldaten und deren Frauen hilft. Das Event, bei dem der Eintritt pro Person 100 Pfund kostete, wurde von ihrem Freund Charlie Gilkes organisiert, dem Besitzer von Kitts, dem neuen Lieblingsnachtclub der jungen Royals. Es brachte 120 000 Pfund ein, und der 19-jährigen an Mukoviszidose leidenden Bianca Nicolas wurde der große Wunsch erfüllt, bei dem Ereignis singen und Harry und William kennenlernen zu dürfen.

Kate berührte die Begegnung mit Bianca so sehr, dass sie sich für die Wohltätigkeitorganisation engagieren wollte, deren Schirmherrin Prinzessin Alexandra, eine Cousine der Königin, ist. Sie schlug vor, eine Verbindung zu Party Pieces herzustellen, um über Weihnachten Partys für 10 000 kranke Kinder in Krankenhäusern zu veranstalten und ihnen Partysets zu schenken. Es war das erste Mal, dass Kate öffentlich eine Wohltätigkeitsorganisation unterstützte, eine Pflicht für eine künftige Prinzessin. »Ich finde es sehr aufregend«, sagte Emma Samms der *Daily Mail*. »Wir sind hocherfreut, wie Sie sich denken können. Sie werden uns die gesamte Dekoration und die Spielzeuge zur Verfügung stellen, und alle Kinder bekommen ein Partyset. Ich freue mich darauf, mich bald mit Kate zu treffen und ihr gebührend dafür zu danken, was sie für unsere Organisation Starlight getan hat. Es ist eine so große Spende. Es ist großartig, was sie tut – und es wird eine so fantastische Abwechslung für die Kinder sein.«

Am Wochenende nach dem Boxing Ball war William wieder in London, wo er in den Hosenbandorden aufgenommen wurde. Kate begleitete ihn zu diesem Ereignis, das am 16. Juni auf Schloss Windsor in Anwesenheit der Königin und all seiner Tanten und Onkel stattfand. Kate war das erste Mal bei einem so formellen Ereignis des Königshauses dabei, aber sie hatte Mühe, ernst zu bleiben. Als William auf seinem Weg vom Schloss zur Kapelle in einem blauen Samtmantel und einem mit Straußenfedern geschmückten Hut am Portal vorbeischritt, fin-

## Aus dem Schatten

gen sie und Harry an zu kichern. William jedoch gelang es, während des jährlich stattfindenden Garter-Day-Gottesdienstes die Fassung zu bewahren. Bei diesem wurde ihm die höchste Ehre zuteil, die die Monarchin jemandem erweisen kann, nämlich die Mitgliedschaft in dem Orden, dessen Motto lautet: »Honi soit qui mal y pense«, was heißt: »Ein Schelm, wer Böses denkt.«
Zwei Tage später war William wieder auf See und verbrachte 24 Stunden unter Wasser im Atom-U-Boot GMS Talent. Bei dieser Übung ging es darum, ein feindliches U-Boot aufzuspüren und zu zerstören. William übernachtete in diesem U-Boot, verbrachte Zeit im Kontrollraum neben dem Atomreaktor und sah die Marschflugkörper im Torpedoraum. Am nächsten Tag wurde er von einem Sea-King-Hubschrauber von Bord geholt.
Am nächsten Wochenende war das dreiwöchige Training des Prinzen bei der Marine zu Ende, das perfekte Timing, da er am Samstag, den 21. Juni, seinen 26. Geburtstag feierte. Er und Kate verbrachten das Wochenende mit Harry und Chelsy im Beaufort Polo Club in der Nähe des Westonbirt Baumgartens in Gloucestershire. Nachdem sie gesehen hatten, wie England (mit Luke Tomlinson, einem ehemaligen Eton-Schüler, dessen Eltern der Club gehört, und einem engen Freund der Prinzen als Kapitän) beim internationalen Testmatch Williams de Broë Neuseeland schlug, durchtanzte das Paar bei der Boujis-Party des Beaufort Polo Clubs in einem auf dem Grundstück aufgebauten Zelt die Nacht. Am nächsten Tag begaben sich William und Harry mit Luke aufs Polofeld, um sich dem Team Apes Hill Club Barbados anzuschließen. Sie schlugen bei einem Wohltätigkeitmatch, das 50 000 Pfund für die Countryside Foundation for Education und den Tusk Trust einbrachte, die Stobarts mit 5 zu 3.
Nach dem freien Geburtstagswochenende begann für William wieder der Ernst des Lebens. Am Montag, den 23. Juni, begann die fünfwöchige Operation auf der Fregatte HMS Iron Duke,

die mit Agenten der amerikanischen Drogenbekämpfungsbehörde zusammenarbeitet, um Kokainschmuggler während der Hurrikansaison in der Karibik aufzuspüren. Wieder einmal war William von seiner Freundin getrennt.

Nach nur vier Tagen auf dem Kriegsschiff beschlagnahmte die US-Küstenwache auf einem Schnellboat nordöstlich von Barbados Kokain im Wert von 40 Millionen Pfund. William war an Bord des Lynx-Hubschraubers, der das 15 Meter lange Boot entdeckte, und er spielte offensichtlich eine wichtige Rolle bei der »Planung und Überwachung« der Operation. Später war er bei einer Hurrikan-Katastrophen-Übung vor der Vulkaninsel Montserrat dabei, und zwar als Mitglied der Kommandoeinheit, die auf der Insel landete.

Während ihr Freund an dieser Übung teilnahm, ging Kate zur zweiten königlichen Hochzeit des Jahres, was einmal mehr ihre gefestigte Stellung in der Familie demonstrierte. Kate trug ein Kleid mit Blumenmuster, eine blassblaue Jacke und einen schwarzen Federschmuck im Haar, Letzterer ein Accessoire, mit dem sich die Königin und die Herzogin von Cornwall in jüngerer Zeit bei öffentlichen Anlässen hatten sehen lassen. Sie schloss sich am 19. Juli in der Queen's Chapel im St. James's Palace den Gästen an, die zur Hochzeit von Lady Rose Windsor, einer Urenkelin von George V., die in der Thronfolge auf Platz 23 rangiert, geladen waren. Rose, 28, die jüngste Tochter des Herzogs und der Herzogin von Gloucester und Williams Cousine zweiten Grades, die in der Filmindustrie arbeitet (sie wird in einem der *Harry-Potter*-Filme im Abspann als Assistentin im Art Department aufgeführt), trug zu ihrer Hochzeit mit George Gilman, 26, dem Sohn eines ehemaliger Direktors des Fußballvereins Leeds United, ein Franka-Couture-Brautkleid und eine Tiara, die Königin Mary gehört hatte.

*Aus dem Schatten*

In den fünf Wochen auf See sprach William nur selten mit seiner Freundin, die 7200 Kilometer entfernt war. Er durfte zwar sein Handy benutzen, doch der Empfang auf See war sehr schlecht. Als er am 2. August von Bord ging, wünschte er sich sehnlichst, sie zu sehen. So lange waren die beiden noch nie getrennt gewesen, seit sie sich vor fünf Jahren in St. Andrew's kennengelernt hatten.

Kate und William konnten einander schließlich in Mustique wieder in die Arme schließen, wo sie sich zwei Monate zuvor zärtlich verabschiedet hatten. Es war das dritte Mal, dass sie auf dieser Insel Urlaub machten. Nun wohnten sie an der Westküste in der Villa Rocina, entworfen von Oliver Messel, der auch das Anwesen Les Jolies Eaux von Prinzessin Margaret gestaltet hatte. Das abgeschiedene Haus, das der venezolanischen Millionärin Violera Alvarez gehört, hatte einen Speisepavillon auf der Terrasse mit Blick aufs Meer, ein Kino und eine Sporthalle. Mit seinem großen Schlafzimmer mit Bad, von dem aus Treppen direkt zum Strand führten, war es ein idealer Ort für den Prinzen und seine Freundin, vor allem nach der Zeit, die er in einer winzigen Kabine auf See verbracht hatte. Die beiden entspannten sich am Pool, fuhren Wasserski und ließen sich gemeinsam auf einem aufblasbaren Schwimmring dahintreiben. An ihrem letzten Abend besuchten sie ein Galadinner zum 40. Geburtstag der Mustique Company, der die Insel gehört, bei dem sie sich mit Kates ehemaligen Arbeitgebern Belle und John Robinson trafen.

Unmittelbar nach der Rückkehr des Paars nach Großbritannien ließen die beiden sich in der Stadt sehen, um ihre Sonnenbräune vorzuzeigen. Ihr erster Anlaufpunkt war das Raffles in der Nähe von Kates Wohnung in Chelsea. Als sie diesen Club am 15. August um 3.45 Uhr verließen, passierte Kate ein kleiner Verstoß gegen die Anstandsregeln, als sie mehr als beabsichtigt von ihrer

Sonnenbräune zeigte, weil ihr das bunte Tunikakleid die Oberschenkel hochrutschte. William stolperte und fiel fast auf sie.

Wenige Wochen später flogen sie zusammen nach Österreich zur Hochzeit von Chiara Hunt, der Enkelin des verstobenen Baron Hunt of Fawley, die früher einmal nackt in einer Badewanne voller Lutscher für *Country Life* posiert hatte. Chiara, die Schwester ihrer Studienfreundin Olivia sowie von Marina, der Frau des TV-Moderators Ben Fogle, heiratete am 6. September in Salzburg Rupert Evett, einen Offizier des Blues-and-Royals-Regiments. Es war das erste Mal, dass William in jenem Jahr gemeinsam mit Kate eine Hochzeit besuchen konnte. Ebenfalls zu Gast bei diesem Ereignis war Lady Davina Windsor, die ältere Schwester von Rose. Davina war dort mit ihrem Mann Gary Lewis, einem ehemaligen Schafzüchter aus Neuseeland, den sie 2004 geheiratet hatte. Es war nun 16 Monate her, seit Kate und William wieder ein Paar waren, und dennoch gab es keinerlei Anzeichen für eine königliche Verlobung.

Bald danach begannen für William die letzten Monate seiner Militärausbildung, die ihn auf seine künftige Rolle als Oberbefehlshaber der Streitkräfte vorbereiten sollte. Nachdem er ein Jahr in der Armee, vier Monate bei der Luftwaffe und zwei Monate bei der Marine verbracht hatte, ging er mit britischen Elitetruppen – dem Special Air Service, dem Special Boat Service und der Special Reconnaissance Unit – auf Tour, um Kenntnisse über unkonventionelle Kriegsführung, Terrorismusbekämpfung und Informationschaffung zu erwerben. Er verbrachte auch Zeit mit dem Generalstabschef Sir Jock Stirrup, arbeitete im Verteidigungsministerium und wurde dem Fliegerkorps der Armee zugewiesen. Für den Prinzen war dies die Erfüllung eines Kindheitstraums, obwohl er keine Einsätze fliegen durfte.

Als die Spekulationen über ihre Zukunft immer mehr zunahmen und das Land in eine Rezession geriet, trafen William und Kate die bewusste Entscheidung, sich in Zurückhaltung zu üben. In den folgenden Monaten wurden sie nur bei Wohltätigkeitsveranstaltungen gesehen – und selbst dort getrennt –, was wieder zu Gerüchten über eine erneute Trennung führte. Tatsächlich war die Beziehung so stark wie eh und je, doch das Paar mied das Rampenlicht und ging zu Dinnerpartys und Hauspartys statt in Clubs.

Zu einem von Kates seltenen öffentlichen Auftritten in jenem Herbst gehörte der zur Unterstützung einer geplanten chirurgischen Abteilung am Kinderkrankenhaus in Oxford. Die Abteilung wurde im Gedenken an den Bruder einer ihrer Freunde, nämlich Sam Waley-Cohen, einem Amateurjockey, der beim Grand-National-Rennen dabei war, Tom's Ward genannt. Tom Waley-Cohen, der im selben Alter war wie Prinz Harry und mit den Prinzen die Vorschule Wetherby besuchte, starb 2004 im Alter von 20 Jahren an den Folgen eines Ewing-Sarkoms, einer seltenen Form von Knochenkrebs. Er hatte mit Kate das Marlborough College besucht, wo jeder ihn kannte, weil sein linkes Bein unterhalb des Knies amputiert worden war. »Thomas war ein sehr bemerkenswerte Junge, und er war immer fröhlich«, sagt seine Mutter Felicity, die Tochter des Vicomte Bearstead, eines Mitglieds der Bankendynastie Hill Samuel. »Jeder kannte ihn am Marlborough, weil er nur ein Bein hatte und weil er unglaublich frech war. Er ließ sich eindeutig nicht unterkriegen.«

Kate gehörte zu den drei Organisatoren der Day-Glo Midnight Roller Disco, einem Event, mit dem Geld für Tom's Ward am neuen Kinderkrankenhaus in Oxford wie auch für die Wohltätigkeitsorganisation Place2Be, eine Beratungsstelle für Schulkinder in Not, gesammelt werden sollte. Gemeinsam mit den beiden anderen Organisatoren Sam Waley-Cohen und Holly Branson besuchte sie am 17. September die Roller-Disco in den Renaissanceräumen in Vauxhall.

William hatte keine Zeit mitzugehen, und Kate erschien mit ihrer Schwester Pippa. Sie trug gelbe Hotpants, ein grünes, paillettenbesetztes Top und rosafarbene Stulpen und wurde auf dem Rücken liegend, die Beine in die Luft gestreckt, fotografiert, eine Pose, die einer zukünftigen Königin für unwürdig erachtet wurde. Doch die Publicity machte die Wohltätigkeitsorganisation bekannt, die Kate seit Langem diskret unterstützte. Nach dem Event sagte Sam: »Wir wollten etwas Frisches, Neues machen, etwas, das Spaß machen und lustig sein sollte. Das Ganze sollte die leichtere Seite des Lebens widerspiegeln, eine Leichtigkeit, die auch Thomas verkörperte. Es war fantastisch, wie Kate ihre Kontakte genutzt hat, um Leute mit an Bord zu nehmen. Sie hat viele Leute dazu bewegt, sich zu engagieren. Ihre Beteiligung hat die Sache auf jeden Fall bekannter gemacht.«

Um nicht von seiner Freundin ausgestochen zu werden, machte Prinz William mit seinem Bruder Harry bei einer Wohltätigkeits-Motorradrallye mit, um Geld für Sentebale zu sammeln, die Organisation, die Harry ins Leben rief, um benachteiligten Kindern in Lesotho zu helfen. Die beiden Brüder brachen am 18. Oktober zu einer achttägigen Fahrt durch die südamerikanische Wildnis auf und durchquerten 1600 Kilometer unwirtlichen Terrains. Die beiden passionierten Motorradfahrer hatten sich, so die Annahme, von Ewan McGregor und Charley Boorman inspirieren lassen, die für die Fernsehserie *Long Way Down* von John O'Groats nach Kapstadt fuhren. Trotz der Tatsache, dass die Teilnahme der Prinzen an der Rallye zum Erfolg dieser Spendenaktion beitrug, wurden Fragen hinsichtlich ihrer Sicherheit aufgeworfen. Außerdem wurden diese Kosten vom britischen Steuerzahler mitgetragen, was Zweifel am Altruismus der Brüder nährte. William, der in Motorradkluft und schweren Stiefeln auf seiner Honda saß, sagte: »Harry und ich hatten letzten November die Idee, an dieser Rallye teilzunehmen, weil sie eine Mischung aus Abenteuer und Wohltätigkeit darstellt. Das Geld, das hierbei gesammelt wird, geht an Nelson Mandelas Children's Fund, UNICEF und Sentebale – drei hervorragende Wohltätigkeitsorganisationen.«

Nach ihren erfolgreichen Wohltätigkeitsprojekten beschloss Kate, auf eigenen Beinen zu stehen, und kündigte bei Jigsaw. Sie verließ die Firma am 1. November nach einem zwanglosen Buffet mit Appetithappen mit einem Umschlag voller Jigsaw-Gutscheine. Dieser Schritt heizte wieder die Gerüchteküche über ihre Zukunft mit William an und löste am Hof Zweifel an ihrer Arbeitsmoral aus. Obwohl die Königin bereits 82 Jahre alt ist, hat sie den Ruf, zu den am härtesten arbeitenden Mitgliedern des Königshauses zu gehören, und es heißt, sie habe ein Faible für Sophie Wessex, die vor ihrer Ehe mit Prinz Edward voll im Berufsleben gestanden hatte.

Doch Kate hatte sich für eine Karriere im Bereich Fotografie entschieden, und Gerüchte kursierten, sie sei nach New York geflogen, um ein paar Unterrichtsstunden bei Mario Testino zu nehmen, einem Lieblingsfotografen von Prinzessin Diana. Testino hatte die ikonenhaften *Vogue*-Fotos von Diana gemacht. Einen Monat später präsentierte sie ihre erste Ausstellung, bei der es um Fotos des berühmten Porträtfotografen Alistair Morrison ging, den sie am St. Andrews College kennengelernt hatte. Die Ausstellung »Time to Reflect« – eine Sammlung von Porträts von Stars wie Tom Cruise, Kate Winslet und Ewan McGregor, die am Fotoautomaten gemacht worden waren – war in The Shop at Bluebird in der Kings Road zu sehen, der ihrem ehemaligen Chef gehörte. Den Erlös sollte UNICEF, das Kinderhilfswerk der Vereinten Nationen, bekommen. Kates Familie und Freunde, einschließlich Guy Pelly und Laura Parker Bowles, kamen zu der Ausstellung. William war gerade von einer geheimen Übung mit dem Special Boat Service zurückgekehrt und erschien in letzter Minute.

Bei der Ausstellungseröffnung sagte Alistair, 51, der eine Galerie in Windsor hat: »Als Kate auf der Uni war, hat sie mich gebeten, ein bisschen mit ihr zu arbeiten, und wir sind in Kontakt geblieben. Sie ist in meine Galerie gekommen und wir haben einige ihrer Arbeiten besprochen. Sie wollte ein bisschen Hilfe haben. Sie ist sehr, sehr gut, und das kann man sehen. Sie macht wunderschöne Detailaufnahmen. Kate ist sehr talentiert und hat ein gutes Auge. Ich bin sicher, dass sie es weit bringen wird.«

Die Ausstellung galt zwar als Erfolg, doch Kate musste ihren Lebensunterhalt verdienen, und bis zum Ende des Jahres arbeitete sie bei Party Pieces. Sie besuchte einen Kurs, um zu lernen, wie man einen digitalen Katalog zusammenstellt, fotografierte Produkte und baute das neue Familienunternehmen First Birthdays auf, das sie managen sollte. Es war eine einfache Tätigkeit, die wohl kaum den Fähigkeiten einer jungen Dame entsprach, die ein sehr gutes Examen gemacht hat. Und der Job brachte auch ihre Kritiker nicht zum Verstummen, aber sie konnte jederzeit für ihren Prinzen da sein.

Am 13. Dezember rief er an, und sie verbrachten ein Wochenende auf der Fasanenjagd in Sandringham, das zeigte, wie wohl Kate sich auf dem Lande fühlt. Doch während sie sich weitere Kritik von Tierschützern einhandelte, war William das Gesprächsthema Nummer eins. Der Prinz hatte sich während der Übung mit dem Special Boat Service einen Bart wachsen lassen. Damit war er wie sein Vater und Großvater vor ihm der Marinetradition gefolgt, sich nicht zu rasieren. Charles hatte sich 1975 während seines Dienstes in Alaska einen Bart wachsen lassen, und Prinz Philip hatte sich während seines Dienstes auf der HMS Valiant nicht mehr rasiert.

*Aus dem Schatten*

Nach den Regeln des königlichen Protokolls verbrachte das Paar die Weihnachtstage getrennt. Kate machte in diesem Jahr zum dritten Mal Urlaub auf Mustique und William in Sandringham. Sie sahen sich an Neujahr in Birkhall wieder, wo sie Spaziergänge unternahmen und zur Jagd gingen. Dann feierten sie am 9. Januar 2009 zum ersten Mal in drei Jahren gemeinsam Kates Geburtstag bei einem kleinen Familiendinner im Haus von Kates Eltern. Doch sollte die Familie von einer königlichen Hochzeit geträumt haben, musste sie sich in Geduld üben, denn William nahm zunächst eine neue Karriere in Angriff.

# Kapitel 25

# Eine neue Prinzessin

Die zukünftige Königin Catherine stand Arm in Arm mit ihrem Prinzen in einem herrschaftlichen Zimmer im St. James's Palace, einer von Londons ältesten Königsresidenzen, und lächelte schüchtern, als sie ihren Verlobungsring zeigte, der einst der Mutter ihres Verlobten, Prinzessin Diana, gehört hatte. Am 16. November 2010 hatte die Frischverlobte mit Prinz William ihren ersten Auftritt auf der Weltbühne.

William hatte Kate drei Wochen zuvor an einem abgelegenen See an den Hängen des Mount Kenya einen Antrag gemacht, doch das Paar hielt diese Nachricht geheim, während der Prinz seinen zukünftigen Schwiegervater um die Hand seiner Tochter bat. Er erzählte es der Königin und Prinz Charles erst wenige Stunden bevor die Sache öffentlich bekannt gegeben wurde. Doch nachdem William und Kate gemeinsam bei der Hochzeit von Williams engem Freund Harry Meade in Northleach, Gloucester, erschienen waren – statt getrennt dorthin zu kommen –, wurde eifrig über das Datum der Verlobung spekuliert. Als Kates Eltern eine Woche später zusammen mit dem Paar Gäste bei einer privaten Jagdgesellschaft waren, erreichten die Spekulationen den Siedepunkt. Doch die Bekanntgabe wurde verschoben, nachdem Michaels Vater Peter – der als Einziger von Kates Großeltern noch lebte – am 2. November nach kurzer Krankheit verstorben war.

## Prinzessin Kate

Am Tag der Bekanntgabe sagte William in einem Interview: »Wir hatten schon eine Weile über eine Heirat gesprochen, deswegen war es keine besonders große Überraschung. Ich hatte es bereits seit einiger Zeit geplant, aber wie jeder von euch Männern dort draußen wissen wird, brauchte es eine gewisse Motivation, um in die Gänge zu kommen. Es fühlte sich einfach richtig an, dort in Afrika. Es war wunderschön dort. Ich hatte ein paar Pläne gemacht, um meine romantische Seite zu zeigen. Ich hatte ihn [den Verlobungsring] schon ungefähr drei Wochen lang in meinem Rucksack bei mir, und ich ließ ihn buchstäblich nicht los. Wohin ich auch ging, ich hielt ihn fest, denn ich wusste, dass ich eine Menge Ärger bekommen würde, wenn er verloren gehen sollte. Es ist der Verlobungsring meiner Mutter, deswegen dachte ich, das wäre eine gute Idee, denn sie kann ja den Spaß und die ganze Aufregung nicht mit uns teilen. Dies war meine Art, sie in die Sache miteinzubeziehen.«

»Es war sehr romantisch«, fügte die künftige Braut lachend hinzu. »In ihm steckt ein wirklicher Romantiker.«

Aus Anlass der Verlobung gaben Kate und William zum ersten Mal ein formelles Interview, und die Augen der Welt ruhten auf ihnen. Beide strahlten und sahen aus wie der Inbegriff eines verliebten Paares. Kate, die ein Kleid in Königsblau von ihrer Lieblingsdesignerin Issa trug, schien sich im Rampenlicht wohlzufühlen, auch wenn sie die schwierigeren Fragen ihrem Prinzen überließ.

Kate enthüllte, dass sie sich darauf freut, einen königlichen Erben hervorzubringen: »Familie ist sehr wichtig für mich. Ich hoffe, dass wir selbst eine glückliche Familie haben werden. Meine Familie war immer großartig und hat mir in schwierigen Zeiten geholfen. Wir sehen uns oft, und sie sind mir sehr, sehr lieb und teuer.

## Eine neue Prinzessin

Meine Mutter ist überglücklich. Es war eine sehr merkwürdige Situation, denn ich wusste, dass William meinen Vater gefragt hatte, aber nicht, ob meine Mutter eingeweiht war. Und als ich aus Schottland zurückkam, verriet mir meine Mutter nicht, ob sie davon wusste oder nicht. Wir haben uns dann beide irgendwie angesehen und uns unbehaglich gefühlt. Aber es war toll, es ihr zu erzählen, und sie freute sich offensichtlich sehr für uns.«

Die Nachricht vom Verlöbnis erfreute Großbritannien in einer Zeit, in der das Land unter einer Rezession litt. Als Premierminister David Cameron die Nachricht hörte, sagte er, die Verlobung sei »ein großer Tag für unser Land«. Die Königin äußerte, dass sie sich »zutiefst freue« für das Paar, und der Prinz von Wales, der witzelte, dass »die beiden lange genug geübt« hätten, sagte, er sei überglücklich. Prinz Harry zollte Kate das höchste Lob: »Ich bin froh, dass mein Bruder die Frage gestellt hat«, sagte er. »Denn das heißt, dass ich eine Schwester bekomme, was ich schon immer wollte.«

Doch die Welt von Kates Familie wurde nun völlig auf den Kopf gestellt. Begleitet vom Personal des Clarence House, gab sie eine Stellungnahme ab, in der es hieß, sie seien »hocherfreut« über die Aussicht auf eine königliche Hochzeit. »Wie Sie wissen, sind Catherine und Prinz William schon eine Reihe von Jahren ein Paar, was großartig ist, weil wir William wirklich gut kennengelernt haben«, sagten sie. »Wir finden ihn alle wunderbar und mögen ihn sehr gern. Die beiden sind ein reizendes Paar. Es macht Spaß, mit ihnen zusammen zu sein, und wir haben viel zusammen gelacht.«

Die Bekanntgabe erfolgte mehr als zwei Jahre nachdem Kommentatoren begonnen hatten, ernsthaft mit einer königlichen Hochzeit zu rechnen. Von Prinz William hatten alle erwartet, dass er Kate einen Heiratsantrag machen würde und nach dem Verlassen des Militärs an Weihnachten 2008 die für ihn vorgesehene Rolle einnehmen würde. Doch er sorgte für große Verwirrung – und verblüffte die königlichen Berater –, als er von der britischen Armee zur Luftwaffe ging. Er gab seine Pläne, sich als Pilot des Such- und Rettungsdienstes ausbilden zu lassen, zwei Tage nach Kates 27. Geburtstag bekannt. Das Training würde 21 Monate dauern, was die Hoffnung schürte, dass das Paar sich verloben würde, wenn beide 28 Jahre alt wären – das Alter, in dem William, wie er früher erklärt hatte, eine Heirat in Erwägung ziehen würde.

Hauptmann Wales, dem man den Codenamen »Golden Osprey« (»Goldener Fischadler«) gegeben hatte, traf am 11. Januar 2009 bei der Luftwaffenbasis in Shrewsbury in Shrophire ein, wo er seine Leidenschaft für Hubschrauber entdeckt hatte, und mietete ein Haus auf dem Lande mit Swimmingpool und Tennisplatz als Alternative zu seinem kleinen Zimmer auf dem Stützpunkt. Er tat diesen Schritt, nachdem Prinz William seine Männer nach Afghanistan begleitet hatte. Man hielt es für den zweiten Thronfolger für zu gefährlich, Harrys Beispiel zu folgen und in ein Kampfgebiet zu gehen, doch als Kompromiss erlaubte man ihm, bei der Luftwaffe das Fliegen von einmotorigen Squirrels und zweimotorigen Griffins zu lernen.

Drei Tage später unternahm Hauptmann Wales in einem olivgrünen Fliegerdress und einer Brille unter dem Helm wegen seines schlechten Sehvermögens seinen ersten Übungsflug. Mit einem Fluglehrer an seiner Seite hatte der Prinz – der in der Öffentlichkeit selten mit der Nickelbrille gesehen wird, die er zum Fahren braucht – eine einstündige Flugstunde in einem Squirrel bei der auf dem Stützpunkt gelegenen Defence Helicopter Flying School, wo Hubschraubercrews für alle Truppenteile ausgebildet werden. »Ich möchte nun auf der Erfahrung und dem Training aufbauen, das ich erhalten habe, um einsatzfähig zu sein«, sagte er damals. »Aus verständlichen Gründen konnte ich dieses Jahr nicht

*Eine neue Prinzessin*

mit der Schwadron D der Gardekavallerie nach Afghanistan gehen. Die Zeit, die ich vor einiger Zeit bei der Royal Air Force verbracht habe, hat mir klargemacht, wie sehr ich das Fliegen liebe. Mich dem Such- und Rettungsdienst anzuschließen, bietet mir die großartige Möglichkeit, von der Armee eingesetzt zu werden und gleichzeitig zu einem wichtigen Teil der Notdienste des Landes beizutragen.«

Nachdem er ein Jahr später seinen Hochschulabschluss gemacht hatte, verbrachte William die nächsten neun Monate mit einer Intensivausbildung im Luftwaffenstützpunkt Valley auf der Insel Anglesey. Er lebte dort in einem Cottage, in dem Kate häufig zu Gast war, und das Paar wurde regelmäßig von Einheimischen gesehen. William machte schließlich am 17. September 2010 seine Prüfung als Such- und Rettungspilot und wurde Mitglied der Schwadron C Flight 22. Als solches nahm er als Co-Pilot eines gelben Sea-King-Hubschraubers, Rufzeichen »Rescue 122«, an 24-stündigen Einsätzen teil, um See-, Berg- und Flutrettungsmissionen durchzuführen. Zwei Wochen später nahm er an seiner ersten richtigen Such- und Rettungsaktion teil, als er einen Arbeiter von einer Bohrinsel holte, der einen Herzinfarkt erlitten hatte. Das war der Moment, in dem er sich schließlich bereit fühlte, Kate einen Heiratsantrag zu machen.

»Ich hatte meine Militärkarriere und ich wollte mich wirklich aufs Fliegen konzentrieren«, sagte er, als die Verlobung bekannt gegeben wurde. »Ich hätte dies nicht während meiner Ausbildung tun können, also habe ich die erst hinter mich gebracht. Kate ist sehr zufrieden mit dem, was sie beruflich macht, und wir sind beide zu dem Schluss gelangt, dass nun der richtige Zeitpunkt gekommen ist.«

## Prinzessin Kate

William ist nicht das erste Mitglied der königlichen Familie, der mit seiner Frau zusammenlebt, während er beim Militär dient. Er tritt in berühmte Fußstapfen: Prinz Philip wurde ein Jahr nach seiner Hochzeit mit der jungen Prinzessin Elizabeth nach Malta abkommandiert, und das Paar verlebte dort eines der sorglosesten Jahre seiner Ehe. Sie wohnten in Lord Mountbattens Villa Guardamangia und durchtanzten so manche Nacht im Meridien Phoenicia, einem Hotel in Valetta.

Sofort nach ihrer Verlobung mit dem Prinzen wurde Kates Einführung in das Leben der Royals intensiviert. Laut Protokoll wurde ihr bis zu diesem Tag kein Status innerhalb der königlichen Familie gewährt. Obwohl sie der Königin ein paarmal bei gesellschaftlichen Anlässen begegnet war, waren Geschichten, sie hätte alleine mit der Monarchin gespeist oder mit ihr unter vier Augen gesprochen, frei erfunden. Das Gleiche galt für Berichte, ihre Eltern hätten die Monarchin kennengelernt, was die Gerüchte ad absurdum führt, ihre Mutter Carole habe gegen die Etikette verstoßen, weil sie die Königin allzu salopp begrüßt habe.

Es hatte viele Spekulationen darüber gegeben, welche Vorbereitung Kate auf das königliche Leben erhalten habe, seit sie mit William befreundet war, und welchen persönlichen Schutz man ihr gewährt habe. Tatsächlich erhielt sie nur wenige Ratschläge, wie sie mit der Rolle umgehen sollte, bis sie die Verlobte des Prinzen wurde.

Jetzt allerdings hat sich Kates Welt verändert. Sie hat ein Anrecht auf 24-stündigen Polizeischutz, hat einen offiziellen Bodyguard der Abteilung SO14 für königlichen Personenschutz, und wird das volle Gewicht der Publicity-Maschine des Hofes schultern müssen.

Es ist eine außergewöhnliche Reise gewesen für die Frau, die als Catherine Elizabeth Middleton getauft wurde und der Öf-

*Eine neue Prinzessin*

fentlichkeit als Kate bekannt wurde. Wie ein Schmetterling, der einer Puppe entschlüpft, hat sich die schüchterne, zurückhaltende Schülerin in eine selbstbewusste, bezaubernde junge Frau verwandelt, mit dem Selbstvertrauen, eine königliche Braut zu werden. Die Zeitschrift *Vogue* nannte sie eine »zeitgenössische Version von Prinzessin Diana«: »Sie hat denselben Mainstream-Stil und wird, wie Diana, noch glamouröser werden.«
Doch Kate ist aus einem anderen Holz geschnitzt. Diana hatte Verbindungen zur Aristokratie und war ein Mitglied des Establishments. Kates Herkunft entspricht eher der Herkunft anderer Gemahlinnen europäischer Königshäuser. In Kontinentaleuropa haben die Ehefrauen von Prinzen und Königen Abschlüsse und Berufe. Wenn Kate Königin Catherine wird, wird sie die erste Ehefrau eines britischen Monarchen sein, die einen Universitätsabschluss gemacht, Dessous auf einem Laufsteg präsentiert oder unverheiratet mit einem künftigen König zusammengelebt hat.
Irgendwann wird William V. der 42. Monarch sein, der den Thron besteigt, seit sein Namensvetter, Wilhelm der Eroberer, König Harold im Jahr 1066 in der Schlacht von Hastings besiegt hat. Kate könnte die sechste Herrscherin mit dem Namen Catherine sein. Die erste war Catherine von Valois, die Tochter des französischen Königs Karl VI., die 1420 König Heinrich V. aus dem Haus Plantagenet nach seinem historischen Sieg bei Azincourt heiratete. Dann waren das die drei Ehefrauen von Heinrich VIII.: Katharina von Aragon, die Mutter seiner Tochter Mary, von der er sich scheiden ließ; Catherine Howard, die er enthaupten ließ, und Catherine Parr, die ihn überlebte. Schließlich gab es noch die portugiesische Infantin Katharina von Braganza, die 1662 mit Karl II. ferngetraut wurde – zwei Jahre nach Wiederherstellung der Monarchie. Sie war die Schwägerin von Anne Hyde, der letzten Bürgerlichen, die einen britischen Monarchen heiratete.

## Prinzessin Kate

William und Kate schweigen sich darüber aus, ob William vor Kate auf die Knie ging. Vielleicht trat er in die Fußstapfen von William Shakespeares König Heinrich V., als er seiner Kate einen Heiratsantrag machte:

*Ei was!, ein Redner ist nur ein Schwätzer, ein Reim ist nur eine Singweise. Ein gutes Bein fällt ein, ein gerader Rücken wird krumm, ein schwarzer Bart wird weiß, ein krauser Kopf wird kahl, ein schönes Gesicht runzelt sich, ein volles Auge wird hohl: aber ein gutes Herz, Käthchen, ist die Sonne und der Mond oder vielmehr die Sonne und nicht der Mond, denn es scheint hell und wechselt nie, sondern bleibt treulich in seiner Bahn. Willst du so eins, so nimm mich, nimm mich, nimm einen Soldaten; nimm einen Soldaten, nimm einen König.*[5]

---

[5] *Shakespeares Dramatische Werke,* Bd. 2, Leipzig und Wien o. J., S. 229.

# *Dank*

Es gibt viele Menschen, denen ich dafür danken möchte, dass sie mir bei meinen Recherchen und beim Schreiben dieses Buches halfen. Doch ganz besonderen Dank schulde ich dem Journalisten Simon Trump, ohne dessen Unterstützung dieses Buch niemals entstanden wäre, und vielen Mitgliedern der Familien Harrison, Goldsmith, Middleton, Lupton und Glassborow, die mir bei den Forschungen zu ihrer Familiengeschichte so freundlich und großzügig begegneten.

Außerordentlich dankbar bin ich ferner Sian James, Mitherausgeber der *Mail on Sunday*, George Thwaites, Herausgeber der Rezensionssektion, und Marilyn Warnick, der für die Buchbesprechungen zuständigen Redakteurin, deren Rat von unschätzbarem Wert war und ohne die ich mein erstes Buch niemals hätte veröffentlichen können. Ich bedanke mich auch bei meinem Rechtsanwalt John Polsue, einem Partner der Kanzlei Alen-Buckley & Co., der mir mit seinem juristischen Sachverstand überaus hilfreich zur Seite stand, wann immer ich ihn brauchte. Dank schulde ich auch den Journalisten Laura Collins, Ian Gallagher, Jo Knowsley, Liz Sanderson, Daniel Townend und Edward Black sowie den Fotografen Jason Buckner, Paul Macnamara und Oscar Kornyei für ihre großmütige Unterstützung.

Auch bei den folgenden Forschern möchte ich mich bedanken, deren Detailkenntnis kaum zu übertreffen ist: Andy Kyle, Pe-

# Dank

ter Day, Patricia Irving, Tony Whitehead, Autor von *Mary Ann Cotton: Dead But Not Forgotten*, Vanda Hall, die für die Kundenbetreuung in der Maidstone Library zuständige Mitarbeiterin; Louse-Ann Hand, Informationsbibliothekarin in der Leeds Central Library, Michele Lefevre, Leiterin der Regionalsektion in der Leeds Central Library, Richard High, Bibliothekarin für Spezialsammlungen in der Brotherton Library, Leeds, Liza Giffen, Archivarin der Leeds University, Adam Bull, Webmaster von The Friends of Gledhow Valley Woods, Lyn Aspland, Historikerin bei der Gledhow Valley Conservation Area Group; Neville Hurworth, Jane Powell, Mitarbeiterin im Berkshire Record Office, und Caroline Liggert, Leitende Mitarbeiterin für Archive und Regionalstudien beim Centre for Buckinghamshire Studies.
Schließlich möchte ich auch meinem Verleger Bill Campbell danken, der Lektorin Clarie Rose, dem Koordinator Graeme Blaikie, der Managerin für Marketing und Copyright Amy Mitchell, der Designerin Emily Bland, der Publicity-Managerin Fiona Atherton und der Publicity-Beraterin Sharon Campbell.

Wenn Sie Geld zugunsten des Kinderkrankenhauses in Oxford spenden wollen, in dem sich der auf S. 277 erwähnte Tom's Ward befindet, rufen Sie bitte die Hompage auf: www.oxfordradcliffe.nhs.uk/getinvolved/charitablefunds/children/intro.aspx und klicken Sie auf »Donate online«.

# Anhang

# Kate Middletons Stammbaum

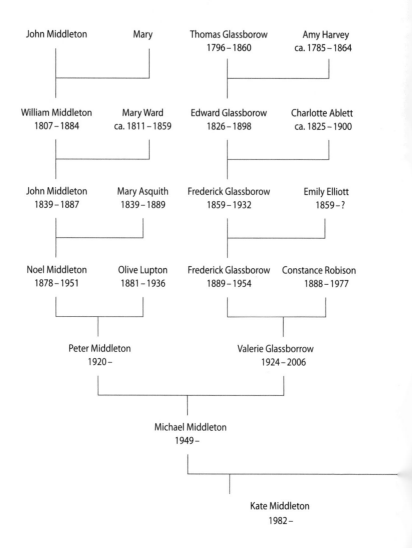

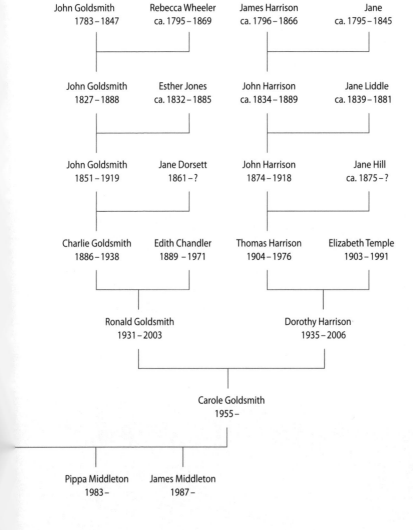

**Durchschnittliche Jahres-Wechselkurse eines britischen Pfunds zum Euro**

| Jahr | Jahres-Wechselkurs |
|------|--------------------|
| 1999 | 1,5181 € |
| 2000 | 1,4388 € |
| 2001 | 1,6079 € |
| 2002 | 1,5903 € |
| 2003 | 1,4450 € |
| 2004 | 1,4734 € |
| 2005 | 1,4624 € |
| 2006 | 1,4669 € |
| 2007 | 1,4613 € |
| 2008 | 1,2558 € |
| 2009 | 1,1266 € |
| 2010 | 1,1609 € |

## Entwicklung der Kaufkraft eines britischen Pfunds (ab 1971)

| Jahr | Kaufkraft Pfund (£) |
|---|---|
| 1971 | £ 1.00 |
| 1972 | £ 0.94 |
| 1973 | £ 0.86 |
| 1974 | £ 0.74 |
| 1975 | £ 0.59 |
| 1976 | £ 0.51 |
| 1977 | £ 0.44 |
| 1978 | £ 0.41 |
| 1979 | £ 0.36 |
| 1980 | £ 0.30 |
| 1981 | £ 0.27 |
| 1982 | £ 0.25 |
| 1983 | £ 0.24 |
| 1984 | £ 0.23 |
| 1985 | £ 0.21 |
| 1987 | £ 0.20 |
| 1988 | £ 0.19 |
| 1989 | £ 0.18 |
| 1992 | £ 0.15 |
| 1996 | £ 0.14 |
| 2000 | £ 0.12 |
| 2007 | £ 0.10 |
| 2009 | £ 0.09 |

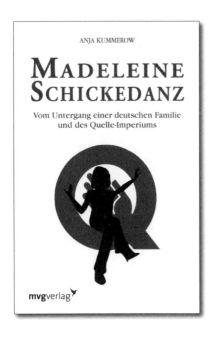

304 Seiten
Preis: 19,95 € (D) | 20,60 € (A)
ISBN 978-3-86882-170-3

Anja Kummerow
# MADELEINE SCHICKEDANZ
Vom Untergang einer deutschen Familie und des Quelle-Imperiums

Madeleine Schickedanz ist die Frau hinter dem Quelle-Konzern. Sie lebt zurückgezogen, man weiß wenig über sie. Anja Kummerow hat sich an ihre Fersen geheftet, um herauszufinden: Wer ist diese Frau? Wie lebt sie? Warum ist sie so öffentlichkeitsscheu? Welchen Anteil hat sie an der Pleite des Quelle-Konzerns? Ein Blick in das geheime Leben einer der ehemals reichsten Frauen Deutschlands.

Wenn Sie **Interesse** an **unseren Büchern** haben,

z. B. als Geschenk für Ihre Kundenbindungsprojekte, fordern Sie unsere attraktiven Sonderkonditionen an.

Weitere Informationen erhalten Sie bei Melanie Gunzenhauser unter +49 89 651285-154

oder schreiben Sie uns per E-Mail an:
vertrieb@mvg-verlag.de